W0385304

DANS LA MÊME COLLECTION

CONCEVEZ VOTRE SITE WEB AVEC PHP ET MYSQL

MATHIEU NEBRA
ISBN : 978-2-9535278-1-0

REPRENEZ LE CONTRÔLE À L'AIDE DE LINUX

MATHIEU NEBRA
ISBN : 978-2-9535278-2-7

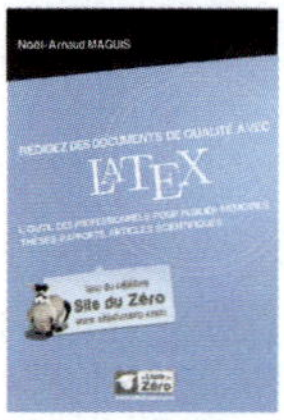

RÉDIGEZ DES DOCUMENTS DE QUALITÉ AVEC LATEX

NOËL-ARNAUD MAGUIS
ISBN : 978-2-9535278-4-1

APPRENEZ À PROGRAMMER EN JAVA

CYRILLE HERBY
ISBN : 978-2-9535278-3-4

PROGRAMMEZ AVEC LE LANGAGE C++

M.NEBRA ET M.SCHALLER
ISBN : 978-2-9535278-5-8

RÉDIGEZ FACILEMENT DES DOCUMENTS AVEC WORD

MICHEL MARTIN
ISBN : 978-2-9535278-7-2

APPRENEZ À PROGRAMMER EN PYTHON

VINCENT LE GOFF
ISBN : 979-10-90085-03-9

RÉALISEZ VOTRE SITE WEB AVEC HTML5 ET CSS3

MATHIEU NEBRA
ISBN : 978-2-9535278-8-9

DÉBUTEZ DANS LA 3D AVEC BLENDER

ANTOINE VEYRAT
ISBN : 978-2-9535278-9-6

APPRENEZ À PROGRAMMER EN C • 2e ÉDITION

MATHIEU NEBRA
ISBN : 979-10-90085-00-8

APPRENEZ À DÉVELOPPER EN C#

NICOLAS HILAIRE

ISBN : 978-2-9535278-6-5

CRÉEZ DES APPLICATIONS POUR IPHONE, IPAD ET IPOD TOUCH

MICHEL MARTIN

ISBN : 979-10-90085-06-0

DYNAMISEZ VOS SITES WEB AVEC JAVASCRIPT

DE LA MARCK ET PARDANAUD

ISBN : 979-10-90085-04-6

ADMINISTREZ VOS BASES DE DONNÉES AVEC MYSQL

CHANTAL GRIBAUMONT

ISBN : 979-10-90085-10-7

DÉBUTEZ EN INFORMATIQUE AVEC WINDOWS 8

MATTHIEU BONAN

ISBN : 979-10-90085-26-8

MICHEL MARTIN

SIMPLIFIEZ VOS DÉVELOPPEMENTS JAVASCRIPT AVEC JQUERY

TOUTE LA PUISSANCE DE JQUERY À VOTRE PORTÉE

le Livre du Zéro
www.siteduzero.com

Sauf mention contraire, le contenu de cet ouvrage est publié sous la licence :
Creative Commons BY-NC-SA 2.0
La copie de cet ouvrage est autorisée sous réserve du respect des conditions de la licence
Texte complet de la licence disponible sur : `http://creativecommons.org/licenses/by-nc-sa/2.0/fr/`

Simple IT 2012 - ISBN : 979-10-90085-25-1

Avant-propos

Depuis la nuit des temps (il y a presque une vingtaine d'années déjà !), les créateurs de sites Web utilisent les langages HTML, CSS et JavaScript pour définir du contenu, le mettre en forme et interagir avec les internautes. JavaScript est aujourd'hui universellement reconnu comme un des langages majeurs du Web. Il a gagné ses lettres de noblesse lors de l'avènement du Web 2.0, en 2005. Depuis cette époque, l'internaute et sa relation avec les autres sont devenus le centre de toutes les attentions : chacun peut donner ses impressions sur tel ou tel article, attribuer des notes à tel ou tel produit et ainsi influencer les membres de sa communauté. C'est ainsi que de nouveaux besoins d'interactivité sont apparus. JavaScript a donc rapidement évolué en s'adaptant aux nombreuses versions des navigateurs Web qui ne cessaient de se succéder. Cette évolution a remodelé le paysage du Web, mais, en contrepartie, le langage JavaScript est peu à peu devenu plus complexe. Dans un souci de simplification, plusieurs « cadres de travail » (ou *frameworks*) sont apparus. L'un d'entre eux s'est rapidement imposé : jQuery.

Chaque framework possède sa propre philosophie. Pour l'utiliser de façon efficace, il est nécessaire d'apprendre la syntaxe qui lui est propre, mais également de prendre en considération la manière dont il a été pensé. Après un premier contact (que vous jugerez peut-être un peu rude si vous n'avez jamais approché jQuery), vous comprendrez vite à quel point ce framework peut vous faire gagner du temps et simplifier vos développements ! Si vous lisez ces lignes, c'est que, vous aussi, vous avez décidé de rejoindre la grande famille des développeurs jQuery. Je ne peux que vous en féliciter ! Très rapidement, votre code gagnera en clarté, en efficacité et sera plus facile à maintenir.

Bienvenue dans le monde magique de la programmation jQuery !

Qu'allez-vous apprendre en lisant ce livre ?

Le plan de ce livre a été conçu pour faciliter votre découverte et votre apprentissage de la programmation jQuery. Voici le chemin que nous allons parcourir :

1. **Introduction à jQuery :** qu'est-ce que jQuery ? Comment est-il apparu ? Comment vous le procurer ? Toutes ces questions trouveront une réponse dans cette partie. Une fois informés sur les origines de ce framework, vous découvrirez le jar-

gon technique qui entoure jQuery. À la fin de la partie, vous pourrez enfin écrire vos premières lignes de code. Vous pourrez alors constater à quel point jQuery est concis et puissant. Bienvenue dans le monde de la programmation jQuery !

2. Les bases de jQuery : dans cette partie, vous allez prendre conscience de la puissance de jQuery en découvrant quelques-unes de ses facettes. Après cette lecture, vous saurez interroger un document HTML et une feuille de styles CSS (sélection et lecture de la valeur de la plupart des éléments), vous connaîtrez la nature des objets retournés par les instructions jQuery et vous saurez réduire la taille du code jQuery en chaînant les méthodes utilisées. Soyez rassurés, vous apprendrez également à agir sur les éléments sélectionnés pour les transformer. Vous pourrez ainsi modifier les attributs et les propriétés CSS des éléments sélectionnés, mais aussi ajouter, réorganiser et supprimer des éléments du DOM pour modifier l'agencement de la page sur laquelle vous travaillez. Et pour terminer en beauté, vous mettrez en pratique tout ce que vous avez appris pour développer un questionnaire interactif en jQuery.
3. **Aller plus loin avec jQuery** : vous avez déjà fait connaissance avec la gestion événementielle dans le TP de la deuxième partie. Cela vous a permis de réagir au survol d'un lien hypertexte. Ce chapitre va aller beaucoup plus loin en présentant les très nombreux événements (clavier, souris, éléments et pages) qui peuvent être gérés par du code jQuery. Vous apprendrez également à gérer plusieurs événements avec une seule méthode, à déclencher des événements avec du code jQuery ou encore à utiliser la délégation d'événements pour limiter le code. En poursuivant votre lecture, vous apprendrez à faire apparaître, faire disparaître et animer des objets en utilisant et en combinant les méthodes prédéfinies de jQuery. Si ces dernières ne vous suffisent pas, je vous montrerai comment enchaîner vos animations, ou au contraire comment les exécuter simultanément, comment répéter sans fin une animation, et comment mettre en place un timer pour exécuter du code à intervalles réguliers. C'est également dans ce chapitre que vous découvrirez des méthodes spécialisées dans le traitement des chaînes, des images, des formulaires et des tableaux. Une fois tous ces concepts emmagasinés, vous pourrez vous détendre en apprenant à créer des jeux en jQuery.
4. **jQuery et AJAX :** cette partie va aborder un sujet qui fait souvent peur aux programmeurs Web : AJAX. Vous allez voir à quel point jQuery facilite les échanges de données AJAX et il y a fort à parier que vous utiliserez sans aucune appréhension tout ce que vous aurez appris pour obtenir des pages Web dynamiques, vraiment réactives et qui soulageront dans de grandes mesures les échanges avec le serveur. Au fil des pages, vous apprendrez à limiter la mise à jour d'une page Web à une partie de son contenu, à charger et exécuter des scripts JavaScript et des données JSON et à gérer les événements liés à l'exécution de requêtes AJAX.
5. **Les plugins jQuery :** la bibliothèque jQuery a été écrite de telle sorte qu'il soit très simple de l'étendre en installant des modules additionnels, connus sous le nom d'extensions ou de plugins. Cette partie va vous montrer comment les installer et les utiliser. Dans les parties précédentes, vous avez appris à utiliser les très nombreuses méthodes de jQuery pour gérer le DOM, les propriétés CSS,

AJAX et les événements. Dans cette partie, je vais vous présenter le plugin jQuery UI. Complément idéal de jQuery, il offre des méthodes additionnelles appliquées à la réalisation de l'interface utilisateur. jQuery UI est en quelque sorte un vaste assemblage de plugins accessibles à travers un seul et unique fichier JavaScript. Enfin, vous découvrirez comment apporter votre pierre à l'édifice jQuery en créant vos propres plugins.

Cet ouvrage se termine par une annexe traitant du débogage du code jQuery. Lorsqu'une page Web ne contient que quelques instructions jQuery, la phase de débogage est généralement réduite à sa plus simple expression : vous affichez la page et vous constatez que tout fonctionne. Si vous écrivez des programmes plus volumineux, contenant plusieurs centaines d'instructions jQuery, il en va parfois tout autrement. Dans cette annexe, vous découvrirez plusieurs techniques et outils pour débusquer les bogues qui pourraient s'être glissés dans votre code.

Comment lire ce livre ?

Suivez l'ordre des chapitres

Lisez ce livre comme on lit un roman. Il a été conçu pour cela.

Contrairement à beaucoup de livres techniques où il est courant de lire en diagonale et de sauter certains chapitres, il est ici très fortement recommandé de suivre l'ordre du cours, à moins que vous ne soyez déjà un peu expérimentés.

Pratiquez en même temps

Pratiquez régulièrement. N'attendez pas d'avoir fini de lire ce livre pour allumer votre ordinateur et faire vos propres essais.

Utilisez les codes web !

Afin de tirer parti du Site du Zéro dont ce livre est issu, celui-ci vous propose ce qu'on appelle des « codes web ». Ce sont des codes à six chiffres à saisir sur une page du Site du Zéro pour être automatiquement redirigé vers un site web sans avoir à en recopier l'adresse.

Pour utiliser les codes web, rendez-vous sur la page suivante [1] :

`http://www.siteduzero.com/codeweb.html`

Un formulaire vous invite à rentrer votre code web. Faites un premier essai avec le code ci-dessous :

▷ Tester le code web
Code web : 123456

1. Vous pouvez aussi utiliser le formulaire de recherche du Site du Zéro, section « Code web ».

Ces codes web ont deux intérêts :

- ils vous redirigent vers les sites web présentés tout au long du cours, vous permettant ainsi d'obtenir les logiciels dans leur toute dernière version ;
- ils vous permettent de télécharger les codes sources inclus dans ce livre, ce qui vous évitera d'avoir à recopier certains programmes un peu longs.

Ce système de redirection nous permet de tenir à jour le livre que vous avez entre les mains sans que vous ayez besoin d'acheter systématiquement chaque nouvelle édition. Si un site web change d'adresse, nous modifierons la redirection mais le code web à utiliser restera le même. Si un site web disparaît, nous vous redirigerons vers une page du Site du Zéro expliquant ce qui s'est passé et vous proposant une alternative.

En clair, c'est un moyen de nous assurer de la pérennité de cet ouvrage sans que vous ayez à faire quoi que ce soit !

Remerciements

Écrire un livre demande beaucoup d'énergie, de volonté et de persévérance. C'est aussi le travail de toute une équipe et je tiens à remercier tous ceux et toutes celles qui m'ont accompagné dans cette entreprise :

- Mathieu Nebra et Pierre Dubuc qui ont cru en ce projet et qui m'ont donné l'opportunité de le réaliser ;
- Jonathan Baudoin qui a su me guider d'une main d'expert tout au long du processus d'écriture ;
- l'équipe de Simple IT et la communauté du Site du Zéro, qui m'ont permis de peaufiner et parfois de donner une nouvelle orientation à ce projet ;
- et enfin mon épouse et mes enfants qui ne m'ont pas beaucoup vu pendant les quelques mois nécessaires à la mise au point du tutoriel puis du livre.

Et maintenant que mon « bébé » a vu le jour, j'espère que vous aimerez son contenu et que vous y apprendrez quelques ficelles. Je vous souhaite une bonne lecture et vous dis à bientôt sur le Site du Zéro !

Sommaire

Première partie

Introduction à jQuery

Chapitre 1

Avant de commencer

Difficulté :

Si vous vous intéressez un tant soit peu à la création de sites Web, vous avez forcément entendu parler de jQuery et vous connaissez certainement plusieurs personnes qui vantent ses mérites. Mais voilà, vous pensez que seuls les experts peuvent en tirer quelque chose, et vous avez peur de ne pas avoir le niveau nécessaire ! Je vous rassure tout de suite : jQuery est loin d'être inabordable, surtout si vous avez quelques notions (même sommaires) de HTML, CSS et JavaScript.

Mais au fait, qu'est-ce que jQuery ? Comment est-il apparu ? Comment vous le procurer ? De quel environnement matériel et logiciel avez-vous besoin pour développer en jQuery ? Autant de questions qui trouveront une réponse dans ce premier chapitre.

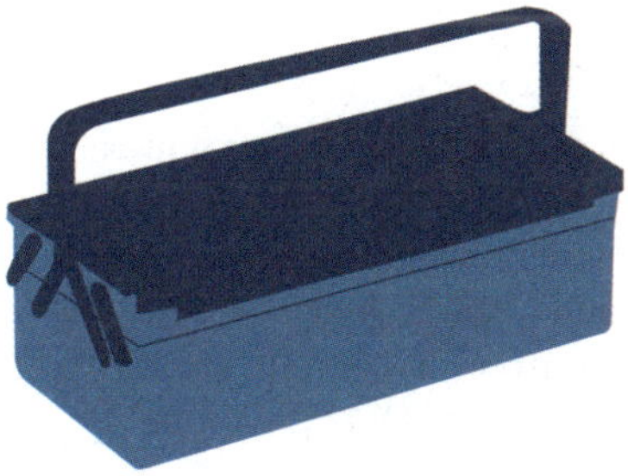

Historique du Web : de HTML à jQuery

Certains d'entre vous ont certainement connu le monde de la micro-informatique avant l'avènement d'Internet. À cette époque, les ordinateurs évoluaient en solo et les ouvrages papier étaient légion. Aujourd'hui, nous vivons dans un monde interconnecté, où l'information ne se trouve plus dans l'ordinateur, la tablette ou le téléphone, mais sur un vaste réseau planétaire dont la capacité de stockage a de quoi donner le vertige ! Tout ce petit monde communique en utilisant des langages informatiques spécifiques, tels que HTML, CSS, JavaScript, PHP, MySQL, etc.

Pour bien comprendre le fonctionnement de jQuery, il est important d'avoir à l'esprit la technique client-serveur, utilisée pour échanger des informations sur le Web. Le terme « client » désigne tout ordinateur, tablette, téléphone ou autre périphérique qui consomme des données. Inversement, le terme « serveur » désigne tout ordinateur qui délivre des données. Ainsi, lorsque vous tapez une adresse dans votre navigateur, vous utilisez un client Web. Ce client envoie une demande d'informations au serveur correspondant. Les informations sont recherchées sur le serveur, acheminées jusqu'au client et finalement affichées dans le navigateur, comme le montre la figure 1.1.

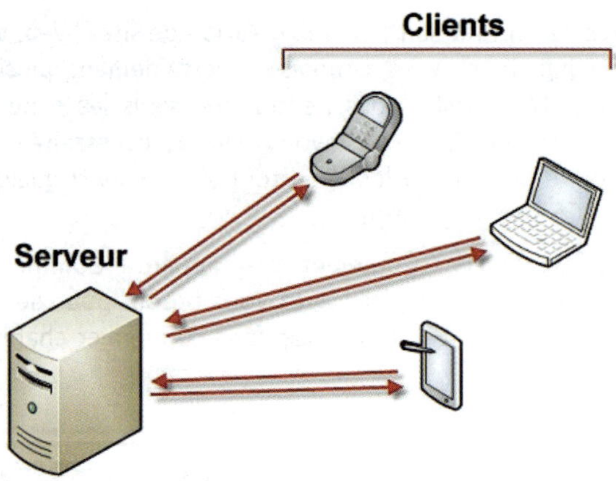

FIGURE 1.1 – Fonctionnement entre un serveur et des clients

Mais pourquoi est-ce que je vous parle de cela, me direz-vous ? Eh bien, parce qu'il est important de comprendre que le code jQuery s'exécute côté client. Dans la plupart des cas, il n'y aura aucun échange avec un serveur et donc quasiment aucun délai entre le début et la fin de l'exécution du code jQuery. Ce que je viens de dire est à prendre avec des pincettes. En effet, un code jQuery mal écrit et/ou non optimisé peut nécessiter de nombreuses secondes (voire minutes !) pour s'exécuter. Ce qu'il faut retenir de cela, c'est qu'avec jQuery vous n'êtes pas soumis à la disponibilité d'un quelconque serveur et qu'en général les temps d'exécution sont vraiment très courts.

Vous savez maintenant à quoi correspond le modèle client-serveur. Je peux donc poursuivre en parlant de HTML, JavaScript, AJAX et jQuery :

- HTML est le langage de base du Web. Apparu en août 1991, il utilise un ensemble de balises pour décrire les données à afficher.
- CSS est un langage consacré à la mise en forme des contenus HTML. Apparu vers le milieu des années 90, c'est aujourd'hui un complément essentiel de tout site Web qui se respecte. Il assure l'uniformité des pages et facilite leur maintenance.
- JavaScript a été développé par Netscape en 1995. Il a vu le jour sous le nom « LiveScript » et a été utilisé pour la première fois dans Netscape 1.0. Ce n'est que lors de la sortie de Netscape 2.0 que le nom « JavaScript » est apparu. Exécuté côté client, il ajoute de l'interactivité aux pages Web.
- AJAX est également apparu en 1995. Son utilisation est très intéressante, car elle permet de mettre à jour une partie (et une partie seulement) d'une page Web en demandant les données nécessaires à un serveur. Les échanges client/serveur sont donc limités et les pages Web sont affichées plus rapidement, pour le plus grand plaisir des internautes.
- jQuery est une bibliothèque (c'est-à-dire un ensemble de codes prêts à l'emploi) conçue pour simplifier l'écriture de codes JavaScript et AJAX. Créée en 2006 par John Resig, cette bibliothèque est la plus célèbre et la plus utilisée à ce jour.

J'espère que je ne vous ai pas trop ennuyés avec cette énumération. Mais je pense que c'était une étape nécessaire pour comprendre comment jQuery se positionne dans le petit monde de la programmation Web. La figure 1.2 schématise ce qui vient d'être dit afin de bien matérialiser les choses.

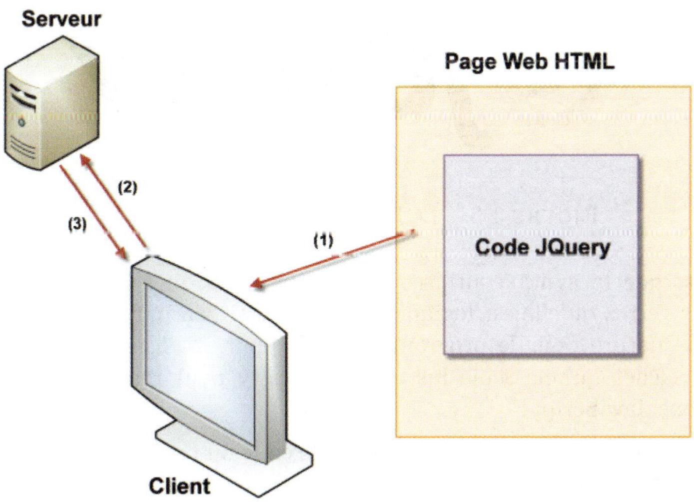

FIGURE 1.2 – Fonctionnement de jQuery

Ce schéma suppose qu'une page Web est affichée sur l'ordinateur, la tablette ou le téléphone client (1). Le code jQuery peut mettre à jour la page sans accéder au serveur. Mais il peut également mettre à jour la page en demandant l'aide du serveur. Il se comporte alors comme du code AJAX (2 et 3).

Qu'est-ce que jQuery ?

Si vous avez lu ce qui précède, vous savez que jQuery est une bibliothèque qui permet d'agir sur le code HTML, CSS, JavaScript et AJAX. Tout ceci est parfaitement exact, mais un peu vague. Précisons les choses : jQuery permet de manipuler les éléments mis en place en HTML (textes, images, liens, vidéos, etc.) et mis en forme en CSS (position, taille, couleur, transparence, etc.) en utilisant des instructions simples qui donnent accès aux immenses possibilités de JavaScript et d'AJAX. Mais alors, pourquoi ne pas utiliser directement JavaScript et AJAX, me direz-vous ? Ceux qui se posent cette question n'ont certainement jamais tenté l'aventure. JavaScript et AJAX sont certes puissants, mais également très ... susceptibles dans leur syntaxe et vraiment très verbeux. Entendez par là :

1. Que toute erreur insignifiante dans la syntaxe provoque généralement la non-exécution de l'instruction correspondante.
2. Qu'il est souvent nécessaire d'écrire de nombreuses lignes pour faire un simple petit traitement !

Heureusement, la devise de jQuery est « *Write less, do more* » (figure 1.3), ce qui signifie « Écrivez moins pour faire plus ». Cela devrait convenir à bon nombre de programmeurs. En effet, en écrivant moins de code, les erreurs seront moins fréquentes. Qui s'en plaindrait ?

FIGURE 1.3 – Le logo de jQuery avec son slogan

S'il est vrai que la syntaxe utilisée en jQuery a de quoi laisser perplexe de prime abord, vous verrez qu'elle est logique, facile à mettre en œuvre, et qu'elle devient vite une seconde nature pour le programmeur. Et pour vous mettre un peu plus l'eau à la bouche, sachez qu'une seule instruction jQuery peut remplacer plusieurs dizaines d'instructions JavaScript !

Vous devriez normalement avoir un éditeur de code ou un logiciel FTP avec lequel vous avez l'habitude de travailler. jQuery ne change rien à tout ça, vous pouvez continuer à les utiliser. Essayez de tester vos codes avec le plus de navigateurs possibles, en tout cas les gros du marché (Firefox, Chrome, Internet Explorer, Safari, Opera). Enfin, n'hésitez pas à visiter la documentation officielle jQuery et le forum de discussion consacré à jQuery (en anglais) grâce aux codes web suivants [1].

▷ Documentation officielle
Code web : 221431

1. Voir page iii.

▷ Forum de discussion
Code web : 351464

Ce qui rend jQuery si puissant et universel

Le langage JavaScript est né en 1995. Depuis lors, son implémentation dans les différents navigateurs du marché s'est faite d'une façon plutôt anarchique : au fil des différentes versions (tant du langage que des navigateurs), certaines fonctionnalités ont été retenues, d'autres non. C'est ainsi qu'une même instruction JavaScript peut être reconnue dans un navigateur et pas dans un autre, voire même dans une certaine version d'un navigateur et pas dans une autre. Quel casse-tête pour le programmeur !

Heureusement, jQuery vient à la rescousse : en définissant son propre jeu d'instructions, il agit comme une surcouche aux différentes versions de JavaScript, qu'elles soient existantes ou à venir. D'autre part, il tient compte des navigateurs présents sur le marché, de leurs multiples versions et de leur compatibilité avec les instructions des langages JavaScript et AJAX.

Pour qu'un traitement écrit en JavaScript s'exécute correctement sur les différentes versions de chaque navigateur, le programmeur doit mettre en place une batterie de tests et exécuter un code spécifique à chaque navigateur et à chaque version, comme schématisé dans la figure 1.4.

Ce schéma est une caricature de la réalité. Il n'est là que pour mettre en vidence la difficulté de créer un code qui s'exécute de façon similaire sur les différents navigateurs du marché. Aujourd'hui, on utilise des techniques plus modernes basées sur la détection des fonctionnalités supportées par chaque navigateur. Quoi qu'il en soit, leur mise en place peut s'avérer laborieuse, en particulier si vous ne l'avez jamais expérimentée. Pour en savoir plus à ce sujet, consultez la section « Introduction aux polyfills » du cours JavaScript de Thunderseb et Nesquik69 sur le Site du Zéro.

▷ Lire la section
Code web : 379654

En jQuery, ces tests sont inutiles : il suffit d'exécuter les instructions nécessaires, sans se préoccuper du navigateur utilisé, ni de la version du langage JavaScript compatible avec ce navigateur. Le cas échéant, tous ces tests sont réalisés de façon transparente par jQuery. En ce qui vous concerne, vous n'avez qu'à vous préoccuper du code.

jQuery est très pratique, mais n'en profitez pas pour ne penser qu'à l'aspect visuel du développement : une page se doit avant tout de reposer sur des bases HTML solides !

Mais que se passe-t-il lorsqu'une nouvelle version de JavaScript voit le jour ? Eh bien, les instructions jQuery sont complétées en conséquence. Vous pouvez continuer à utiliser les instructions avec lesquelles vous avez l'habitude de travailler et/ou consulter la do-

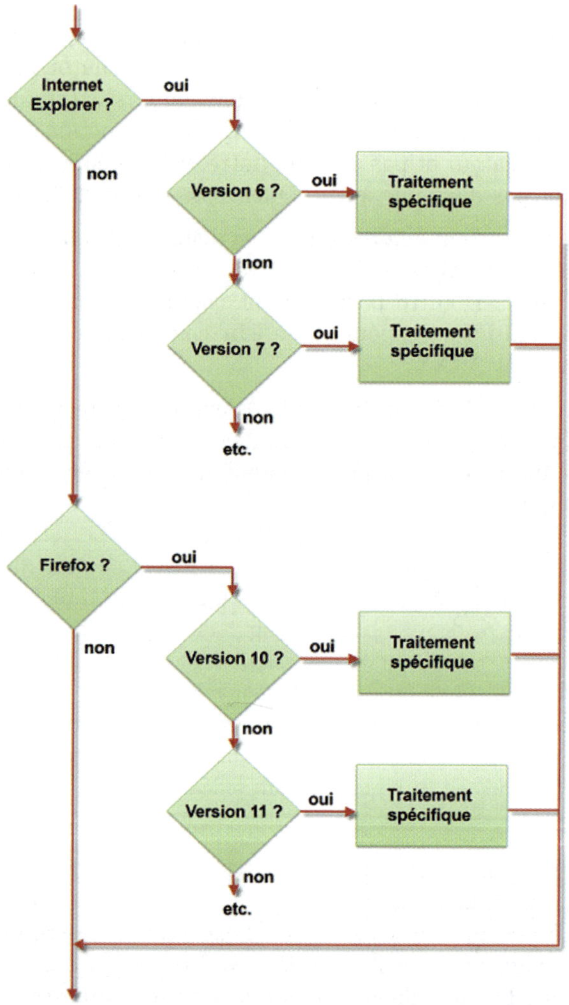

FIGURE 1.4 – Un code JavaScript classique doit s'adapter à chaque navigateur

cumentation sur les nouvelles instructions disponibles. Quelle que soit votre démarche, toutes les instructions jQuery utilisées fonctionneront dans tous les navigateurs disponibles. Cette approche est un vrai bonheur pour le programmeur, qu'il soit néophyte ou confirmé. J'ajouterai quelques autres détails qui vont à coup sûr vous convaincre que vous avez fait le bon choix en décidant de vous mettre à l'apprentissage de jQuery :

- La documentation officielle est très fournie et de grande qualité ;
- La communauté qui gravite autour de jQuery est en perpétuelle expansion et elle fournit un support de qualité ;
- De nombreux acteurs de premier plan du Web (Microsoft, Google, Amazon, Twitter, Mozilla, etc.) utilisent jQuery ;
- Une foultitude de plugins est disponible afin d'augmenter les possibilités de base de jQuery.

Bienvenue dans le monde merveilleux de jQuery !

Installer jQuery

jQuery est une bibliothèque JavaScript. En d'autres termes, un fichier d'extension `.js`. Pour l'utiliser dans une page HTML, il vous suffit d'y faire référence en utilisant une balise `<script>`, comme ceci :

```
<script src="jquery.js"></script>
```

Dans cet exemple, l'attribut `src` vaut `jquery.js`. Comme vous pouvez le voir, l'emplacement du fichier n'est pas précisé dans l'attribut. Cela signifie qu'il devra se trouver dans le même dossier que le document HTML.

Mais le fichier `jquery.js` n'est pas sur mon ordinateur. Est-ce que ce code va quand même fonctionner ?

Eh bien non ! Si vous utilisez l'instruction précédente, la bibliothèque jQuery ne sera pas utilisable. Deux solutions s'offrent à vous :

1. Si votre ordinateur n'est pas toujours relié à Internet et/ou si votre connexion Internet n'est pas rapide, vous pouvez télécharger la bibliothèque jQuery dans un dossier quelconque et y faire référence localement.
2. Si votre ordinateur est toujours connecté à Internet, vous pouvez faire référence à la bibliothèque jQuery en indiquant une adresse Web.

Examinons ces deux solutions.

Téléchargement de jQuery sur votre ordinateur

Rendez-vous sur le site de jQuery et téléchargez la dernière version en date en cliquant sur le lien `jquery.js`, dans le cadre `Recent Stable Versions`, comme à la figure 1.5.

▷ Télécharger jQuery
Code web : 263224

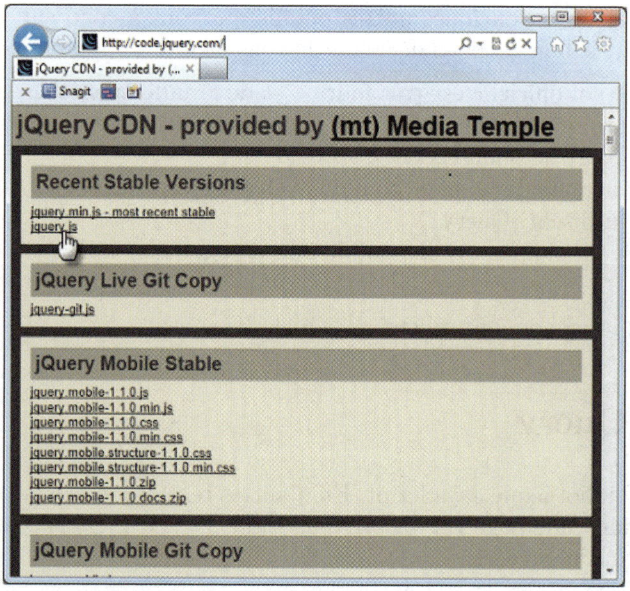

FIGURE 1.5 – Téléchargement de jQuery sur le site officiel

Si vous utilisez Internet Explorer, la boîte de dialogue `Afficher les téléchargements` indique que l'éditeur du fichier `jquery.js` n'a pas pu être vérifié, comme à l'image 1.6.

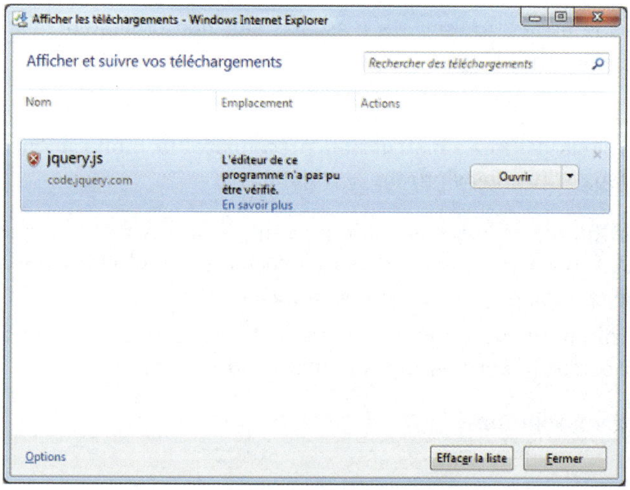

FIGURE 1.6 – Internet Explorer envoie une alerte lors du téléchargement

N'ayez crainte, le fichier `jquery.js` est sans danger s'il est téléchargé depuis le site officiel.

> Sur le site officiel, deux versions de la bibliothèque jQuery sont proposées : `jquery.js` et `jquery.min.js`. Pourquoi a-t-on choisi la première version ? La deuxième est-elle moins complète ?

Ces deux fichiers sont strictement identiques d'un point de vue fonctionnel. Par contre, le deuxième a une taille inférieure au premier. Pour cela, les espaces, tabulations, et commentaires y ont été supprimés, et les noms des variables et des fonctions ont été raccourcis, comme le montre la figure 1.7.

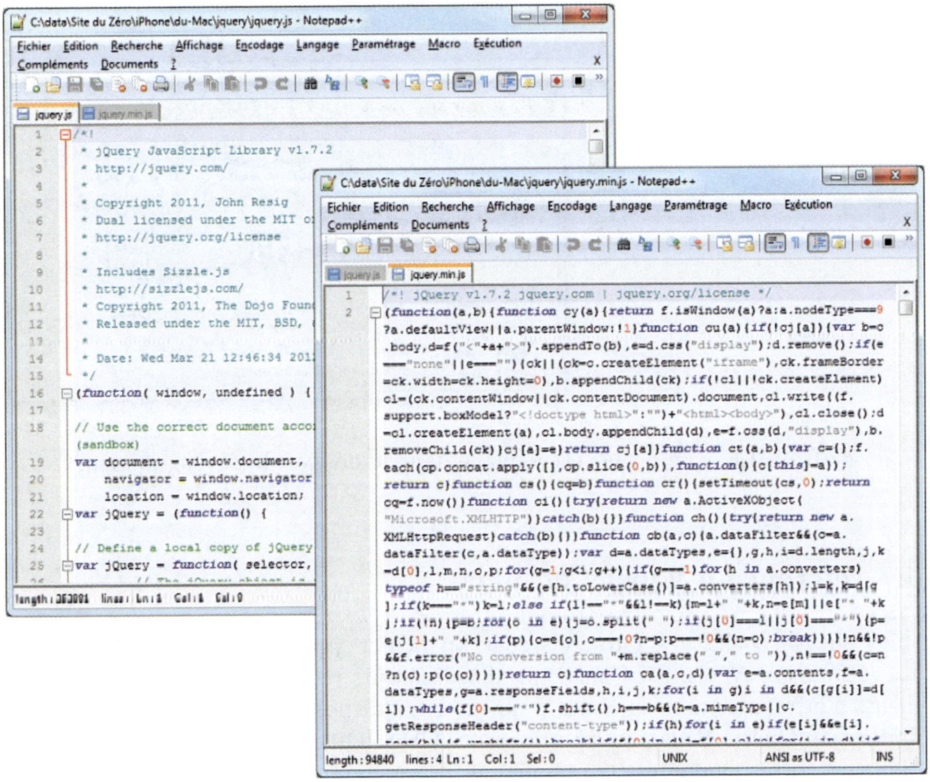

FIGURE 1.7 – À gauche le code avec espaces, tabulations et commentaires, à droite sans

En règle générale, vous utiliserez le fichier `jquery.js` en développement et le fichier `jquery.min.js` en production, c'est-à-dire lorsque votre code aura été testé, débogué et placé sur le Web.

> Vous aussi, vous pourrez minimiser vos scripts jQuery pour qu'ils se chargent plus vite. Pour cela vous utiliserez « Google Closure Compiler » ou « YUI Compressor ».

Rendez-vous dans le dossier de téléchargement et déplacez le fichier `jquery.js` dans le dossier où vous développerez vos codes jQuery. À la figure 1.8 par exemple, le fichier est déplacé dans le dossier `data\Site du Zéro\jQuery\dev`.

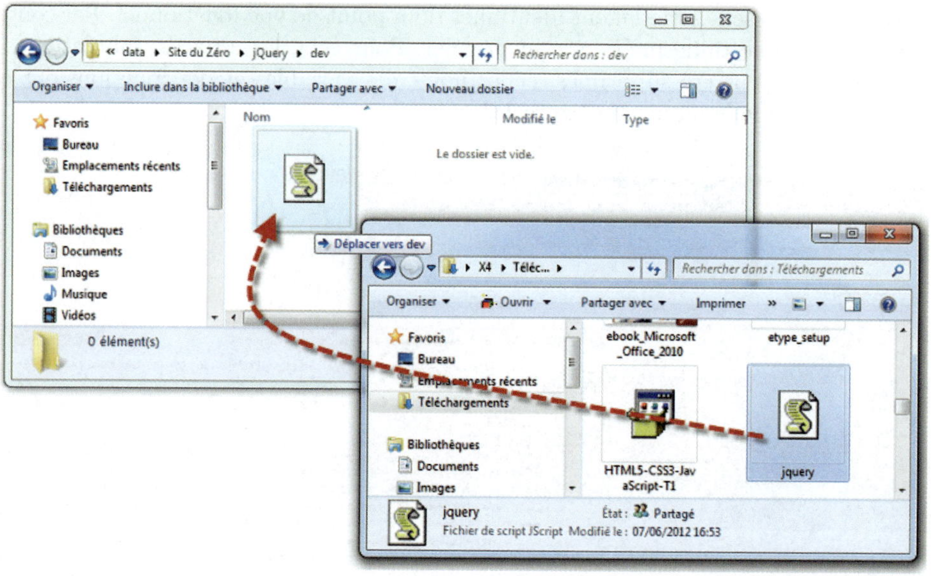

FIGURE 1.8 – Le fichier est déplacé dans le dossier de développement

Faire référence à jQuery en ligne

Le plus simple consiste à faire référence au fichier `jquery.js` sur un **CDN** (pour *Content Delivery Network*). Constitués d'ordinateurs reliés en réseau *via* Internet, ces éléments d'infrastructure coopèrent pour mettre à disposition aussi vite que possible la bibliothèque jQuery. Vous pouvez utiliser les CDN jQuery, Google ou Microsoft. Voici les adresses correspondantes (la première et la version normale, la deuxième la version minimisée) :

- **jQuery**
  - `http://code.jquery.com/jquery.js`
  - `http://code.jquery.com/jquery.min.js`
- **Google**
  - `http://ajax.googleapis.com/ajax/libs/jquery/1/jquery.js`
  - `http://ajax.googleapis.com/ajax/libs/jquery/1/jquery.min.js`
- **Microsoft**
  - `http://ajax.aspnetcdn.com/ajax/jQuery/jquery-1.8.1.js`
  - `http://ajax.aspnetcdn.com/ajax/jQuery/jquery-1.8.1.min.js`

Les CDN jQuery et Google donnent directement accès à la dernière version de jQuery. Quant au CDN Microsoft, vous devez préciser la version à utiliser dans l'adresse. Cela peut être pratique si vous voulez utiliser une version particulière de jQuery. Le cas échéant, rendez-vous sur la page listant les adresses des différentes versions de jQuery.

▷ Versions de jQuery
Code web : 177045

L'utilisation d'un CDN est intéressante en production, c'est-à-dire lorsque votre code jQuery a été testé et est hébergé sur un serveur Web. En effet, en faisant référence à un fichier externe à votre site, vous n'entamez pas sa bande passante. D'autre part, étant donné que les CDN ont une grande bande passante, ils sont très réactifs. Enfin, le fichier `jquery.min.js` issu d'un CDN est bien souvent déjà présent dans la mémoire cache du navigateur. Ces trois raisons font que votre page se chargera plus rapidement.

Par contre, en phase de développement, c'est-à-dire lorsque vous mettez au point votre code jQuery sur votre ordinateur local, je vous conseille de télécharger le fichier `jquery.js` et d'y faire référence localement. En effet, même si les CDN ont une excellente bande passante, l'utilisation d'un fichier local sera bien plus rapide.

En résumé

- En règle générale, le code jQuery s'exécute sur les ordinateurs clients. Cependant, il peut parfois demander à un serveur de mettre à jour une partie d'une page en utilisant du code AJAX.
- La meilleure technique pour développer du code jQuery sur son ordinateur consiste à télécharger le fichier `jquery.js`, à le placer dans un dossier de son disque dur et à faire référence à ce fichier dans une balise <script>.
- Lorsque le code a été testé et débogué, vous le placerez sur un serveur Web avec votre client FTP et vous ferez référence au fichier `jquery.min.js` stocké sur un CDN pour améliorer les temps de réponse sans grignoter la bande passante de votre serveur.

Chapitre 2

Premiers pas

Difficulté :

Vous êtes maintenant équipés pour développer en jQuery et vous brûlez d'écrire vos premières lignes de code. Ce chapitre est là pour cela. Mais avant, je voudrais introduire le jargon technique qui sera utilisé tout au long de ce tutoriel. Dans ce chapitre, vous verrez que les pages Web qui utilisent des instructions jQuery sont construites selon un modèle bien précis. Le « squelette » présenté ici servira tout au long de ce cours.

Et enfin, vous ferez vos premiers pas en programmation jQuery en écrivant quelques lignes de code. Vous pourrez alors constater à quel point jQuery est concis et puissant. Bienvenue dans le monde de la programmation jQuery !

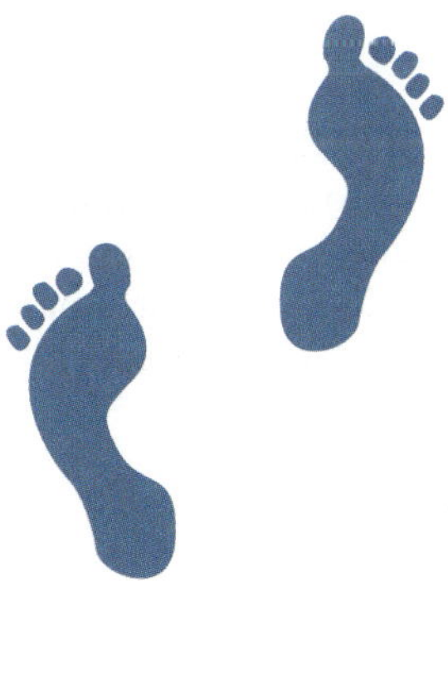

Le vocabulaire à connaître

Tout au long de ce tutoriel, nous utiliserons un jargon technique propre aux langages HTML, CSS, JavaScript et jQuery. Cette section va passer en revue les différents termes à connaître. Il n'est pas nécessaire de lire tout ce qui figure dans cette section (surtout que vous êtes censés connaître la plupart de ces termes). Sachez simplement qu'elle existe et reportez-vous-y lorsque vous rencontrez un terme dont la signification vous échappe. Si vous avez besoin d'une piqûre de rappel plus importante, je vous renvoie sur deux cours rédigés sur le Site du Zéro, accessibles *via* les deux codes web suivants.

▷ Cours HTML5 et CSS3 de Mathieu Nebra
Code web : 444691

▷ Cours JavaScript de Sébastien de la Mark et Johann Pardanaud
Code web : 584755

Balise

Aussi appelée élément ou *tag*, c'est l'entité de base du langage HTML. Les balises sont toujours encadrées par les caractères < et >. Par exemple `<html>` ou encore `<body>`. Les balises ouvertes doivent être fermées avec une balise fermante. Par exemple `</html>` ou encore `</body>`. Certaines balises peuvent être à la fois ouvrantes et fermantes. Dans ce cas, le caractère / apparaît avant le signe > de fin de balise. Par exemple, `<img src="image.jpg" />`.

Attribut

Outre leur nom, certaines balises HTML peuvent recevoir une ou plusieurs informations complémentaires. Ces informations sont des attributs. Toujours spécifiés dans la balise ouvrante, ils sont suivis d'un signe = et d'une valeur entre guillemets. Lorsqu'une balise contient plusieurs attributs, ils sont séparés par des espaces. La balise `<img>` du code `<img src="jquery.jpg" alt="logo jQuery" id="imglogo" />` contient trois attributs : `src`, `alt` et `id`.

Block

Les balises HTML de type block sont affichées sur des lignes successives. Par exemple, si l'on définit deux balises `<div>` dans un document HTML, elles seront affichées l'une en dessous de l'autre. Les balises de type block peuvent être dimensionnées, et donc occuper un espace bien défini (hauteur et largeur) dans un document.

Inline

Les balises HTML de type inline sont affichées les unes à la suite des autres. Par exemple, si l'on définit deux balises `<span>` dans un document HTML, elles seront affichées sur une même ligne. Les balises de type inline ne peuvent pas être dimensionnées. Elles occupent un espace qui dépend de leur contenu.

Inline-block

C'est un mélange des types inline et block. Si on définit deux balises de type inline-block dans un document HTML, elles seront affichées l'une à la suite de l'autre (c'est le comportement des balises inline). Leur taille (largeur et hauteur) pourra également être définie (c'est le comportement des balises block).

Feuille de styles

C'est un document qui rassemble un ou plusieurs styles CSS qui définissent la mise en forme d'un document. Si la feuille de styles est interne à un document, les différents styles doivent être définis dans l'en-tête du document, entre les balises `<style type="text/css">` et `</style>`. Si la feuille de styles est externe, vous devez définir les styles dans un fichier d'extension `.css` et y faire référence dans l'en-tête du document en utilisant une balise `<link />` :

```
<link rel="stylesheet" type="text/css" href="feuille-de-styles.
    css" />
```

Ici, la feuille de styles a pour nom `feuille-de-styles.css`.

Propriétés CSS

Elles définissent les caractéristiques d'un style CSS. Elles sont précisées dans la feuille de styles, entre les accolades ouvrante et fermante qui suivent le nom du style. Dans l'exemple qui suit, `color` et `margin` sont des propriétés CSS :

```
li
{
  color: red;
  margin: 10px;
}
```

Sélecteur CSS

Pour définir une règle CSS, on utilise un sélecteur qui indique à quoi va se reporter la règle. Il peut s'agir d'un sélecteur de balise, de classe, d'identifiant, de pseudo-élément, voire même d'un sélecteur universel qui s'adresse à toutes les balises du document. Le tableau suivant montre quelques exemples pour mieux comprendre le fonctionnement des sélecteurs.

Sélecteur	**Type**	**Se rapporte à**
`h2`	Sélecteur de balise	Toutes les balises `<h2>`
`.rouge`	Sélecteur de classe	Toutes les balises de classe `rouge`
`#grand`	Sélecteur d'identifiant	La balise d'identifiant `grand`
`:first-letter`	Sélecteur de pseudo-élément	La première lettre d'un élément
`.rouge:first-letter`	Sélecteur de pseudo-élément d'une classe	La première lettre des balises de classe `rouge`
*	Sélecteur universel	Toutes les balises

W3C

Le *World Wide Web Consortium* (W3C), est un organisme de standardisation à but non lucratif, chargé de promouvoir la compatibilité des technologies du *World Wide Web* telles que HTML, XHTML, XML, RDF, CSS, PNG, SVG et SOAP.

DOM

Le *Document Object Model* est une structure de données qui représente un document HTML comme une arborescence. La racine de cet arbre est un nœud nommé `document` qui correspond grossièrement à la balise `<html>`. Tout aussi grossièrement, les balises HTML définies dans la page Web correspondent aux nœuds de l'arbre DOM et en constituent la structure. Le langage jQuery est en mesure d'interroger le DOM pour connaître les caractéristiques (attributs et valeurs HTML, propriétés et valeurs CSS) des balises qui constituent un document HTML, mais aussi de modifier ces éléments pour changer l'allure et/ou le contenu du document.

DTD

Le *Document TYPE Declaration* fait référence à la balise `<!DOCTYPE>`. Cette dernière doit apparaître en tête des documents HTML. Elle indique au navigateur les règles d'écriture utilisées dans le document. Dans ce cours, nous utiliserons systématiquement les règles d'écriture du langage HTML5. Le DTD correspondant sera `<!DOCTYPE html>`.

Jeu de caractères

Le jeu de caractères d'un document HTML est associé aux différents claviers nationaux. Pour indiquer au navigateur dans quel jeu de caractères vous travaillez, vous devez insérer une balise `<meta charset="">` dans l'en-tête du document. Deux jeux de caractères sont essentiellement utilisés :

- ISO-8859-1 pour accéder à la majorité des caractères des langues occidentales, telles que le français, l'anglais, l'allemand, l'espagnol, etc.
- UTF-8 pour afficher sur une même page des caractères issus de plusieurs langues (français et japonais par exemple).

Selon vos besoins, vous utiliserez donc une balise `<meta charset="ISO-8859-1">` ou `<meta charset="UTF-8">`.

Fonction jQuery

C'est le point d'entrée de la bibliothèque jQuery. Vous pouvez utiliser au choix l'instruction `jQuery()` ou son alias `$()`. Dans ce cours, nous utiliserons systématiquement l'alias pour limiter l'écriture.

Méthodes jQuery

La bibliothèque jQuery est constituée d'un ensemble de blocs de code autonomes appelés méthodes. Ce qui fait la puissance de cette bibliothèque, c'est avant tout la grande diversité des méthodes proposées. Pour exécuter une méthode jQuery, il suffit de préciser son nom à la suite d'un sélecteur en le séparant de ce dernier par un point : `$(sélecteur).méthode(paramètres);`.

Objet jQuery

On appelle « objet jQuery » l'entité retournée par la fonction jQuery, c'est-à-dire par `$()`. Cet objet représente un ensemble de zéro, un ou plusieurs éléments issus du document.

Le squelette HTML typique

Nous allons voir le squelette typique d'un document HTML dans lequel on utilise du code jQuery. C'est à partir de ce squelette que tous les exemples de ce tutoriel seront construits. Vous trouverez ici toutes les informations nécessaires pour comprendre son agencement.

En fait, ce n'est pas un mais deux squelettes dont nous allons parler ici : un concernant le développement et un autre concernant la production. Une seule balise HTML les différencie, mais, comme nous allons le voir, cette balise fait une grande différence.

Squelette HTML en phase de développement

Voici les instructions qui seront typiquement utilisées dans tous nos exemples :

```
1 <!DOCTYPE html>
2 <html>
3   <head>
4     <meta charset="UTF-8">
5     <title>Le titre du document</title>
6     <link rel="stylesheet" type="text/css" href="feuille-de-styles.css">
7   </head>
8   <body>
9     <!-- Une ou plusieurs balises HTML pour définir le contenu du document -->
10    <script src="jquery.js"></script>
11    <script src="mon-script.js"></script>
12  </body>
13 </html>
```

Je ne vais pas m'arrêter sur chacune de ces lignes, vous devriez être en mesure de les comprendre. Je vais cependant détailler un peu les lignes 10 et 11.

La ligne 10 fait référence à la bibliothèque `jquery.js`. Ici également, étant donné qu'aucun chemin n'est spécifié dans la valeur affectée à l'attribut `src`, le fichier `jquery.js` doit se trouver dans le même dossier que le document HTML. Je ne vais pas revenir sur comment le télécharger, reportez-vous au premier chapitre si vous avez besoin.

La ligne 11 fait référence à un fichier JavaScript externe à votre page dans lequel vous placerez tout le code jQuery en rapport avec le document.

Au final, on se retrouve donc avec quatre fichiers :

1. Le document HTML lui-même ;
2. La feuille de styles externe qui définit la mise en forme du document ;
3. Le fichier `jquery.js`, qui contient la bibliothèque jQuery ;
4. Un fichier JavaScript externe qui contient tout le code jQuery que vous développerez.

Quatre fichiers pour mettre en place quelques instructions jQuery ? N'est-ce pas un peu disproportionné ?

Eh bien... tout dépend si vous voulez « bricoler » ou si vous voulez programmer en jQuery. Effectivement, la tentation est grande de placer le code CSS et jQuery dans le document HTML, afin de n'utiliser que deux fichiers : le document HTML et la bibliothèque jQuery. D'autant plus que cela fonctionne. Mais imaginez que vous deviez réaliser un site Web contenant plusieurs dizaines de pages. En externalisant les codes CSS et jQuery, vous pourrez facilement les réutiliser et ainsi être gagnants sur plusieurs tableaux :

- Le temps de développement sera réduit d'autant ;
- Les risques d'erreurs seront minimisés, puisque le même code sera utilisé dans les différents documents HTML ;

– La maintenance sera d'autant facilitée : pour effectuer une modification dans tout le site, il vous suffira d'agir sur la feuille de styles externe et sur le fichier de code JavaScript externe. Si vous aviez internalisé le code de ces deux fichiers, vous auriez dû agir sur chacune des pages HTML du site !

Squelette HTML en phase de production

Ça y est, votre code HTML/CSS/jQuery/JavaScript fonctionne à la perfection et vous êtes impatients de le tester en ligne. Avant d'utiliser un client FTP, assurez-vous que vous faites référence à la version minimisée de la bibliothèque jQuery et que vous la chargez sur un CDN. Ainsi, avec la version minimisée sur le CDN de Google, voici le code à utiliser :

```
<!DOCTYPE html>
<html>
  <head>
    <meta charset="UTF-8">
    <title>Le titre du document</title>
    <link rel="stylesheet" type="text/css" href="feuille-de-styles.css">
  </head>
  <body>
    <!-- Une ou plusieurs balises HTML pour définir le contenu du document -->
    <script src="http://ajax.googleapis.com/ajax/libs/jquery/1/jquery.min.js"></script>
    <script src="mon-script.js"></script>
  </body>
</html>
```

Optimisation du code

Voici quelques recommandations qui augmenteront les performances des pages qui contiennent du code jQuery :

1. Invoquez la bibliothèque `jquery.js` à la fin du document, avant la balise `</body>`.
2. Insérez le code jQuery rattaché à la page dans un fichier annexe et faites référence à ce fichier juste après la balise qui indique où se trouve la bibliothèque jQuery.

Ces positions stratégiques optimisent le temps de chargement de la page. En effet, de nombreux navigateurs bloquent l'exécution du code qui suit une balise `<script>` jusqu'à ce que cette balise ait été chargée et exécutée. En plaçant les deux balises `<script>` juste avant la balise `</body>`, l'affichage de la page n'est pas « freiné » par le code jQuery.

Attendre la disponibilité du DOM

Le langage jQuery est utilisé pour manipuler (en lecture et en écriture) le DOM, c'est-à-dire l'arborescence du document. Imaginez que ces manipulations commencent alors que l'arbre n'a pas encore été entièrement obtenu. Cette situation erratique pourrait désorganiser l'affichage, produire des erreurs, voire même... bloquer le navigateur !

Pour éviter d'en arriver là, vous devez attendre que l'arbre soit complet. En jQuery, cela se traduit par le code suivant :

```
jQuery(document).ready(function() {
  // Ici, le DOM est entièrement défini
});
```

Cette écriture peut se simplifier en remplaçant `jQuery` par son alias, `$`, ce qui donne :

```
$(document).ready(function() {
  // Ici, le DOM est entièrement défini
});
```

Enfin, `(document).ready` peut être omis pour arriver au code suivant :

```
$(function() {
  // Ici, le DOM est entièrement défini
});
```

Ces trois instructions sont strictement équivalentes. En ce qui me concerne, j'utiliserai systématiquement la troisième tout au long de ce cours, car c'est la plus courte et la plus simple à écrire. Par contre, si vous consultez d'autres articles traitant de jQuery, vous trouverez parfois les deux autres formes.

Dans l'introduction, il a été dit que jQuery peut être utilisé pour interroger/modifier le DOM, mais aussi les styles CSS du document. L'instruction `$(function() {` s'assure que le DOM est entièrement défini. Mais qu'en est-il de la feuille de styles ?

Si vous avez fait référence à une feuille de styles entre les balises `<head>` et `</head>`, l'instruction `$(function() {` s'assure également que la feuille de styles est chargée. Vous pouvez donc l'interroger et la manipuler comme bon vous semble.

Premier script : « Hello world »

Il est une tradition bien ancrée lorsque l'on écrit un cours sur un langage de programmation : le premier exemple affiche un texte sur l'écran : « Hello world » ! Nous n'allons pas déroger à la règle. Prêts à relever le défi ?

Précédemment, j'ai plusieurs fois affirmé que jQuery était capable de manipuler les éléments du DOM. Eh bien maintenant, il est temps de le prouver. Pour cela, je vais définir une balise <span> dans le document, lui affecter un attribut `id` afin de l'identifier et modifier son contenu en jQuery.

hello-world.html :

```
1  <!DOCTYPE html>
2  <html>
3    <head>
4      <meta charset="UTF-8">
5      <title>Hello World</title>
6    </head>
7    <body>
8      Ce texte est affiché en HTML
9
10     <span id="texteJQ"></span>
11     <script src="jquery.js"></script>
12     <script src="jq-hello-world.js"></script>
13   </body>
14 </html>
```

Comme vous pouvez le constater, la ligne contenant une balise `<link>` a été enlevée de l'en-tête. En effet, l'utilisation d'une feuille de styles ne présente aucun intérêt dans cet exemple. La ligne 12 fait référence au fichier JavaScript `jq-hello-world.js`. En voici le contenu :

```
1  $(function() {
2    $('#texteJQ').html('Hello world. Ce texte est affiché par
         jQuery.');
3  });
```

Si vous n'avez pas la mémoire trop courte, vous reconnaissez certainement les lignes 1 et 3 qui attendent la disponibilité du DOM. La ligne 2, quant à elle, contient une instruction jQuery dont la syntaxe peut vous laisser perplexes. Décomposons-la pour mieux comprendre son fonctionnement :

- `$('#texteJQ')` : cette partie agit comme un sélecteur. Elle retrouve dans le DOM l'élément dont l'attribut `id` vaut `texteJQ`. Pourquoi l'attribut `id`, me direz-vous ? Eh bien parce que, selon les conventions du langage CSS, le caractère # représente justement l'attribut `id`.
- `html('Hello world. Ce texte est affiché par jQuery.');` : la deuxième partie indique ce qui doit être modifié. Dans cet exemple, on utilise la méthode `html()` pour demander la modification du contenu de la balise.
- Le point entre ces deux parties fait le lien entre le sélecteur et l'action.

Cette instruction sélectionne donc l'élément d'id `texteJQ` et y insère le texte « Hello world. Ce texte est affiché par jQuery. » Vous voyez, il n'y a rien de sorcier là-dedans.

Double-cliquez sur le fichier `hello-world.html` pour l'ouvrir dans votre navigateur. Vous devriez obtenir quelque chose ressemblant à la figure 2.1.

Si chez vous rien ne s'affiche, vérifiez que :

- Le fichier `jquery.js` se trouve dans le même dossier que le fichier `hello-world.html`.

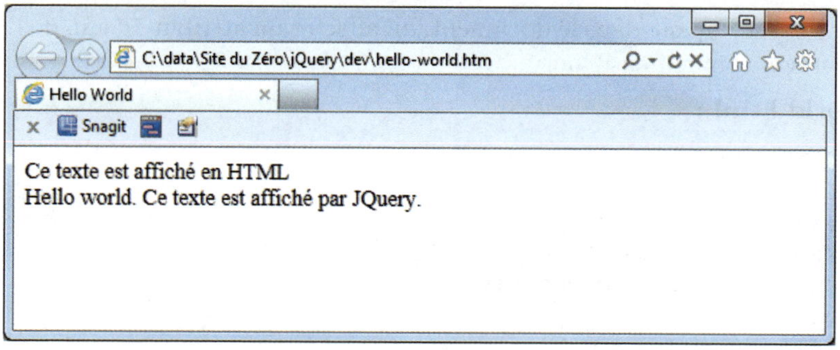

FIGURE 2.1 – Le fichier est ouvert dans Internet Explorer

- Vous n'avez oublié aucun guillemet, parenthèse ou accolade dans le code du fichier `jq-hello-world.js`.

En résumé

- Le squelette d'un document qui utilise du code jQuery est différent en développement et en production. Dans le premier cas, vous ferez référence à la bibliothèque `jquery.js` localement. Dans le second, vous ferez référence à la bibliothèque `jquery.min.js` sur un CDN.
- Il est impératif d'attendre la disponibilité du DOM avant d'exécuter du code jQuery. Sans quoi, ce code pourrait s'appliquer à un élément indisponible et provoquer un comportement inattendu, voire même un plantage du navigateur.
- En jQuery, pour modifier le contenu d'une balise `<span>` dont l'attribut `id` vaut `monid`, on utilise l'instruction `$("#monid").html("texte quelconque");`.
- Pour optimiser le code d'un document HTML qui utilise une feuille de styles et du code jQuery, on place les styles et le code jQuery dans des fichiers externes. La feuille de styles est appelée dans l'en-tête du document, alors que le code jQuery est appelé juste avant la balise `</body>` et juste après la référence à la bibliothèque jQuery.

Deuxième partie

Les bases de jQuery

Chapitre 3

Sélection d'éléments

Difficulté :

Dans ce chapitre, vous allez commencer à entrevoir la puissance de jQuery en découvrant une de ses facettes : la sélection d'éléments. Après cette lecture, vous saurez sélectionner, modifier et obtenir la valeur de la plupart des éléments qui peuvent être rencontrés dans un document HTML.

Vous connaîtrez également la nature des objets retournés par les instructions jQuery et vous verrez comment réduire la taille du code jQuery en chaînant les méthodes utilisées sur un objet.

Fonctionnement de base de jQuery

jQuery repose sur une seule et unique fonction : `jQuery()`, ou son alias, `$()`. Cette fonction accepte un ou plusieurs paramètres et retourne un objet que nous appellerons « objet jQuery ». Les paramètres peuvent être d'un des types suivants :

- Une fonction, qui sera exécutée dès que le DOM est disponible. Cette technique est très largement utilisée par tous les programmeurs jQuery.
- Un sélecteur CSS : l'élément (ou les éléments) qui correspondent au sélecteur sont retournés. Nous allons nous intéresser à cette technique dans ce chapitre.
- Un élément HTML, un document ou l'objet `window` : un objet jQuery correspondant à cet élément est retourné.
- Une (ou plusieurs) balise(s) HTML : un objet jQuery correspondant à cette (ces) balise(s) est retourné. Vous pouvez lui appliquer des méthodes jQuery, par exemple pour ajouter cette (ces) balise(s) dans un élément HTML.

Sélection d'éléments

Une des grandes forces de jQuery est d'intégrer la syntaxe des sélecteurs CSS. Par cet intermédiaire, il est élémentaire de sélectionner les nœuds DOM qui nous intéressent, en utilisant la syntaxe `$(sélection)` où `sélection` représente un sélecteur CSS.

En effet, jQuery est fortement lié à trois autres langages : HTML, CSS et JavaScript. CSS est un langage consacré à la mise en forme des documents écrits en HTML. Les sélecteurs CSS sont des mots et symboles qui permettent d'identifier les éléments contenus dans un document HTML. Par exemple, `h2` représente les balises HTML `<h2>`, ou encore `p` représente les balises `<p>`. En utilisant un sélecteur CSS dans la première partie d'une instruction jQuery, le ou les éléments HTML correspondants seront sélectionnés. Par la suite, il suffira de leur appliquer une action pour modifier leur contenu ou leur apparence.

Avant de poursuivre, voici quelques sélecteurs CSS que vous devez avoir en mémoire :

- Un nom de balise, sans les caractères $<$ et $>$, permet de sélectionner cette balise. Si plusieurs balises de même nom se trouvent dans le document, toutes ces balises sont sélectionnées. Par exemple, si le document contient plusieurs balises `<div>`, le sélecteur CSS `div` sélectionne toutes ces balises.
- Le signe # fait référence à l'attribut `id` (ou identifiant) d'une balise. Par exemple, si vous définissez la balise `<p id="premier">`, le sélecteur `#premier` sélectionne cette balise. Notez que deux balises ne peuvent pas avoir le même identifiant.
- Le point fait référence à l'attribut `class` d'une balise. Supposons que vous ayez défini la balise `<h2 class="rouge">`. Le sélecteur `.rouge` sélectionne cette balise. Plusieurs balises peuvent avoir la même classe. Un même traitement pourra donc être appliqué à ces deux balises.
- Pour différencier les balises `<h2>` de classe `rouge` des balises `<p>` de classe `rouge`, vous utiliserez les sélecteurs `h2.rouge` et `p.rouge`. Ce cas particulier s'applique à toutes les balises et toutes les classes. Ainsi, le sélecteur `nom_balise.nom_classe`

permet de sélectionner les balises `nom_balise` de classe `nom_classe`.

- Supposons maintenant que vous ayez défini une liste à puces `<ul></ul>` et une liste numérotée `<ol></ol>`. Chacun des éléments des deux listes est repéré par des balises `<li>`. Pour différencier les éléments `<li>` de la liste à puces des éléments `<li>` de la liste numérotée, vous utiliserez un « sélecteur descendant ». Ainsi, le sélecteur `ul li` s'adresse à tous les éléments `<li>` de la liste à puces `<ul>`, et le sélecteur `ol li` s'adresse à tous les éléments `<li>` de la liste numérotée `<ol>`.
- Certaines balises HTML peuvent contenir un ou plusieurs attributs. Par exemple, la balise `<img src="chien.jpg" width="40" height="30">` contient trois attributs : `src`, `width` et `height`. Pour sélectionner toutes les balises qui contiennent un attribut `src`, vous utiliserez le sélecteur `[src]`.
- Vous pouvez même aller plus loin en sélectionnant les balises dont un attribut a une certaine valeur. Par exemple, pour sélectionner toutes les balises dont l'attribut `width` a pour valeur 40, vous utiliserez le sélecteur `[width="40"]`.
- Le caractère * représente toutes les balises du document.

Et maintenant, nous allons raisonner sur un exemple pour mieux comprendre comment utiliser les sélecteurs CSS.

```
<!DOCTYPE html>
<html>
  <head>
    <meta charset="UTF-8">
    <title>Sélecteurs CSS</title>
  </head>
  <body>
    <ul class="rouge">
      <li class="impair">premier élément de la liste à puces</
         li>
      <li class="pair">deuxième élément de la liste à puces</li
         >
      <li class="impair">troisième élément de la liste à puces
         </li>
    </ul>
    <div>
      <ul class="bleu">
        <li class="impair">premier élément de la liste à puces
           </li>
        <li class="pair">deuxième élément de la liste à puces</
           li>
        <li class="impair">troisième élément de la liste à
           puces</li>
      </ul>
    </div>
    <ol class="rouge">
      <li>premier élément de la liste numérotée</li>
      <li>deuxième élément de la liste numérotée</li>
      <li>troisième élément de la liste numérotée</li>
    </ol>
    <script src="jquery.js"></script>
```

```
      <script>
        $(function() {
          // Insérer le code jQuery ici
        });
        </script>
    </body>
</html>
```

Le tableau suivant donne quelques exemples significatifs de sélecteurs et indique à quoi ils correspondent.

Sélecteur CSS	**Sélecteur jQuery**	**Signification**
ul	$('ul')	Les balises <ul>
ul.bleu	$('ul.bleu')	La balise <ul> de classe bleu
div ul	$('div ul')	La balise <ul> contenue dans la balise <div>
div ul li[class="pair"]	$('div ul li[class="pair"]')	La balise <li> contenue dans une balise <ul>, elle-même contenue dans une balise <div>, et dont l'attribut class vaut pair
li[class]	$('li[class]')	Les balises <li> qui possèdent un attribut class
li[class="impair"]	$('li[class="impair"]')	Les balises <li> qui possèdent un attribut class de valeur impair
*	$('*')	Toutes les balises du document

Vous avez peut-être remarqué l'utilisation des guillemets dans la colonne « Sélecteur jQuery » : $('div ul li[class="pair"]') et $('li[class="impair"]'). Ceci vient du fait qu'il est impossible d'utiliser des apostrophes à l'intérieur d'autres apostrophes. Lorsqu'un tel cas se produit, les apostrophes les plus internes sont remplacées par des guillemets.

Quelle est la nature de l'objet retourné ?

Le résultat retourné par la fonction $() est un objet jQuery. Cet objet ressemble à un tableau : il a une propriété length et les éléments sélectionnés peuvent être accédés par un indice. Par exemple :

- $('a').length retourne le nombre de liens hypertextes contenus dans la page.
- $('ul.bleu').length retourne le nombre de balises <ul> de classe bleu.

- $('li[class="impair"]').length retourne le nombre de balises <li> qui ont un attribut class de valeur impair.
- $('body').length retourne « 1 » car le document contient une seule balise <body>.

Pour accéder à un des éléments sélectionnés, précisez son indice entre crochets à la suite du sélecteur. Par exemple :

- $('a')[0] retourne le premier lien hypertexte de la page.
- $('ul.bleu')[3] retourne la quatrième balise <ul> de classe bleu.
- $('body')[0] est équivalent à document.body.

Appliquer une méthode à la sélection

Une fois qu'un ou plusieurs éléments ont été sélectionnés avec une instruction $(sélecteur), vous pouvez leur appliquer un traitement en exécutant une méthode jQuery. Pour cela, ajoutez un point après la parenthèse fermante et indiquez la méthode à utiliser :

```
$(sélecteur).action
```

... où $(sélecteur) sélectionne un ou plusieurs éléments dans le document et action effectue un traitement sur les éléments sélectionnés. Par exemple, pour écrire un message dans une balise <span> d'identifiant resultat, vous utiliserez quelque chose comme le code suivant :

```
$('#resultat').html('texte à écrire dans la balise span');
```

> La méthode html() n'est qu'une des nombreuses méthodes utilisables en jQuery. Pour avoir un aperçu global des principales méthodes, reportez-vous à la section « Getters et setters » (page 52) du chapitre « Modifier le contenu d'un élément ».

Notions indispensables

Je vais ici vous parler de deux notions indispensables : les fonctions de rappel et le chaînage de méthodes.

Fonctions de rappel

Une fonction de rappel (ou *callback* en anglais) est une fonction exécutée lorsqu'une autre fonction a terminé de s'exécuter. En jQuery, les fonctions de rappel sont essentiellement utilisées pour réaliser des animations et des appels AJAX. Nous reviendrons sur ces deux sujets dans la partie 3 du cours.

Juste pour vous mettre l'eau à la bouche, voici un exemple de fonction de rappel, appliquée aux éléments de classe rouge :

```
$(function() {
    $(".rouge").fadeOut("slow",function(){
      $(this).fadeIn("slow");
    });
});
```

Ce code fait disparaître puis réapparaître progressivement les balises de classe `rouge`.

Chaînage de méthodes

Le chaînage est un concept très puissant et pourtant simple à comprendre. Étant donné que les méthodes jQuery retournent un objet jQuery, il est possible de les « chaîner », c'est-à-dire de les exécuter les unes à la suite des autres.

À titre d'exemple, les deux premières instructions sont équivalentes à la troisième :

```
$('.rouge').css('background','red');
$('.rouge').css('color','yellow');

$('.rouge').css('background','red').css('color','yellow');
```

Nous n'avons pas encore étudié la méthode jQuery `css()`, mais je suis sûr qu'en observant la façon dont elle s'articule vous comprenez son fonctionnement. Cette méthode admet deux paramètres. Le premier est une propriété CSS et le deuxième, la valeur à affecter à cette propriété.

La première instruction affecte un arrière-plan de couleur rouge aux balises de classe `rouge`. La deuxième instruction affecte la couleur jaune (`yellow`) aux balises de classe `rouge`. En chaînant ces deux instructions, les balises de classe `rouge` ont un arrière-plan de couleur rouge et des caractères de couleur jaune. Et tout cela en une seule instruction !

La méthode css() n'est qu'une des nombreuses méthodes utilisables en jQuery. Pour avoir un aperçu global des principales méthodes, reportez-vous à la section « Getters et setters » (page 52) du chapitre « Modifier le contenu d'un élément ».

En résumé

- Le sélecteur jQuery `$('sel')` utilise la syntaxe CSS. En remplaçant `sel` par un sélecteur CSS quelconque, les éléments correspondants (s'ils existent) seront sélectionnés dans le DOM. Par exemple :
  - `$('a')` sélectionne tous les liens hypertextes ;
  - `$('.rouge')` sélectionne les éléments de classe `rouge` ;
  - `$('#e2')` sélectionne l'élément d'identifiant `e2` ;
  - `$('[src]')` sélectionne tous les éléments qui possèdent un attribut `src` ;

  - `$('[width="40"]')` sélectionne tous les éléments qui ont un attribut `width` égal à 40.
- L'objet retourné par un sélecteur jQuery peut faire référence à plusieurs éléments. Pour accéder à un élément, vous pouvez préciser son index entre crochets, en ayant bien à l'esprit que le premier élément a un index égal à 0. Par exemple, le sélecteur `$('a')[2]` fait référence au troisième lien hypertexte contenu dans la page.
- Pour appliquer une méthode à un objet jQuery obtenu en utilisant un sélecteur, il suffit d'écrire cette méthode à droite du sélecteur en la séparant de ce dernier par un point. Par exemple, l'instruction suivante écrit en jaune tous les liens hypertextes contenus dans la page : `$('a').css('color', 'yellow');`.
- Pour chaîner deux méthodes jQuery, écrivez-les l'une à la suite de l'autre en les séparant par un point.

Chapitre 4

Plus loin dans la sélection d'éléments

Difficulté :

Vous avez appris à sélectionner des balises, des identifiants et des classes dans le code HTML d'une page Web. Ces types de sélections sont très utiles et vous les utiliserez fréquemment lors de vos développements jQuery.

Cependant, il est possible d'aller plus loin en sélectionnant encore plus finement les éléments du DOM. Ce chapitre va vous montrer comment sélectionner des éléments HTML en fonction de leurs attributs, comment limiter les éléments retournés en utilisant des pseudo-sélecteurs ou encore comment utiliser des sélecteurs spécialisés pour certains types d'éléments.

Vous apprendrez également à parcourir les éléments sélectionnés pour appliquer à chacun d'entre eux un traitement spécifique. Cette technique est très importante. Elle sera souvent utilisée dans les autres chapitres de ce cours.

Sélecteurs d'attributs

Arrivés à ce point dans la lecture du cours, vous savez sélectionner les éléments qui contiennent :

- un attribut donné, en utilisant le sélecteur `$('[nom]')` ;
- un attribut donné qui a une certaine valeur, en utilisant le sélecteur `$('[nom:valeur]')`.

Le tableau suivant dresse la liste des sélecteurs d'attributs évolués auxquels nous allons nous intéresser.

Sélecteur	**Éléments sélectionnés**
`['nom*="valeur"']`	Éléments qui possèdent un attribut `nom` qui contient (partiellement ou totalement) la valeur spécifiée.
`['nom~="valeur"']`	Éléments qui possèdent un attribut `nom` qui contient la valeur spécifiée, délimité par des espaces.
`['nom$="valeur"']`	Éléments qui possèdent un attribut `nom` qui se termine par la valeur spécifiée.
`['nom!="valeur"']`	Éléments qui ne possèdent pas l'attribut `nom`, ou qui possèdent un attribut `nom` différent de la valeur spécifiée.
`['nom^="valeur"']`	Éléments qui possèdent un attribut `nom` qui commence par la valeur spécifiée.

Pour bien comprendre comment fonctionnent ces sélecteurs, nous allons travailler avec le code suivant :

```
<!DOCTYPE html>
<html>
  <head>
    <meta charset="UTF-8">
    <title>Sélecteurs CSS</title>
  </head>
  <body>
    <img src="canard.jpg" title="animal canard" border="11">
    <img src="chat.jpg" title="animal chat" border="4">
    <img src="cheval.jpg" title="cheval">
    <img src="chien.jpg" title="animal chien"  border="8">
    <img src="girafe.jpg" title="girafe" border="4">

    <script src="jquery.js"></script>
    <script>
      $(function() {
        // Le code jQuery sera inséré ici
      });
    </script>
  </body>
```

```
</html>
```

> Au début de ce cours, je vous ai dit qu'il était conseillé de séparer les codes HTML, CSS et jQuery dans plusieurs fichiers. Ce conseil reste toujours d'actualité ; cependant, étant donné la faible ampleur du code, j'ai pris la liberté de mettre le code jQuery directement dans le HTML. N'ayez crainte, nous utiliserons plusieurs fichiers séparés lorsque le code deviendra un peu plus étoffé.

Le corps du document contient cinq balises `<img>`. Chacune d'entre elles a trois attributs : `src`, `title` et `border`. Nous allons utiliser plusieurs sélecteurs d'attribut évolués pour modifier la couleur de certaines bordures d'images. Après que les images ont été définies, une balise `<script>` fait référence à la bibliothèque jQuery et une autre délimite le code jQuery que nous allons écrire. L'instruction `$(function() {` attend la disponibilité du DOM. Les instructions jQuery seront placées à la place du commentaire.

La figure 4.1 représente le résultat lorsqu'on exécute ce code dans Internet Explorer.

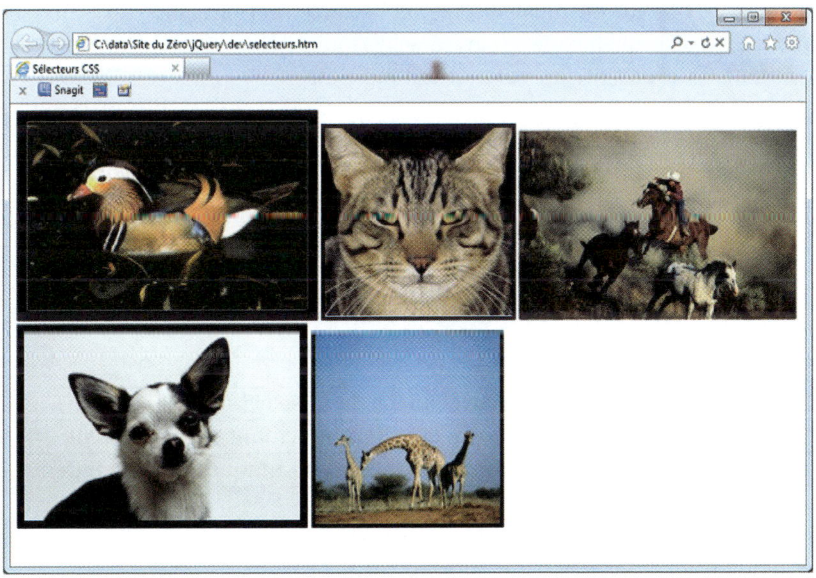

FIGURE 4.1 – Le code exécuté dans Internet Explorer

Nous allons tracer une bordure rouge autour de certaines images en utilisant la méthode jQuery `css()` suivante :

```
$('selecteur').css('border-color','red');
```

... où `selecteur` est un des sélecteur CSS du tableau suivant.

Critère	**Sélecteur**	**Image modifiée**
Image dont l'attribut `border` contient partiellement ou totalement la valeur « 1 ».	`$('[border*="1"]')`	1
Image dont l'attribut `title` contient le mot « animal » délimité par une espace.	`$('[title~="animal"]')`	1, 2, 4
Image dont l'attribut `src` se termine par « e.jpg ».	`$('[src$="e.jpg"]')`	5
Image qui ne possède pas un attribut `border` égal à « 15 ».	`$('[border!="15"]')`	1, 2, 3, 4, 5
Image dont l'attribut `src` commence par « ch ».	`$('[src^="ch"]')`	2, 3, 4

Sélecteurs hiérarchiques

Dans l'arborescence DOM, à l'exception de `html`, tous les éléments ont un parent, et certains éléments ont un ou plusieurs enfants. Cette section s'intéresse aux sélecteurs hiérarchiques, avec lesquels vous pourrez sélectionner les enfants d'un certain parent, l'énième enfant d'un parent, les enfants uniques, etc.

Sélecteur	**Éléments sélectionnés**
`('p > e')`	Éléments `e` directement descendants d'éléments `p`
`('p + e')`	Éléments `e` directement précédés d'un élément `p`
`('p ~ e')`	Éléments `e` précédés d'un élément `p`
`:empty`	Éléments qui n'ont pas d'enfant
`:first-child`	Premier enfant
`:first`	Premier élément
`:last-child`	Dernier enfant
`:last`	Le dernier élément de la sélection
`:nth-child`	Élément qui est l'énième enfant de son parent
`:only-child`	Éléments qui sont enfants uniques de leur parent

Rien de tel qu'un peu de code pour bien comprendre comment fonctionnent ces sélecteurs. Ici, nous utiliserons des listes imbriquées :

```
<!DOCTYPE html>
<html>
  <head>
    <meta charset="UTF-8">
    <title>Sélecteurs CSS</title>
  </head>
  <body>
    <div id="listes">
      <ul id="ul1">
```

```
        <li> Elément de liste 1</li>
        <ul id="ul2">
          <li> Enfant 1</li>
          <li> Enfant 2</li>
        </ul>
        <li> Elément de liste 2</li>
        <li> Elément de liste 3</li>
        <li> Elément de liste 4</li>
      </ul>
    </div>

    <script src="jquery.js"></script>
    <script>
      $(function() {
        // Le code jQuery sera inséré ici
      });
    </script>
  </body>
</html>
```

La figure 4.2 représente ce code exécuté dans Internet Explorer.

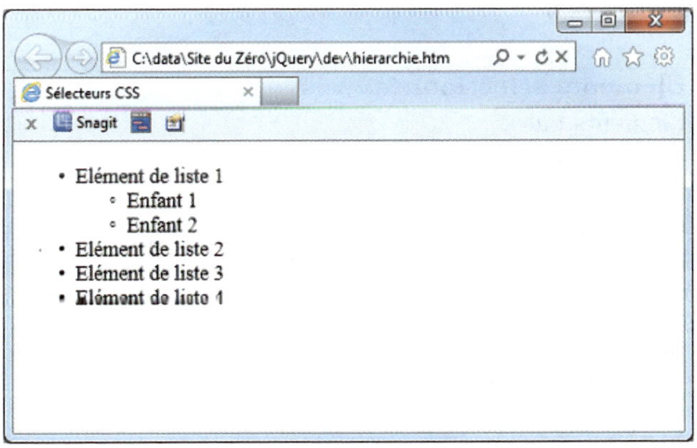

FIGURE 4.2 – Le code précédent exécuté dans Internet Explorer

Nous allons afficher en rouge certains éléments de ces listes imbriquées en utilisant la méthode jQuery `css()` suivante :

```
$(function() {
    $('sel').css('color','red');
});
```

... où `sel` est un des sélecteur CSS du tableau suivant :

Critère	Sélecteur	Élément modifié
Éléments `ul` directement descendants d'éléments `ul`	`$('ul > ul')`	2, 3
Éléments `li` directement précédés d'un élément `ul`	`$('ul + li')`	4
Éléments `li` précédés d'un élément `ul`	`$('ul ~ li')`	4, 5, 6
Premier élément `li` enfant	`$('li:first-child')`	1, 2
Premier élément `li`	`$('li:first')`	1
Dernier élément `li`	`$('li:last')`	6
Dernier élément `li` enfant	`$('li:last-child')`	3, 6
Éléments `li` enfants uniques de leur parent	`$('li:only-child')`	aucun
Deuxième enfant `li`	`$('li:nth-child(1)')`	1, 2

Pseudo-sélecteurs d'éléments sélectionnés

Lorsque vous utilisez un sélecteur CSS, un ou plusieurs éléments sont sélectionnés dans le DOM. En ajoutant un pseudo-sélecteur au sélecteur, vous allez pouvoir filtrer la sélection en ne conservant que les éléments pairs, impairs, ayant un certain index, etc. Regardez le tableau suivant :

Sélecteur	Éléments sélectionnés
`:even`	Éléments pairs
`:odd`	Éléments impairs
`:eq()`	Élément dont l'index est spécifié
`:gt()`	Éléments dont l'index est supérieur à (*greater than*) l'index spécifié
`:lt()`	Éléments dont l'index est inférieur à (*lower than*) l'index spécifié

Pour varier les plaisirs, nous allons effectuer des sélections dans une série de paragraphes. Voici le code HTML utilisé :

```
<!DOCTYPE html>
<html>
  <head>
    <meta charset="UTF-8">
    <title>Sélecteurs CSS</title>
  </head>
  <body>
    <p>Paragraphe 1</p>
    <p>Paragraphe 2</p>
    <p>Paragraphe 3</p>
    <p>Paragraphe 4</p>
    <p>Paragraphe 5</p>

    <script src="jquery.js"></script>
```

```
    <script>
      $(function() {
        //Le code jQuery sera inséré ici
      });
    </script>
  </body>
</html>
```

Nous allons afficher en rouge certains éléments de ces listes imbriquées en utilisant la méthode jQuery `css()`.

Critère	**Sélecteur**	**Paragraphe modifié**
Éléments p pairs	`$('p:even')`	1, 3, 5
Éléments p impairs	`$('p:odd')`	2, 4, 6
Éléments p après le deuxième	`$('p:gt(1)')`	3, 4, 5
Élément p d'index 4	`$('p:eq(3)')`	4
Éléments p avant le quatrième	`$('p:lt(3)')`	1, 2, 3

Sélecteurs d'éléments particuliers

Cette section s'intéresse à des sélecteurs propres à certaines balises ou difficilement classables dans les autres catégories. Regardez le tableau suivant :

Sélecteur	**Éléments sélectionnés**
`:header`	Tous les titres <h1> à <h6>
`:hidden`	Éléments cachés
`:visible`	Éléments visibles
`:not()`	Éléments qui ne correspondent pas au sélecteur spécifié

Voici le code utilisé pour tester ces sélecteurs :

```
<!DOCTYPE html>
<html>
  <head>
    <meta charset="UTF-8">
    <title>Sélecteurs CSS</title>
  </head>
  <body>
    <h1>Titre de niveau 1</h1>
    <h2>Titre de niveau 2</h2>
    <h3>Titre de niveau 3</h3>
    <p>Un paragraphe de texte</p>
    <div>Texte dans une balise div</div>

    <script src="jquery.js"></script>
    <script>
```

```
16        $(function() {
17          $('div').hide();
18          //Le code jQuery sera inséré ici
19        });
20      </script>
21    </body>
22  </html>
```

Ligne 17, l'instruction jQuery dissimule la balise `<div>` à l'aide de la méthode `hide()`. Testez tour à tour les trois instructions jQuery suivantes :

Critère	**Instruction jQuery**	**Effet**
Sélection de tous les titres	`$(’:header’).css(’color’, ’red’);`	Les titres `<h1>`, `<h2>` et `<h3>` sont affichés en rouge.
Affichage des éléments cachés	`$(’div:hidden’).show();`	L'élément `div` qui avait été caché à la ligne 17 est affiché.
Dissimulation de tous les titres sauf le titre `<h1>`	`$(’:header:not(h1)’).hide();`	Toutes les balises de titre sont cachées, à l'exception de la balise <h1>.

Pseudo-sélecteurs spécifiques aux formulaires

Les formulaires ont leur propre jeu de pseudo-sélecteurs CSS. En les utilisant, il est très simple de s'adresser à un élément ou un type d'élément en particulier. Regardez le tableau suivant :

Pseudo-sélecteur	**Éléments sélectionnés**
`:input`	Tous les éléments de type `input`, `textarea`, `select` et `button`
`:button`	Éléments de type `button`
`:checkbox`	Éléments de type `checkbox`
`:checked`	Éléments qui sont cochés
`:radio`	Éléments de type `radio`
`:reset`	Éléments de type `reset`
`:image`	Tous les boutons de type `image`
`:submit`	Éléments de type `submit`
`:text`	Éléments de type `text`
`:password`	Éléments de type `password`
`:selected`	Éléments sélectionnés
`:focus`	Sélectionne l'élément s'il a le focus
`:enabled`	Éléments validés

Pour illustrer ces pseudo-sélecteurs, nous allons utiliser un formulaire très classique contenant :

- une zone de texte ;
- un mot de passe ;
- deux boutons radio ;
- une zone de texte multiligne ;
- un bouton submit et un bouton reset ;
- un bouton image.

Voici le code :

```
<!DOCTYPE html>
<html>
  <head>
    <meta charset="UTF-8">
    <title>Sélecteurs CSS</title>
  </head>
  <body>
    <form>
      Nom d'utilisateur
      <input type="text" name="nom"><br />

      Mot de passe
      <input type="password" name="pass"><br />

      Sexe
      Homme <input type="radio" name="sexe" value="H">
      Femme <input type="radio" name="sexe" value="F"><br />

      Commentaires
      <textarea rows="3" name="commentaires">Tapez vos commentaires ici</textarea><br />

      <input type="image" src="chat.jpg"><br />

      <input type="submit" value="Envoyer">
      <input type="reset" value="Annuler">
    </form>

    <script src="jquery.js"></script>
    <script>
      $(function() {
        // Le code jQuery sera tapé ici
      });
    </script>
  </body>
</html>
```

Exécuté, ce code ressemble à la figure 4.3.

Nous allons modifier la couleur d'arrière-plan de certains éléments du formulaire et

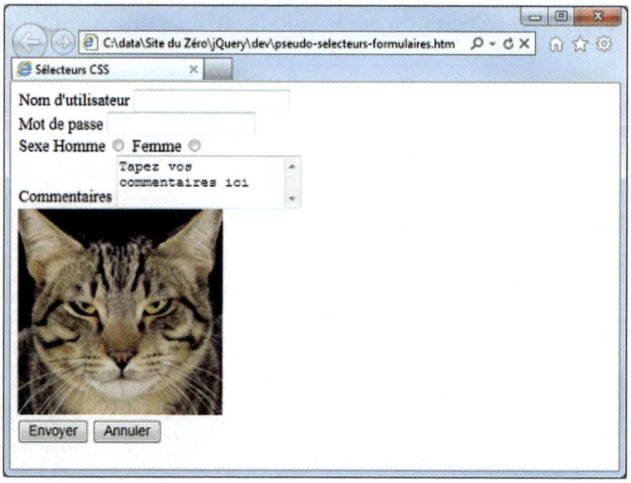

FIGURE 4.3 – Le code précédent exécuté dans Internet Explorer

modifier la taille du bouton image en utilisant quelques lignes de jQuery :

- **Coloration de tous les champs de saisie :**

```
$(':input').css('background','yellow');
```

  Les zones de texte, boutons radio et boutons ont un arrière-plan de couleur jaune.

- **Coloration d'un champ de saisie particulier :**

```
$(':password').css('background','yellow');
```

  Le champ de type `password` a un arrière-plan de couleur jaune.

- **Redimensionnement d'un champ de type `image` :**

```
$(':image').css('width','100px');
```

  Le champ `input` de type `image` est redimensionné pour avoir une largeur de 100 px.

- **Focus au premier champ de saisie et coloration en jaune :**

```
document.forms[0].nom.focus(); $(':focus').css('background','
    yellow');
```

  La première instruction donne le focus au premier champ de saisie et la deuxième colore son arrière-plan en jaune.

Sélecteurs utilisés dans les tableaux

Si les tableaux n'ont pas de sélecteurs spécifiques, plusieurs des sélecteurs évoqués dans les sections précédentes sont cependant bien pratiques pour mettre en forme rapidement des tableaux HTML.

Pseudo-sélecteur	**Éléments sélectionnés**
`:first`	Premier élément
`:last`	Dernier élément
`:eq()`	Élément dont l'index est spécifié
`:gt()`	Éléments dont l'index est supérieur à l'index spécifié
`:lt()`	Éléments dont l'index est inférieur à l'index spécifié
`:even`	Éléments d'index pair
`:odd`	Éléments d'index impair
`:empty`	Éléments qui n'ont pas d'enfant
`:not()`	Éléments qui ne correspondent pas au sélecteur spécifié

Nous allons mettre en application ces pseudo-sélecteurs en les appliquant sur le tableau défini en HTML que voici :

```
<!DOCTYPE html>
<html>
  <head>
    <meta charset="UTF-8">
    <title>Sélecteurs CSS</title>
  </head>
  <body>
    <form>
      <table border=1>
      <tr><td></td><td>Salle 1</td><td>Salle 2</td></tr>
      <tr><td>Lundi</td><td>X</td><td>X</td></tr>
      <tr><td>Mardi</td><td></td><td></td></tr>
      <tr><td>Mercredi</td><td>X</td><td></td></tr>
      <tr><td>Jeudi</td><td></td><td>X</td></tr>
      <tr><td>Vendredi</td><td>X</td><td>X</td></tr>
      </table>
    </form

    <script src="jquery.js"></script>
    <script>
      $(function() {
        $('td').css('text-align','center');
        // Le code jQuery sera tapé ici
      });
    </script>
  </body>
</html>
```

Nous allons affecter la couleur jaune à l'arrière-plan de certaines cellules du tableau en utilisant la méthode jQuery `css()`.

Action recherchée	**Sélecteur**
Coloration de la première cellule	`$('td:first')`
Coloration de la dernière ligne	`$('tr:last')`
Coloration des cellules vides	`$(':empty')`
Coloration des lignes paires	`$('tr:even')`
Coloration des cellules paires	`$('td:even')`
Coloration des lignes d'index supérieur à 2	`$('tr:gt(1)')`
Coloration des lignes d'index supérieur à 1 et inférieur à 5	`$('tr:gt(0):lt(4)')`
Coloration des cellules 5 à 11	`$('td:gt(4):lt(10)')`
Coloration de toutes les lignes à l'exception de la dernière	`$('tr:not(tr:last)')`

Parcourir les éléments sélectionnés

Tout au long de ce chapitre, vous avez vu qu'il suffisait d'appliquer une méthode jQuery aux éléments sélectionnés pour agir immédiatement sur ces éléments. Dans cette section, je vais vous montrer une autre façon d'interagir plus finement sur la sélection, en utilisant la méthode `each()`.

Supposons par exemple que trois images soient affichées dans une page Web. Ces images sont repérées par leur chemin : `images1/i1.jpg`, `images1/i2.jpg` et `images1/i3.jpg`. Comment feriez-vous en jQuery pour que ces images soient lues dans le dossier `images2` et non dans le dossier `images1` ? Au risque de vous décevoir, c'est tout bonnement impossible avec vos connaissances actuelles en jQuery ! Pour résoudre cet exercice, il faudrait pouvoir agir de façon individuelle sur l'attribut `src` de chaque balise `<img>`.

Pour arriver à nos fins, nous allons utiliser la méthode `each()`, qui passe en revue les éléments sélectionnés par une requête jQuery et permet de les modifier en utilisant des instructions JavaScript. La syntaxe de la méthode `each()` est la suivante :

```
$('sel').each(function(index){
  //Une ou plusieurs instructions JavaScript
});
```

... où :

- `sel` est un sélecteur CSS, comme ceux que nous avons utilisés jusqu'ici ;
- `index` est une variable JavaScript qui représente la position de l'élément dans la sélection. Il aura pour valeurs consécutives 0, 1, 2, etc. jusqu'à ce que tous les éléments aient été passés en revue ;

Jusqu'ici, rien de bien méchant ! Cependant, une question se pose : comment accéder à l'élément courant, c'est-à-dire à l'élément à modifier ? Pour cela, vous devez utiliser le mot `this`. Si vous avez suivi ce que j'ai dit un peu plus haut, la modification se fera via l'attribut `src` de la balise `<img>`. Eh bien, dans ce cas, vous utiliserez l'expression `this.src`.

Examinons le code suivant :

```
<!DOCTYPE html>
<html>
```

```
  <head>
    <meta charset="UTF-8">
    <title>Sélecteurs CSS</title>
  </head>
  <body>
    <img src="images1/i1.jpg">
    <img src="images1/i2.jpg">
    <img src="images1/i3.jpg">

    <script src="jquery.js"></script>
    <script>
      $(function() {
        $('img').each(function(index){
          this.src = 'images2/i' + (index+1) + '.jpg';
        });
      });
    </script>
  </body>
</html>
```

Nous retrouvons nos trois images, l'appel à jQuery ainsi que quelques instructions. Lorsque le DOM est disponible, les images du document sont sélectionnées avec le sélecteur `img` et les éléments sélectionnés sont parcourus avec la méthode `each()`. Une seule ligne est nécessaire pour modifier les adresses des images :

```
this.src = 'images2/i' + (index+1) + '.jpg';
```

Le terme `this.src` correspond à l'attribut `src` de la balise `<img>` en cours de traitement. Étant donné qu'il y a trois images à traiter, la variable `index` va prendre les valeurs 0, 1 puis 2. Le terme `'images2/i' + (index+1) + '.jpg'` aura donc pour valeurs consécutives `images2/i1.jpg`, `images2/i2.jpg` et `images2/i3.jpg`, ce qui est exactement l'effet recherché.

En JavaScript, le signe + est utilisé pour *concaténer* (c'est-à-dire mettre bout à bout) deux textes, deux nombres ou un texte et un nombre. Ici, `'images2/i' + (index+1) + '.jpg'` concatène le texte `images2/i`, le nombre `(index+1)` et le texte `.jpg`. Remarquez les parenthèses autour de `index+1` ; sans elles, ce n'est pas la valeur numérique `index+1` qui aurait été concaténée, mais la valeur numérique de la variable `index` puis le chiffre `1`. Ce qui aurait fabriqué les chaînes `images2/i01.jpg`, `images2/i11.jpg` et `images2/i21.jpg`.

Conversion jQuery/DOM

Conversion d'un élément du DOM en un objet jQuery

Si vous avez suivi attentivement ce tutoriel, vous savez que le simple fait d'utiliser un sélecteur jQuery convertit un élément (ou un ensemble d'éléments) du DOM en un objet jQuery. Ainsi par exemple, l'instruction `$('div')` retourne un objet jQuery qui donne accès à toutes les balises `<div>` du document. La première balise `<div>` est alors accessible avec `$("div")[0];`, la deuxième avec `$("div")[1];`, et ainsi de suite.

Conversion d'une variable JavaScript en un objet jQuery

jQuery et JavaScript font bon ménage ensemble, et il est fréquent d'entremêler des instructions jQuery et des instructions JavaScript. Fatalement, un jour ou l'autre, vous voudrez convertir une variable JavaScript en un objet jQuery pour pouvoir lui appliquer les puissantes méthodes de ce langage. Eh bien, il n'y a rien de plus simple :

```
var variableJS = 'un simple texte';
var variableJQ = $(variableJS);
```

La première ligne crée une variable JavaScript en lui affectant un simple texte. La deuxième la convertit en un objet jQuery en « l'enveloppant » avec l'alias `$()`.

Conversion d'un objet jQuery en un élément du DOM

Il est parfois nécessaire d'appliquer un traitement JavaScript à un objet jQuery. Étant donné que seules les méthodes jQuery peuvent être appliquées aux objets jQuery, une conversion jQuery vers DOM est alors nécessaire. Pour cela, vous appliquerez la méthode `.get()` à un sélecteur jQuery.

Par exemple, si un document contient plusieurs balises `<span>`, il est possible de les convertir en un tableau JavaScript avec l'instruction suivante :

```
var spans = $('span').get();
```

Ici, le tableau est stocké dans la variable JavaScript `spans`. La valeur stockée dans la première cellule du tableau est obtenue avec `spans[0].innerHTML`, la valeur stockée dans la deuxième cellule du tableau est obtenue avec `spans[1].innerHTML`, et ainsi de suite...

En résumé

- Il est possible d'affiner la sélection d'éléments grâce aux sélecteurs d'attributs, aux pseudo-sélecteurs et aux sélecteurs hiérarchiques.
- Les formulaires ont leur propre jeu de pseudo-sélecteurs. Faciles à mémoriser, ils ont le nom des balises correspondantes et sont précédés d'un « : ».

- En utilisant un sélecteur jQuery, on obtient un objet jQuery qui contient zéro, un ou plusieurs éléments du DOM. On peut appliquer un traitement global à ces éléments en leur appliquant une méthode jQuery. Lorsqu'un traitement global n'est pas suffisant, on utilise une boucle `each`.
- Avec une boucle `each`, les différents éléments sélectionnés sont parcourus un à un. Ils sont repérés par leur index, dont le nom est spécifié en paramètre de la fonction. Le traitement est réalisé par une ou plusieurs instructions JavaScript.
- Il est parfois utile de convertir des objets jQuery en éléments du DOM et inversement. La transformation DOM vers jQuery se fait en utilisant un sélecteur, et éventuellement en le limitant à un des éléments retournés. Quant à la transformation jQuery vers DOM, elle repose sur l'utilisation de la méthode `get()`.

Chapitre 5

Modifier le contenu d'un élément

Difficulté :

Arrivés à ce point dans la lecture du cours, vous savez sélectionner à peu près tout ce qui peut se trouver dans un document HTML. Vous vous sentez peut-être un peu frustrés : à quoi bon effectuer des sélections si vous n'en faites rien ! Vous avez tout à fait raison.

Ce chapitre va (enfin !) vous montrer comment agir sur les éléments sélectionnés pour les transformer. Vous pourrez ainsi modifier les attributs et les propriétés CSS des éléments sélectionnés, mais aussi ajouter, réorganiser et supprimer des éléments du DOM pour modifier l'agencement de la page sur laquelle vous travaillez.

Poursuivez vite la lecture et surtout... amusez-vous bien !

Getters et setters

Plutôt que de différencier les méthodes chargées de lire (ces méthodes sont dites *getters*, de l'anglais *to get* qui signifie « obtenir ») et de modifier (ces méthodes sont dites *setters*, de l'anglais *to set* qui signifie « définir ») les valeurs HTML ou CSS, les concepteurs de jQuery ont choisi de leur donner le même nom. Mais alors, comment les différencier, me direz-vous ? C'est très simple, puisqu'il suffit d'observer les paramètres de la fonction. Raisonnons sur un exemple pour mieux comprendre de quoi il retourne. Observez les deux instructions suivantes :

```
$('h2').css('font-size');
$('h2').css('font-size','2em');
```

Dans la première instruction, aucune valeur n'est précisée. Il est impossible de modifier la valeur de la propriété CSS `font-size`. La première méthode est donc un getter ; elle retourne la valeur de la propriété `font-size`. Pour faciliter sa manipulation, vous pouvez la mémoriser dans une variable :

```
var taille = $('h2').css('font-size');
```

Dans la deuxième instruction, la valeur « 2em » est précisée dans les paramètres de la méthode `css()`. Cette valeur sera utilisée pour mettre à jour la propriété CSS `font-size` (ou la créer si elle n'existe pas) de tous les éléments retournés par le sélecteur. La deuxième méthode est donc un setter.

Ce qui vient d'être dit peut se généraliser à toutes les méthodes jQuery :

- Si aucune valeur n'est précisée dans les arguments de la méthode, il s'agit d'un getter. La méthode retourne la valeur qui correspond au premier argument.
- Si une valeur est précisée dans les arguments de la méthode, il s'agit d'un setter. Le premier argument de la méthode est initialisé avec cette valeur. S'il n'existe pas, il est créé. S'il existe, il est modifié en conséquence.

Ce que renvoie un getter

Un sélecteur jQuery peut retourner zéro, un ou plusieurs éléments. Lorsqu'aucun élément n'est retourné, le getter renvoie la valeur `undefined` (c'est-à-dire « non défini »). Lorsqu'un seul élément est retourné, le getter renvoie la valeur de cet élément. Enfin, lorsque plusieurs éléments sont retournés, le getter renvoie la valeur du premier élément.

Examinez le code suivant :

```
<!DOCTYPE html>
<html>
  <head>
    <meta charset="UTF-8">
    <title>Sélecteurs CSS</title>
  </head>
  <body>
```

```
8       <div id="listes">
9         <a href="http://api.jquery.com">API jQuery</a><br>
10        <a href="http://docs.jquery.com">Documentation jQuery</a><br>
11      </div>
12
13      <script src="jquery.js"></script>
14      <script>
15        $(function() {
16          var test = $('a').attr('href');
17          document.write(test);
18        });
19      </script>
20    </body>
21  </html>
```

Deux liens hypertextes sont définis lignes 9 et 10. Le premier pointe sur la page `http://api.jquery.com` et le second sur la page `http://docs.jquery.com`. À la ligne 16, on utilise l'instruction jQuery `$('a').attr('href')` pour lire le contenu de l'attribut `href` des balises `<a>` contenues dans le document. L'objet retourné est stocké dans la variable `test`. La ligne 17 affiche cette variable. D'après vous, quelle valeur va s'afficher dans le navigateur ?

Comme il a été dit précédemment, dans le cas d'une réponse multiple, seule la première valeur est retournée par le getter. Ici, c'est donc l'adresse `http://api.jquery.com` qui s'affichera dans le navigateur.

Comme vous pouvez le voir, les deux balises `<a>` de ce document ne contiennent qu'un seul attribut : `href`. Si on utilisait l'instruction `var test = $('a').attr('class');`, la valeur retournée serait `undefined`.

Ce qui peut être passé à un setter

Les méthodes setters peuvent se présenter sous trois formes différentes :

```
1 $('#logo').attr('src','logo.gif');
2 $('#logo').attr({src: 'logo.gif', alt: 'Logo de la société', width: '200px'});
3 $("a").attr({target:function(){...}});
```

La première ligne se contente d'affecter la valeur « logo.gif » à l'attribut `src` de l'élément d'identifiant `logo`. La deuxième ligne crée (s'ils n'existent pas) ou modifie (s'ils existent) plusieurs attributs dans l'élément d'identifiant `logo`. Ici, l'attribut `src` est initialisé avec la valeur « logo.gif », l'attribut `alt` avec la valeur « Logo de la société » et l'attribut `width` avec la valeur « 200px ». Enfin, la troisième ligne utilise une fonction JavaScript pour créer ou modifier l'attribut `target` des balises `<a>` du document. Voici par exemple à quoi pourrait ressembler la fonction passée en deuxième argument de la méthode `attr()` :

```
$('a').attr('target', function() {
```

```
    if(this.host == location.host) return '_self'
    else return '_blank'
});
```

Si vous avez quelques rudiments de JavaScript, le code utilisé dans cette fonction ne devrait pas vous poser de problème. Dans le cas contraire, je vais décrire en détail les actions accomplies.

Si le lien (`this.host`) se trouve sur le même site que la page en cours (`== location.host`), l'attribut `target` est initialisé avec la valeur « _self » (`return '_self'`). Dans le cas contraire, l'attribut `target` est initialisé avec la valeur « _blank » (`else return '_blank'`). Une fois ces deux lignes exécutées, les liens hypertextes seront ouverts :

- dans l'onglet courant du navigateur s'ils renvoient vers une page située dans le même nom de domaine que la page actuelle ;
- dans une autre fenêtre (ou un nouvel onglet) du navigateur s'ils se trouvent sur un autre nom de domaine.

Accéder aux attributs HTML et aux propriétés CSS

Accéder aux attributs des balises HTML

Vous utiliserez la méthode `attr()` pour lire, créer et modifier les attributs des balises HTML. Voici quelques exemples :

- `$('#plus').attr('src');` retourne l'attribut `src` de l'élément d'identifiant `plus`.
- `$('div').attr('class');` retourne l'attribut `class` du premier `<div>`.
- `$('div').attr('class', 'madiv');` modifie ou crée l'attribut `class` dans les balises `<div>` du document et leur affecte la valeur « madiv ».
- `$('#illustration').attr('src','monimage.jpg');` modifie ou crée l'attribut `src` dans la balise d'identifiant `illustration` et lui affecte la valeur « monimage.jpg ».

Vous savez maintenant comment lire et comment créer/modifier un attribut d'une balise ou d'un ensemble de balises HTML.

Voyons maintenant comment supprimer un attribut dans une balise ou un ensemble de balises. Pour cela, vous utiliserez la méthode `removeAttr()` :

```
$(sel).removeAttr('attribut');
```

... où `sel` est un sélecteur jQuery et `attribut` est l'attribut que vous voulez supprimer. Cette méthode agit sur tous les éléments sélectionnés par le sélecteur jQuery. Par exemple, pour supprimer l'attribut `href` de toutes les balises `<a>` du document, vous utiliserez l'instruction suivante :

```
$('a').removeAttr('href');
```

Pour avoir un aperçu des différentes balises HTML5 et de leurs attributs, vous pouvez consulter le site `W3Schools.com`.

▷ HTML sur W3Schools.com
Code web : 650163

Accéder aux propriétés CSS

Dans les chapitres précédents, nous avons utilisé à plusieurs reprises la méthode jQuery `css()` pour créer ou modifier les propriétés CSS des balises HTML. Cette méthode peut également être utilisée comme un getter, pour connaitre la valeur d'une propriété CSS. Par exemple, l'instruction suivante récupère la valeur stockée dans l'attribut `font-size` du premier élément de classe `para` et la stocke dans la variable `taille` :

```
var taille = $('.para').css('font-size');
```

Cette deuxième instruction affecte la valeur « 40px » à l'attribut `font-size` de tous les éléments de classe `para` :

```
$('.para').css('font-size', '40px');
```

Pour avoir un aperçu des différentes propriétés CSS3, vous pouvez consulter le site W3Schools.com.

▷ CSS sur W3Schools.com
Code web : 237691

Travailler avec l'attribut class

Comme tout programmeur (ou apprenti programmeur) Web, vous utilisez certainement l'attribut `class` pour donner la même apparence à plusieurs balises HTML. Pour accéder aux balises dont l'attribut `class` a une certaine valeur, il suffit de préciser cette valeur dans le sélecteur en la faisant précéder d'un point. Par exemple, pour sélectionner tous les éléments de classe `vert`, vous utiliserez le sélecteur jQuery `$('.vert')`.

Ajouter et supprimer des classes

Trois méthodes consacrées aux classes vont vous permettre d'aller plus loin :

- `addClass()` ajoute une classe dans les éléments sélectionnés ;
- `removeClass()` supprime (si elle existe) une classe des éléments sélectionnés ;
- `toggleClass()` accomplit deux actions : si la classe spécifiée n'existe pas dans les éléments sélectionnés, elle y est ajoutée. Si elle existe, elle est supprimée.

La théorie étant posée, nous allons l'expérimenter en utilisant le code suivant :

```
<!DOCTYPE html>
<html>
  <head>
```

```
4      <meta charset="UTF-8">
5      <title>Manipulation de l'attribut class</title>
6      <style type="text/css">
7        .rouge { color: red; }
8        .vert { color: green; }
9        .petit { font-size: 100%; }
10       .grand {font-size: 250%; }
11     </style>
12   </head>
13   <body>
14     <span id="jean" class="rouge grand">Jean</span>
15
16     <span id="pierre">Pierre</span>
17
18     <span id="paul" class="vert grand">Paul</span>
19
20     <span id="julia">Julia</span>
21
22     <span id="eric" class="vert">Eric</span>
23
24     <span id="kevin" >Kévin</span>
25
26
27     <script src="jquery.js"></script>
28     <script>
29       $(function() {
30         // Ajouter le code jQuery ici
31       });
32     </script>
33   </body>
34 </html>
```

Les lignes 6 à 11 définissent quatre styles :

- `rouge` affiche les caractères en rouge ;
- `vert` affiche les caractères en vert ;
- `petit` affiche les caractères avec la taille par défaut (100%) ;
- `grand` affiche les caractères avec une grande taille (250%).

Les lignes 14 à 19 affichent six prénoms par l'intermédiaire de balises `<span>`. Chaque balise a un identifiant unique, et certaines balises ont un attribut `class` initialisé avec une ou deux classes.

Pour l'instant, aucun code jQuery n'a été inséré dans le document. La figure 5.1 montre à quoi il ressemble une fois affiché dans un navigateur.

Nous allons expérimenter les méthodes `addClass()`, `removeClass()` et `toggleClass()` en insérant du code jQuery ligne 24.

La balise `<span>` d'identifiant `julia` ne possède aucune classe. Le prénom Julia est donc affiché en caractères noirs de taille standard. Supposons que nous voulions les afficher en rouge ; le code à utiliser est le suivant :

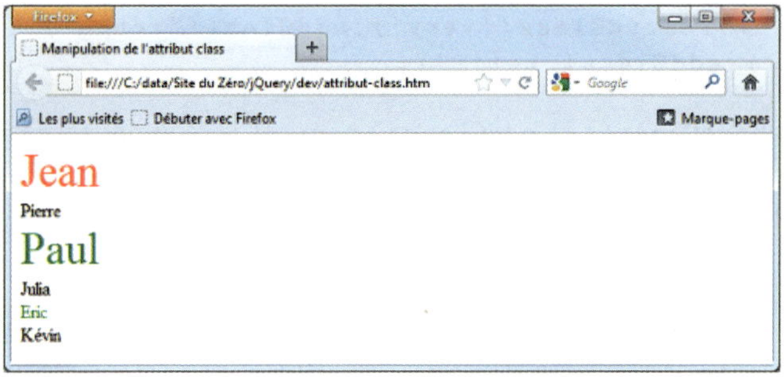

FIGURE 5.1 – Le code précédent exécuté dans Firefox

```
$('#julia').addClass('rouge');
```

Supposons maintenant que le prénom Julia doive être affiché en grands caractères verts. Le code à utiliser est le suivant :

```
$('#julia').addClass('vert grand');
```

Nous allons maintenant travailler avec le prénom Eric. Ce prénom est affiché via une balise `<span>` de classe `vert`. Supposons que vous vouliez afficher le prénom Eric en rouge. L'instruction suivante n'a aucun effet :

```
$('#eric').addClass('rouge');
```

Avez-vous une idée de la raison de cet échec ? Cela vient d'un conflit entre la classe `vert` (existante) et la classe `rouge` (que l'on veut ajouter). Pour parvenir au résultat souhaité, il faudrait supprimer la classe existante et la remplacer par la classe `rouge` :

```
$('#eric').removeClass('vert').addClass('rouge');
```

La première méthode supprime la classe `vert` et la deuxième ajoute la classe `rouge`.

Supposons maintenant que vous vouliez afficher le prénom Paul en petits caractères de couleur rouge. La balise `<span>` correspondante utilise deux classes : `vert` et `grand`. Pour que le texte s'affiche en caractères rouges de taille standard, vous devez :

- supprimer la classe `vert` ;
- ajouter la classe `rouge` ;
- supprimer la classe `grand` ;
- ajouter la classe `petit`.

Voici l'instruction à utiliser :

```
$('#paul').removeClass('vert').addClass('rouge').removeClass('
    grand').addClass('petit');
```

En utilisant un autre identifiant dans le sélecteur, ce chaînage de quatre méthodes peut également s'appliquer à une quelconque balise `<span>` du document. Ainsi par exemple, cette instruction affiche le prénom Pierre en caractères rouges de taille standard :

```
$('#pierre').removeClass('vert').addClass('rouge').removeClass(
    'grand').addClass('petit');
```

Les méthodes `removeClass()` et `addClass()` peuvent également être remplacées par la méthode `toggleClass()`. Ainsi, cette instruction affiche le prénom Paul en caractères rouges de petite taille :

```
$('#paul').toggleClass('vert').toggleClass('rouge').toggleClass
    ('grand').toggleClass('petit');
```

Par contre, si vous l'appliquez au <span> d'identifiant `eric`, le prénom Eric est affiché en caractères rouges de grande taille :

- Le <span> étant de classe `vert`, cette classe est supprimée : `toggleClass('vert')` ;
- La classe `rouge` lui est ajoutée puisqu'elle n'existe pas : `toggleClass('rouge')` ;
- Le <span> étant de classe `petit`, cette classe est supprimée : `toggleClass('petit')` ;
- Enfin, la classe `grand` lui est ajoutée puisqu'elle n'existe pas : `toggleClass('grand')`.

Comme vous le voyez, la méthode `toggleClass()` doit être utilisée en toute connaissance de cause, sans quoi elle produira des effets aléatoires.

Pour simplifier l'écriture, il est possible d'indiquer plusieurs classes séparées par des espaces dans les méthodes `addclass()`, `removeclass()` et `toggleclass()`. Ainsi par exemple, cette instruction :

```
$('#pierre').removeClass('vert').addClass('rouge').removeClass(
    'grand').addClass('petit');
```

Peut être simplifiée comme suit :

```
$('#pierre').removeClass('vert grand').addClass('rouge petit');
```

Tester l'existence de classes

La méthode `hasClass()` permet de tester si la sélection est d'une certaine classe. Supposons par exemple que la balise <span> suivante soit définie :

```
<span id="jean" class="rouge grand">Jean</span><br />
```

L'instruction `$('#jean').hasClass('rouge');` renverra la valeur `true`, car le <span> est de classe `rouge`. L'instruction `$('#jean').hasClass('petit');` renverra la valeur `false`, car le <span> n'est pas de classe `petit`.

Ainsi, on pourra effectuer une action ou une autre en fonction de l'existence d'une classe :

```
if ($('#jean').hasClass('rouge'))
  alert('le span #jean est de classe rouge');
else
  alert('le span #jean n\'est pas de classe rouge');
```

Si vous devez tester l'appartenance à plusieurs classes, vous utiliserez la méthode `is()`. Raisonnons sur la balise `<span>` suivante :

```
<span id="jean" class="rouge grand">Jean</span><br />
```

L'instruction `$('#jean').is('.grand.rouge');` renverra la valeur `true`, car le `<span>` est de classe `grand` et `rouge`. Par contre, l'instruction `$('#jean').is('.petit.rouge');` renverra la valeur `false`, car le `<span>` n'est pas de classe `petit`. En enveloppant l'instruction jQuery par un `if`, vous pourrez effectuer une action ou une autre en fonction de l'existence de deux ou plusieurs classes :

```
if ($('#jean').is('.grand.rouge'))
  alert('le span #jean est de classe grand et rouge');
else
  alert('le span #jean n\'est pas de classe grand et/ou rouge')
    ;
```

Travailler avec les formulaires

Vous utiliserez la méthode `val()` pour tester/modifier la valeur des zones de texte, boutons radio, cases à cocher, listes déroulantes et zones de liste contenues dans un document HTML. Pour vous montrer comment utiliser cette méthode, nous allons raisonner sur un exemple :

```
<!DOCTYPE html>
<html>
  <head>
    <meta charset="UTF-8">
    <title>Sélecteurs CSS</title>
  </head>
  <body>
    <form>
      Nom d'utilisateur
      <input type="text" id="nom"><br />

      Mot de passe
      <input type="password" id="pass"><br />

      Sexe
      H <input type="radio" id="sexe" name="H" value="H">
      F <input type="radio" id="sexe" name="F" value="F"><br />

      Fonction
      <select id="fonction">
        <option VALUE="etudiant">Etudiant</option>
        <option VALUE="ingenieur">Ingénieur</option>
        <option VALUE="enseignant">Enseignant</option>
        <option VALUE="retraite">Retraité</option>
        <option VALUE="autre">Autre</option>
```

```
26          </select><br /><br />
27
28          <input type="submit" id="envoyer" value="Envoyer">
29          <input type="reset" id="annuler" value="Annuler">
30          </table>
31        </form>
32
33        <script src="jquery.js"></script>
34        <script>
35          $(function() {
36            // Entrer les instructions jQuery ici
37          });
38        </script>
39      </body>
40    </html>
```

Ce code définit une zone de texte (`nom`), un mot de passe (`pass`), deux boutons radio (`sexe`), une liste déroulante (`fonction`), un bouton « Envoyer » (`envoyer`) et un bouton « Annuler » (`annuler`).

Le tableau suivant donne un aperçu des instructions que vous pouvez utiliser pour lire et modifier les données stockées dans le formulaire.

Instruction jQuery	**Effet**
`$('#nom').val()`	Lit le nom de l'utilisateur
`$('#pass').val()`	Lit le mot de passe
`$(':radio[name="H"]:checked').val()`	Lit l'état du bouton radio `H`. Renvoie `true` si le bouton est sélectionné, sinon `false`.
`$('#fonction').val()`	Lit l'élément sélectionné dans la liste déroulante
`$('#nom').val('Michel')`	Écrit « Michel » dans la zone de texte `Nom d'utilisateur`
`$('#pass').val('abcde')`	Écrit « abcde » dans la zone de texte `Mot de passe`
`$(':radio').val(['H']);`	Sélectionne le bouton radio `H`
`$('#fonction').val('retraite')`	Sélectionne `Retraité` dans la liste déroulante

La syntaxe des instructions n'est pas complexe, mais rien de tel qu'un peu de pratique pour qu'elle ne vous pose plus aucun problème. Je vous suggère donc de vous entraîner à utiliser ces instructions en les tapant une à une sur la ligne 36 du code précédent !

Travailler avec les valeurs stockées dans des éléments

Lorsque vous définissez un sélecteur jQuery, vous obtenez un objet jQuery qui fait référence à zéro, un ou plusieurs éléments. Si ces éléments contiennent des valeurs textuelles, vous pouvez les lire ou les modifier en utilisant deux méthodes jQuery :

- `text()` retourne/modifie la valeur textuelle stockée dans l'élément ;
- `html()` retourne/modifie le code HTML stocké dans l'élément.

Comme toujours, nous allons utiliser un exemple pour bien comprendre le fonctionnement de ces deux méthodes. Voici le code utilisé :

```
1  <!DOCTYPE html>
2  <html>
3    <head>
4      <meta charset="UTF-8">
5      <title>Valeurs stockées dans les éléments</title>
6    </head>
7    <body>
8      <h1>Documentation jQuery</h1>
9      <p><a href='http://docs.jquery.com'>Documentation
           officielle</a></p>
10     <p><a href='http://api.jquery.com'>API jQuery</a></p>
11
12     <script src="jquery.js"></script>
13     <script>
14       $(function() {
15         // Entrer les instructions jQuery ici
16       });
17     </script>
18   </body>
19 </html>
```

Le corps du document définit un titre de niveau 1 et deux paragraphes qui pointent vers la documentation officielle de jQuery et l'API jQuery. Pour récupérer le texte stocké dans les deux paragraphes, nous utiliserons l'instruction `$('p').text();`, et pour afficher ce texte sur l'écran nous utiliserons une boîte de dialogue : `alert($('p').text());`. Tapez cette instruction à la ligne 15 du code précédent, sauvegardez le document et affichez-le dans le navigateur de votre choix. La figure 5.2 vous montre le résultat sous Internet Explorer.

Comme vous pouvez le voir, l'instruction retourne les deux valeurs textuelles stockées dans les balises <p>. Ces deux valeurs sont placées l'une à la suite de l'autre. Pour accéder individuellement à la première et à la dernière valeur, le plus simple consiste à utiliser des pseudo-opérateurs :

```
var premier = $('p:first').text();
var dernier = $('p:last').text();
```

Si vous voulez accéder individuellement à chacune des valeurs, vous devez définir une fonction comme paramètre de la méthode `text()`, comme ceci : `function(index, actuel)`, où `index` représente le numéro de la valeur en cours de traitement (à partir de 0), et `actuel` représente la valeur en cours de traitement.

À titre d'exemple, pour afficher la valeur contenue dans chaque paragraphe du document, vous pourriez utiliser le code suivant :

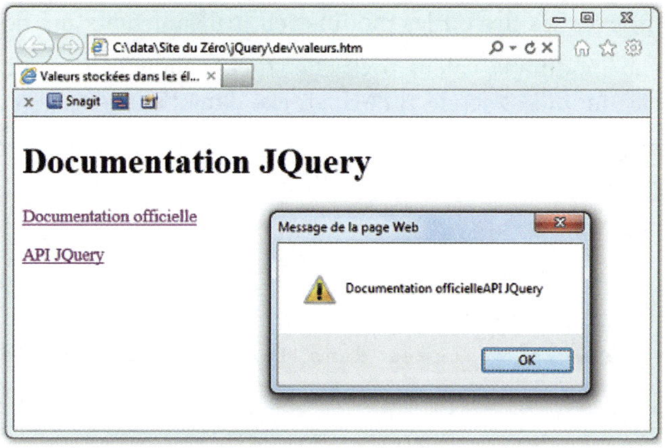

FIGURE 5.2 – Une boîte de dialogue s'affiche

```
$('p').text(function(index,actuel) {
  alert('Paragraphe ' + (index+1) + ' : '+actuel);
});
```

Ce qui vous donnerait la figure 5.3.

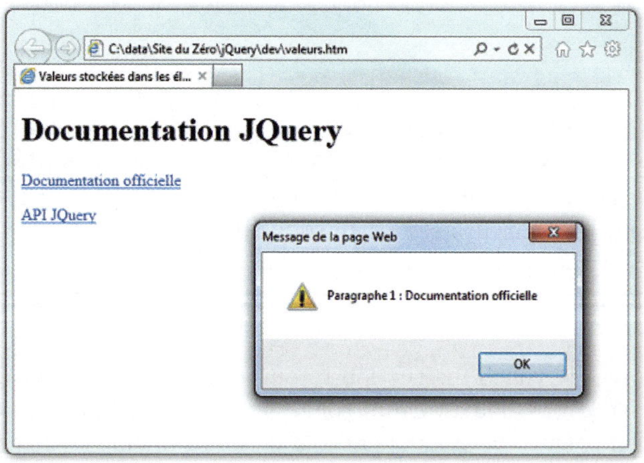

FIGURE 5.3 – Affiche le code HTML du premier élément

Vous savez maintenant récupérer sous forme de texte les valeurs stockées dans des éléments HTML. Pour en obtenir une forme HTML, remplacez la méthode `text()` par la méthode `html()`. Le tableau suivant indique quelques-unes des instructions que vous pourriez utiliser.

En observant les deux premiers exemples de code de ce tableau, vous vous demandez certainement si une erreur ne s'est pas glissée dans la colonne « Résultat ». En effet, est-ce que les instructions `alert($('p').html());` et `alert($('p:first').html());`

Instructions	**Résultat**
`alert($('p').html());`	Affiche le code HTML du premier élément (voir image suivante).
`alert($('p:first').html());`	Affiche le code HTML du premier élément.
`alert($('p:last').html());`	Affiche le code HTML du dernier élément.
`$('p').html(function(index,actuel) { alert('Paragraphe ' + (index+1) + ' : '+actuel);});`	Affiche individuellement le code HTML de chaque élément.

seraient équivalentes et renverraient toutes deux le code HTML du premier élément ? Eh bien oui, ces deux instructions sont équivalentes car, contrairement à la méthode `text()`, `html()` ne balaie pas tous les éléments, mais se contente du premier.

Les méthodes `text()` et `html()` peuvent bien évidemment être utilisées en tant que setters. Par exemple, pour que le premier paragraphe du listing précédent pointe vers le moteur de recherche Google et non vers la documentation officielle de jQuery, vous utiliserez l'instruction suivante :

```
$('p:first').html('<a href="http://www.google.com">Moteur de
    recherche Google</a>');
```

Position et taille des éléments

Je vais vous montrer comment connaître et modifier la position et les dimensions des éléments affichés dans une page Web. Pour gérer la position des éléments dans une page HTML, vous utiliserez les méthodes suivantes :

- `offset()` : position absolue d'un élément dans la page (getter et setter) ;
- `position()` : position relative d'un élément dans son parent (getter seulement).

Les positions retournées par ces méthodes ont deux composantes : l'abscisse `left` et l'ordonnée `top`. Vous utiliserez donc :

- `offset().left` et `offset().top` pour connaître la position absolue d'un élément.
- `position().left` et `position().top` pour connaître la position d'un élément dans son parent.

Pour montrer comment utiliser ces deux méthodes, nous allons utiliser le code suivant :

```
<!DOCTYPE html>
<html>
  <head>
    <meta charset="UTF-8">
    <title>Valeurs stockées dans les éléments</title>
    <style type="text/css">
      #parent {
```

```
          width: 300px;
          height:300px;
          position: absolute;
          top: 100px;
          left: 200px;
          background-color: yellow;
        }

        #enfant {
          width: 100px;
          height:100px;
          position: absolute;
          top: 150px;
          left: 100px;
          background-color: red;
        }
      </style>
    </head>
    <body>
      <div id="parent">
        Texte dans le parent
        <div id="enfant">
          Texte dans l'enfant
        </div>
      </div>
      <span id="resultat"></span>

      <script src="jquery.js"></script>
      <script>
        $(function() {
          // Entrer les instructions jQuery ici
        });
      </script>
    </body>
  </html>
```

Le corps du document contient deux balises `<div>` imbriquées, d'identifiants respectifs `parent` et `enfant` :

```
<div id="parent">
  Texte dans le parent
  <div id="enfant">
    Texte dans l'enfant
  </div>
</div>
```

... ainsi qu'une balise `<span>` qui sera utilisée par la suite pour afficher les coordonnées des balises `<div>` :

```
<span id="resultat"></span>
```

Ces balises sont mises en forme par des règles CSS, entre les lignes 7 et 23. Les dimensions de la balise d'identifiant `parent` sont fixées à 300 pixels sur 300. Cette balise est positionnée de façon absolue à 100 pixels du bord supérieur et à 200 pixels du bord gauche de la page. Enfin, la couleur d'arrière-plan est jaune :

```
#parent {
  width: 300px;
  height:300px;
  position: absolute;
  top: 100px;
  left: 200px;
  background-color: yellow;
}
```

Les dimensions de la balise d'identifiant `enfant` sont fixées à 100 pixels sur 100. Cette balise est positionnée de façon absolue à 150 pixels du bord supérieur et à 100 pixels du bord gauche de son parent. Oui, vous avez bien lu, de son parent : la balise `enfant` étant imbriquée dans la balise `parent`, le terme `absolute` a une valeur toute... relative (sans vouloir faire un jeu de mots). En effet, le positionnement est bien absolu, si on se réfère à la balise `parent` et non au document dans son ensemble. Enfin, la couleur d'arrière-plan est rouge :

```
#enfant {
  width: 100px;
  height:100px;
  position: absolute;
  top: 150px;
  left: 100px;
  background-color: red;
}
```

Si vous affichez ce document dans votre navigateur, vous devriez obtenir la figure 5.4.

Connaître la position des éléments sur la page

Nous allons ajouter quelques instructions jQuery à partir de la ligne 38 pour afficher les coordonnées absolues des deux balises `<div>` dans la balise `<span>` :

```
1 var posparent=$('#parent').offset();
2 var posenfant=$('#enfant').offset();
3 $('span').text('Parent : x=' + posparent.left + ', y=' +
      posparent.top + ' Enfant : x=' + posenfant.left + ', y=' +
      posenfant.top);
```

La ligne 1 utilise la méthode `offset()` pour connaître les coordonnées absolues de la balise `<div>` `parent`. Ces coordonnées sont mémorisées dans la variable `posparent`. La ligne 2 est très proche de la ligne 1, à ceci près qu'elle mémorise les coordonnées absolues de la balise `<div>` `enfant` dans la variable `posenfant`.

La ligne 3 affiche les coordonnées absolues des balises `parent` et `enfant` dans la balise `<span>`. La méthode `text()` est utilisée pour insérer du texte dans la balise `<span>`.

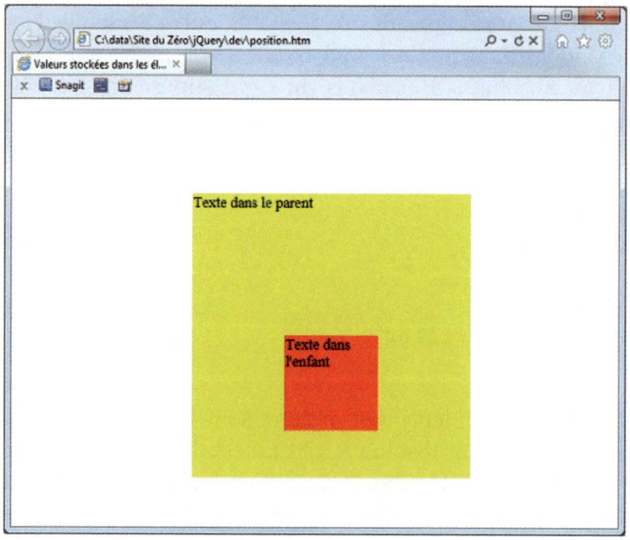

FIGURE 5.4 – Le code précédent exécuté dans Internet Explorer

Les coordonnées `left` et `top` des balises `parent` et `enfant` sont extraites des variables `posparent` et `posenfant`. Par exemple, pour l'abscisse de la balise `parent`, on utilise `posparent.left`.

Pourquoi avoir défini les variables `posparent` et `posenfant` ?

Deux objectifs ont motivé l'écriture de variables intermédiaires :

1. L'instruction `$('span').text()` est ainsi allégée. En effet, il est plus court d'écrire `posparent.left` que `$('#parent').offset().left`. Si vous n'utilisiez pas de variables intermédiaires, l'instruction deviendrait :

```
$('span').text('Parent : x=' + $('#parent').offset().left +
    ', y=' + $('#parent').offset().top + ' Enfant : x=' +
    $('#enfant').offset().left + ', y=' + $('#enfant').
    offset().top);
```

2. `posparent.left` s'exécute bien plus vite que `$('#parent').offset().left`. Le code sera donc optimisé en utilisant des variables intermédiaires.

Une fois ces trois lignes de code insérées après la ligne 38, sauvegardez puis affichez le document dans un navigateur. La figure 5.5 représente ce que vous devriez obtenir.

Remplaçons les méthodes `offset()` par `position()`, sans toucher à l'affichage dans la balise `<span>` :

```
var posparent=$('#parent').position();
```

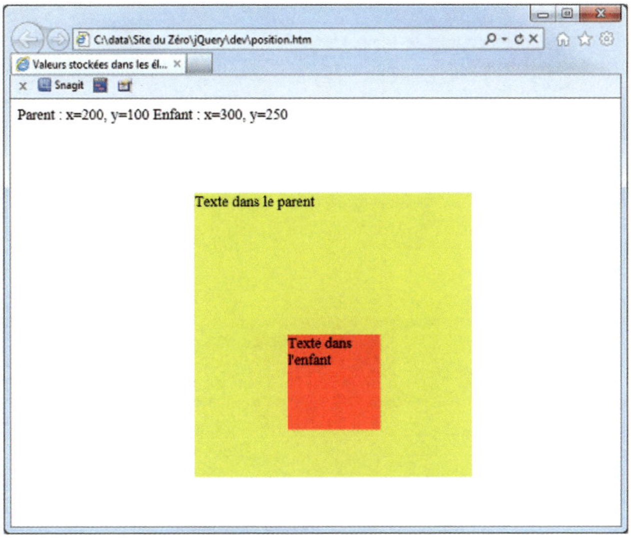

FIGURE 5.5 – Le code précédent a été modifié grâce à jQuery

```
var posenfant=$('#enfant').position();
$('span').text('Parent : x=' + posparent.left + ', y=' +
    posparent.top + ' Enfant : x=' + posenfant.left + ', y=' +
    posenfant.top);
```

Les coordonnées renvoyées sont relatives au parent de chaque balise. Le parent de la balise `#parent` est le document. Elles ne devraient donc pas changer. Quant au parent de la balise `#enfant`, il s'agit de la balise `#parent`. Ses coordonnées seront donc relatives à cette balise. Une fois le code modifié et sauvegardé, exécutez le fichier. Vous devriez obtenir la figure 5.6.

Modifier la position des éléments

Nous avons vu que la méthode `offset()` pouvait être utilisée en tant que setter, et donc pouvait modifier les coordonnées absolues d'un élément. Pour cela, il suffit d'indiquer les nouvelles coordonnées dans les paramètres de la méthode `offset()`. Par exemple, pour afficher la balise `<div>` `#enfant` aux coordonnées absolues (100,100), voici le code à mettre en place :

```
var posenfant = $('#enfant').offset();
posenfant.top = 100;
posenfant.left = 100;
$('#enfant').offset(posenfant);
```

La première instruction crée un objet jQuery contenant les coordonnées absolues de la balise `#enfant` et le mémorise dans la balise `posenfant`. Les deux instructions suivantes définissent les nouvelles coordonnées et les affectent aux composantes `top` et `left`

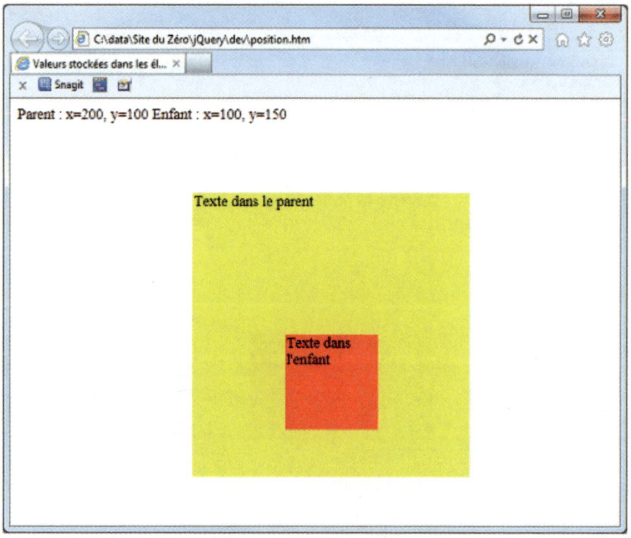

FIGURE 5.6 – Les coordonnées ont changé

de l'objet `posenfant`. Enfin, la quatrième instruction utilise l'objet `posenfant` pour modifier les coordonnées absolues de la balise `#enfant`.

Connaître les dimensions des éléments

Examinez la figure 5.7. Elle représente une balise `<div>` dans laquelle ont été définies :

- une marge intérieure (`padding`) ;
- une marge extérieure (`margin`) ;
- une bordure (`border`).

Plusieurs méthodes jQuery permettent de connaître les dimensions et de redimensionner les éléments de type `block` :

- `width()` : largeur de l'élément, de la fenêtre ou du document, sans inclure les marges (`padding`, `border` et `margin`). Cette méthode peut être utilisée comme getter (pour connaître la largeur d'un élément) ou comme setter (pour modifier la largeur d'un élément).
- `innerWidth()` : largeur de l'élément, en incluant le `padding` gauche et droit.
- `outerWidth()` : largeur de l'élément, en incluant le `padding` gauche et droit et `border`.
- `outerWidth(true)` : largeur de l'élément, en incluant `padding` gauche et droit, `border` et `margin` gauche et droit.
- `height()` : hauteur de l'élément, de la fenêtre ou du document, sans inclure les marges (`padding`, `border` et `margin`). Cette méthode peut être utilisée comme getter (pour connaître la hauteur d'un élément) ou comme setter (pour modifier la hauteur d'un élément).

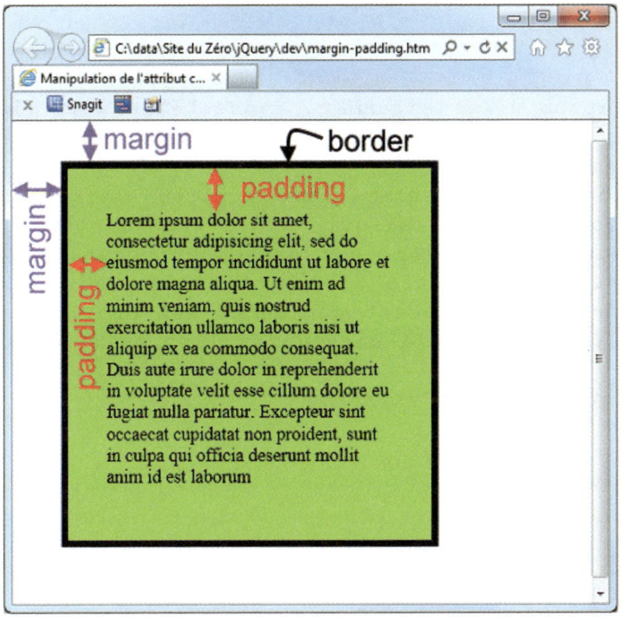

FIGURE 5.7 – Une balise `<div>` avec `padding`, `margin` et `border`

- `innerHeight()` : hauteur de l'élément, en incluant le `padding` supérieur et inférieur.
- `outerHeight()` : hauteur de l'élément, en incluant `border` et `padding` supérieur et inférieur.
- `outerHeight(true)` : hauteur de l'élément, en incluant `border`, `padding` supérieur et inférieur et `margin` supérieur et inférieur.

Voyons comment utiliser ces méthodes en exploitant les propriétés CSS d'une balise `<div>`. Voici le code utilisé :

```
<!DOCTYPE html>
<html>
  <head>
    <meta charset="UTF-8">
    <title>Manipulation de l'attribut class</title>
    <style type="text/css">
      div {
        width: 250px;
        height: 250px;
        background-color: #AEEE00;
        padding: 35px;
        margin: 35px;
        border-width : 6px;
        border-color: black;
        border-style: solid;
      }
    </style>
```

```
18    </head>
19    <body>
20      <div>
21      Lorem ipsum dolor sit amet, consectetur adipisicing elit, sed do eiusmod tempor incididunt ut labore et dolore magna aliqua.
22      Ut enim ad minim veniam, quis nostrud exercitation ullamco laboris nisi ut aliquip ex ea commodo consequat.
23      Duis aute irure dolor in reprehenderit in voluptate velit esse cillum dolore eu fugiat nulla pariatur.
24      Excepteur sint occaecat cupidatat non proident, sunt in culpa qui officia deserunt mollit anim id est laborum.
25      </div>
26      <span id="resultat"></span>
27
28      <script src="jquery.js"></script>
29      <script>
30        $(function() {
31          // Entrer les instructions jQuery ici
32        });
33      </script>
34    </body>
35  </html>
```

Le corps du document accomplit deux actions :

1. Mise en place d'une balise <div> et insertion d'un peu de texte dans cette balise.
2. Mise en place d'une balise <span> d'identifiant `#resultat`, dans laquelle les dimensions de la balise <div> seront affichées.

Le style de la balise <div> est redéfini dans l'en-tête, entre les balises <style> et </style> :

- Dimensions : `width: 250px; height: 250px;`
- Couleur d'arrière-plan : `background-color: #AEEE00;`
- Marges internes : `padding: 35px;`
- Marges externes : `margin: 35px;`
- Bordure : `border-width : 6px; border-color: black; border-style: solid;`

Pour accéder aux dimensions de la balise <div>, nous allons insérer un peu de code jQuery après la ligne 30 :

```
var dimensions = 'width=' + $('div').width() + ', innerWidth=' + $('div').innerWidth() + ', outerWidth=' + $('div').outerWidth() + ', outerWidth(true)=' + $('div').outerWidth(true);
dimensions = dimensions + ', height=' + $('div').height() + ', innerHeight=' + $('div').innerHeight() + ', outerHeight=' + $('div').outerHeight() + ', outerHeight(true)=' + $('div').outerHeight(true);
$('#resultat').text(dimensions);
```

Les deux premières lignes obtiennent les dimensions de la balise `<div>` avec les méthodes `width()`, `innerWidth()`, `outerWidth()`, `outerWidth(true)`, `height()`, `innerheight()`, `outerHeight()` et `outerHeight(true)`. Ces informations sont mémorisées dans la variable `dimensions`. La troisième ligne affiche le contenu de la variable `dimensions` dans la balise `<span>` en utilisant la méthode jQuery `text()`.

> Pour améliorer la lisibilité du code, l'affectation à la variable `dimensions` a été scindée en deux. La première ligne interroge toutes les méthodes relatives à la largeur de la balise `<div>` et stocke les valeurs renvoyées dans la variable `dimensions`. La deuxième ligne interroge toutes les méthodes relatives à la hauteur de la balise `<div>` et concatène les valeurs renvoyées à la variable `dimensions`.

Le résultat se trouve à la figure 5.8.

FIGURE 5.8 – Les dimensions sont affichées sur la page

Aux imprécisions près, les valeurs retournées par les méthodes jQuery correspondent bien aux dimensions définies dans le style CSS de la balise `<div>` :

Supposons maintenant que vous vouliez modifier les dimensions de la balise `<div>`. Vous utiliserez pour cela les méthodes `width()` et `height()` en tant que setters. Dans cet exemple, les dimensions de la balise `<div>` sont fixées à 400×200 pixels :

```
$('div').width('400px');
$('div').height('200px');
```

Méthode	**Propriété(s) CSS**	**Valeur**
`width()`	width	250
`innerWidth()`	width + padding gauche + padding droit	250 + 35 + 35 = 320
`outerWidth()`	width + padding gauche + padding droit + border gauche + border droit	250 + 35 + 35 + 6 + 6 = 332
`outerWidth(true)`	width + padding gauche + padding droit + border gauche + border droit + margin gauche + margin droit	250 + 35 + 35 + 6 + 6 + 35 + 37 = 402
`height()`	height	250
`innerHeight()`	height + padding supérieur + padding inférieur	250 + 35 + 35 = 320
`outerHeight()`	height + padding supérieur + padding inférieur + border supérieur + border inférieur	250 + 35 + 35 + 6 + 6 = 332
`outerHeight(true)`	height + padding supérieur + padding inférieur + border supérieur + border inférieur + margin supérieur + margin inférieur	250 + 35 + 35 + 6 + 6 + 35 + 35 = 402

Associer des données aux balises

Utilisée en setter, la méthode jQuery `$.data()` permet d'associer une ou plusieurs données textuelles à n'importe quel élément du DOM. Oui, vous avez bien lu ! Il peut s'agir de données complémentaires quelconques que vous retrouverez par la suite en utilisant la méthode `$.data()` en getter. Rassurez-vous, ces données ne surchargent pas la mémoire de l'ordinateur : elles sont détruites lorsque l'élément auquel elles sont liées est retiré du DOM ou lorsque la page Web change.

La syntaxe de cette méthode est un peu particulière. Supposons que vous vouliez associer une donnée unique à un élément, vous utiliserez la syntaxe suivante :

```
$.data(el, 'nom', nom_don: don);
```

... où :

- `el` est le nom de l'élément concerné, sans apostrophes ;
- `nom` est le nom (entre apostrophes) de la « variable » dans laquelle sera stockée la donnée ;
- `nom_don` est le nom (sans apostrophes) associé à la donnée ;
- `don` est une donnée quelconque. S'il s'agit d'un nombre, les apostrophes sont inutiles. Par contre, s'il s'agit d'une chaîne, mettez-la entre apostrophes.

Si vous voulez associer plusieurs données à un élément, vous utiliserez une syntaxe légèrement différente :

```
$.data(el, 'nom', {nom_don1: don1, nom_don2: don2, nom_don3:
    don3, etc.});
```

... où :

- `el` est le nom de l'élément concerné, sans apostrophes ;
- `nom` est le nom (entre apostrophes) dans lequel sera stockée la donnée ;
- `nom_don1`, `nom_don2`, `nom_don3`, etc. sont les noms (sans apostrophes) associés aux données ;
- `don1`, `don2`, `don3`, etc. sont des données quelconques. Lorsqu'une de ces données est numérique, ne mettez pas d'apostrophes. Au contraire, lorsqu'une de ces données est une chaîne, mettez-la entre apostrophes.

Pour retrouver une donnée associée à un élément, utilisez la syntaxe suivante :

```
var uneVariable = $.data(el,'nom').nom_don;
```

... où :

- `uneVariable` est une variable quelconque ;
- `el` est le nom de l'élément (sans apostrophes) auquel une donnée a été associée ;
- `nom` est le nom (entre apostrophes) dans lequel a été stockée la donnée ;
- `nom_don` est le nom de la donnée à retrouver, sans apostrophes.

Si tout ceci est confus pour vous, un petit exemple va vous apporter la lumière ! Dans le code suivant, nous allons associer trois données à une balise <div>, retrouver ces données et les afficher dans trois balises <span> enfants du <div>. Voici le code :

```
<!DOCTYPE html>
<html>
  <head>
    <meta charset="UTF-8">
    <title>Manipulation de l'attribut class</title>
  </head>
  <body>
  <div id="mondiv">
  Les valeurs stockées dans la balise &lt;div&gt; sont : <span
      id="sp1"></span>, <span id="sp2"></span> et <span id="sp3"
      ></span>.
  </div>

    <script src="jquery.js"></script>
    <script>
      $(function() {
        var div = $('#mondiv');
        $.data(div, 'mesValeurs', {premier: 'bonjour', deuxieme
            : 12, troisieme: 'http://www.siteduzero.com'});
        var val1 = $.data(div, 'mesValeurs').premier;
        var val2 = $.data(div, 'mesValeurs').deuxieme;
        var val3 = $.data(div, 'mesValeurs').troisieme;
        $('#sp1').text(val1);
        $('#sp2').text(val2);
```

```
22            $('#sp3').text(val3);
23            });
24        </script>
25      </body>
26    </html>
```

Remarquez :

- Les codes HTML `<` et `>` qui apparaissent autour du mot `div`. Ces codes remplacent les caractères $<$ et $>$. Sans eux, le texte « <div> » serait interprété comme une balise, et le code ne produirait pas l'effet recherché.
- L'emplacement stratégique des balises `<span>`. En y insérant des données, elles compléteront la phrase « Les valeurs stockées [...] » d'une façon naturelle, comme si la phrase avait été écrite « en dur ».

La partie intéressante du code se trouve entre les lignes 15 et 22.

Pour alléger l'écriture, la ligne 15 commence par stocker l'objet jQuery correspondant à la balise d'identifiant `#mondiv` dans la variable `div`. Ainsi, il suffira d'écrire `mondiv` à la place de `$('#mondiv');` :

```
var div = $('#mondiv');
```

La ligne 16 attache trois données nommées « premier », « deuxieme » et « troisieme » à la variable `mesValeurs` et relie cette variable à l'unique balise `<div>` du document. Remarquez les apostrophes utilisées autour des données textuelles « premier » et « troisieme » :

```
$.data(div, 'mesValeurs', {premier: 'bonjour', deuxieme: 12,
    troisieme: 'http://www.siteduzero.com'});
```

Les lignes 17 à 19 sont construites sur le même modèle. À titre d'exemple, la ligne 17 lit la valeur « premier » de la variable `mesValeurs` associée à la balise `<div>` et la mémorise dans la variable `val1` :

```
var val1 = $.data(div, 'mesValeurs').premier;
```

Les lignes 20 à 22 insèrent les trois valeurs récupérées lignes 17 à 19 dans les balises `<span>` `#sp1`, `#sp2` et `#sp3` :

```
$('#sp1').text(val1);
$('#sp2').text(val2);
$('#sp3').text(val3);
```

Si vous exécutez ce code dans votre navigateur, vous devriez obtenir le même résultat qu'à la figure 5.9.

Je vous ai dit que les données associées aux éléments ne surchargeaient pas la mémoire de l'ordinateur, car elles étaient détruites lorsque l'élément auquel elles sont liées est retiré du DOM, lorsque la page Web change ou que le navigateur est fermé.

Je voudrais vous parler d'une troisième technique, moins destructrice que les deux premières puisqu'elle se contente de supprimer les données associées à un élément sans

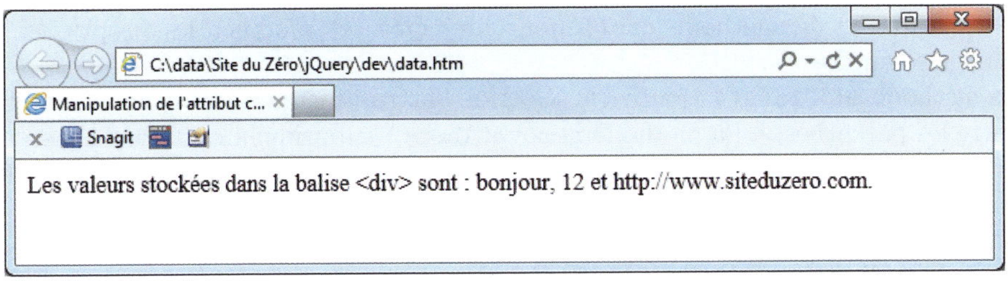

FIGURE 5.9 – Le code exécuté dans le navigateur

supprimer l'élément et sans changer de page. Il s'agit de la méthode `removeData()` dont voici la syntaxe :

```
$.removeData(el,'nom');
```

... où :

- `el` est le nom de l'élément (sans apostrophes) auquel les données ont été associées ;
- `nom` est le nom (entre apostrophes) de la « variable » dans lequel les données ont été stockées.

Par exemple, pour supprimer la variable `mesValeurs` associée à la balise `<div> #mondiv` de l'exemple précédent, vous utiliserez les instructions suivantes :

```
var div = $('#mondiv');
$.removeData(div, 'mesValeurs');
```

La première instruction définit la variable `div` et y stocke l'objet jQuery correspondant à la balise `<div> #mondiv`. La deuxième instruction supprime la variable `mesValeurs` qui était associée à la balise `<div> #mondiv`.

En résumé

- Les termes getter et setter correspondent aux méthodes de lecture (getter) et d'écriture (setter) du langage jQuery. Ils viennent des verbes anglais *to get* (obtenir) et *to set* (définir). En jQuery, un getter est une méthode qui obtient une valeur HTML ou CSS en interrogeant le code. Inversement, un setter est une méthode qui modifie une valeur HTML ou CSS dans le code du document.
- Un sélecteur jQuery peut retourner zéro, un ou plusieurs éléments. Lorsqu'aucun élément n'est retourné, le getter renvoie la valeur `undefined` (c'est-à-dire « non défini »). Lorsqu'un seul élément est retourné, le getter renvoie la valeur de cet élément. Les setters reçoivent généralement plusieurs paramètres textuels qui permettent de modifier une propriété CSS, un attribut HTML ou encore d'insérer un élément dans le code.
- Vous utiliserez la méthode `attr()` pour lire, créer et modifier les attributs des balises HTML.

- Vous utiliserez la méthode `css()` pour lire, créer et modifier les propriétés CSS attachées au document.
- La méthode `addClass()` ajoute à la sélection l'attribut `class` dont le nom est indiqué entre les parenthèses. La méthode `removeClass()` supprime un attribut `class` dans une balise. Enfin, la méthode `hasClass()` permet de tester l'existence d'une classe dans les éléments retournés par le sélecteur.
- La méthode `val()` permet de connaître et de modifier la valeur des zones de texte, boutons radio, cases à cocher, listes déroulantes et zones de liste contenues dans un document HTML.
- Les méthodes `text()` et `html()` permettent de travailler avec les valeurs stockées dans des éléments HTML : `text()` retourne/modifie la valeur textuelle stockée dans l'élément, et `html()` retourne/modifie le code HTML stocké dans l'élément.
- Pour connaître/modifier la position absolue d'une balise dans le document, vous utiliserez les méthodes `offset()` et `position()`. Pour connaître les dimensions d'un élément, vous utiliserez les méthodes `width()`, `innerWidth()`, `outerWidth()`, `height()`, `innerHeight()`, et `outerHeight()`.
- En utilisant le langage jQuery, il est possible d'associer des données aux balises HTML. Pour cela, on utilise la méthode `$.data()`. Dans un premier temps, on affecte une ou plusieurs données à la balise en utilisant la méthode `$.data()` en tant que setter. Lorsque cela est nécessaire, la ou les valeurs associées à la balise sont récupérées en utilisant la méthode `$.data()` en getter. Lorsque les données associées à une balise ne sont plus nécessaires, on peut les supprimer avec la méthode `$.removeData()`.

Chapitre 6

Insérer et remplacer des éléments dans le DOM

Difficulté :

Nous allons ici nous intéresser à une autre facette de jQuery : la modification du DOM. Les méthodes qui vont être examinées permettent d'insérer, de remplacer et de supprimer des éléments quelconques dans le DOM, et ainsi de modifier le contenu de la page affichée dans le navigateur.

Insérer du contenu

Toutes les méthodes passées en revue dans cette section seront testées sur le code suivant :

```
<!DOCTYPE html>
<html>
  <head>
    <meta charset="UTF-8">
    <title>Insertion, copie et suppression de données</title>
  </head>
  <body>
    <h2 id="un">Lorem ipsum</h2>
    <p>
      Lorem ipsum dolor sit amet, consectetur adipisicing elit,
          sed do eiusmod tempor incididunt ut labore et dolore
          magna aliqua.
      Ut enim ad minim veniam, quis nostrud exercitation
          ullamco laboris nisi ut aliquip ex ea commodo
          consequat.
    </p>
    <hr>

    <h2 id="deux">Lorem ipsum suite</h2>
    <p>
      Duis aute irure dolor in reprehenderit in voluptate velit
          esse cillum dolore eu fugiat nulla pariatur.
      Excepteur sint occaecat cupidatat non proident, sunt in
          culpa qui officia deserunt mollit anim id est laborum.
    </p>
    <hr>

    <h2 id="trois">Liste à puces</h2>
    <ul>
      <li>Premier élément</li>
      <li>Deuxième élément</li>
      <li>Troisième élément</li>
      <li>Quatrième élément</li>
    </ul>

    <script src="jquery.js"></script>
    <script>
      $(function() {
        // Insérer le code jQuery ici
      });
    </script>
  </body>
</html>
```

La figure 6.1 vous montre comment apparaît la page lorsqu'aucun code jQuery n'a été inséré.

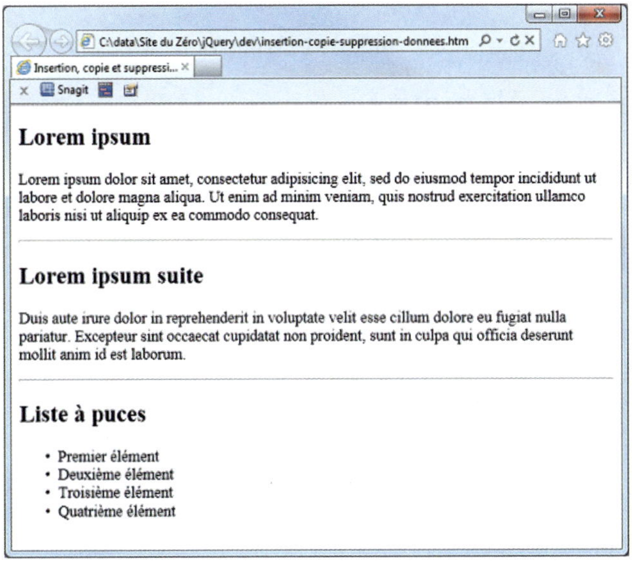

FIGURE 6.1 – La page HTML avant l'intervention du code jQuery

Plusieurs méthodes très pratiques permettent d'insérer du contenu dans ou en dehors de la sélection (entendez par là des éléments retournés par le sélecteur jQuery) :

- `append()` insère du contenu à la fin de la sélection ;
- `prepend()` insère du contenu au début de la sélection ;
- `before()` insère du contenu avant la sélection ;
- `after()` insère du contenu après la sélection.

Voici quelques exemples d'utilisation de ces méthodes.

Ajout d'une espace et de trois astérisques à la suite de chaque titre <h2>

```
$('h2').append(' ***');
```

Ajout de trois astérisques et d'une espace avant chaque titre <h2>

```
$('h2').prepend('*** ');
```

Ajout d'une ligne de séparation horizontale avant le titre <h2> #trois

```
$('#trois').before('<hr>');
```

Insertion de deux sauts de ligne après chaque balise <hr>

```
$('hr').after('

');
```

Comme vous le voyez, c'est plutôt simple ! Passons donc à la suite.

Remplacer des éléments

Pour remplacer la sélection, utilisez la méthode `replaceWith()` en précisant le nouvel élément entre les parenthèses. Par exemple, pour remplacer les balises `<hr>` par des sauts de ligne, utilisez l'instruction suivante :

```
$('hr').replaceWith('
');
```

Une petite question à tout hasard : quelle instruction jQuery utiliseriez-vous pour remplacer tous les titres `<h2>` du document par des titres `<h3>` ?

...

Alors, une petite idée ? Peut-être avez-vous songé à cette instruction :

```
$('h2').replaceWith('<h3>');
```

Mais quelle déception lorsque vous avez affiché le document dans votre navigateur ! En effet, vous devriez avoir quelque chose ressemblant à la figure 6.2.

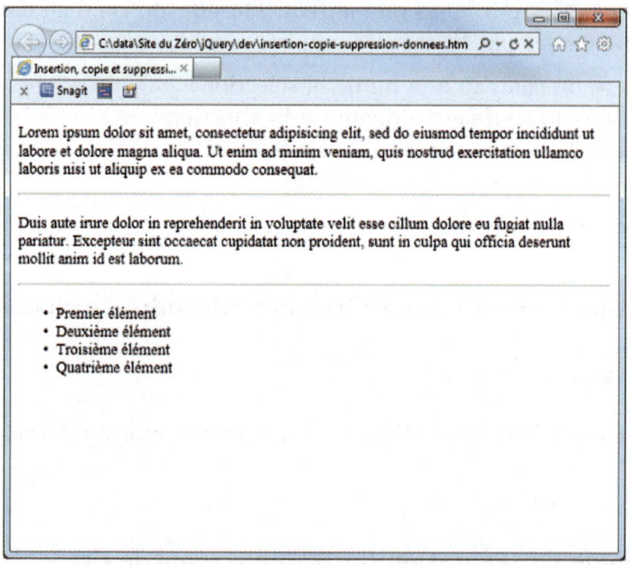

FIGURE 6.2 – La méthode `replaceWith()` n'a pas produit l'effet escompté

Les titres `<h2>` ont tout bonnement disparu ! Comprenez-vous ce qui s'est passé ? Le sélecteur `$('h2')` ne s'est pas contenté de sélectionner les balises `<h2>`, mais également leur contenu et la balise fermante `</h2>`. Les trois titres de niveau 2 ont donc été remplacés par une balise `<h3>`, sans balise fermante, ce qui a provoqué leur disparition.

Mais alors, est-ce que nous nous trouvons face à la première lacune de jQuery ? Bien sûr que non ! La solution consiste à parcourir les éléments sélectionnés avec la méthode `each()` et à effectuer un remplacement `replaceWith()` personnalisé :

```
1 $('h2').each(function(){
2   var elemH2 = $(this);
3   elemH2.replaceWith('<h3>' + elemH2.text() + '</h3>');
4 });
```

La première ligne sélectionne tous les éléments `<h2>` du document (`$.('h2')`) et applique une fonction à chacun d'entre eux (`each(function(){`).

Pour limiter l'écriture et améliorer les performances du code, la deuxième ligne définit la variable `elemH2` et y mémorise l'élément `<h2>` en cours de traitement.

La troisième ligne applique la méthode `replaceWith()` à l'élément jQuery en cours de traitement (`elemH2.replaceWith`) et le remplace par une balise ouvrante `<h3>`, suivie du texte contenu dans l'élément en cours de traitement (`elemH2.text()`) et d'une balise fermante `</h3>`.

La quatrième ligne met fin à la fonction et à la méthode `each()`.

Insérer des éléments

Vous avez précédemment appris à insérer du contenu dans ou en dehors des éléments sélectionnés par un sélecteur jQuery. Ici, je vais vous montrer comment insérer des éléments dans l'arborescence du DOM. Les méthodes utilisées sont les suivantes :

- `eai.appendTo(cible)` insère un élément à la fin de la cible ;
- `eai.prependTo(cible)` insère un élément au début de la cible ;
- `eai.insertBefore(cible)` insère un élément avant la cible ;
- `eai.insertAfter(cible)` insère un élément après la cible.

`eai` représente l'**é**lément **à** **i**nsérer et `cible` représente l'élément avant ou après lequel doit se faire l'insertion.

> Pour décrire `eai` et `cible`, vous pouvez utiliser un sélecteur jQuery, un nom d'élément, une chaîne HTML ou un objet jQuery.

Peut-être vous demandez-vous si les méthodes `appendTo()` et `insertAfter()` ne sont pas équivalentes ? Et de même, si les méthodes `prependTo()` et `insertBefore()` ne sont pas équivalentes ?

Eh bien, `appendTo()` insère un élément à la fin de la cible, tout en restant à l'intérieur de cette dernière, alors que `insertAfter()` insère un élément après la cible. D'une manière identique, `prependTo()` insère un élément au début de la cible tout en restant à l'intérieur de cette dernière, alors que `insertBefore()` insère un élément avant la cible.

Voici quelques exemples d'utilisation de ces méthodes pour mieux les comprendre (ces exemples se basent sur le code HTML présenté au début de ce chapitre). Les instructions jQuery sont insérées après la ligne 32.

Ajout d'un élément de liste à puces après le deuxième élément

```
$('<li>Deuxième élément bis</li>').insertAfter($('li:nth-child
    (2)'));
```

Le résultat se trouve à l'image suivante.

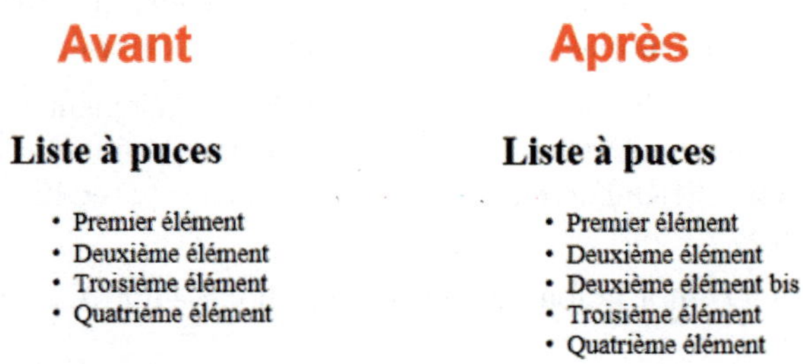

FIGURE 6.3 – La puce « Deuxième élément bis » a été insérée après la puce « Deuxième élément »

6.3

Ajout d'une balise <hr> avant chaque titre <h2>

```
$('<hr>').prependTo($('h2'));
```

Le résultat se trouve à la figure 6.4.

Et maintenant, une simple petite question pour vous inciter à réfléchir sur la méthode `prependTo()`. D'après vous, que produit l'instruction suivante ?

```
$('<li>Deuxième élément bis</li>').prependTo($('li:nth-child(2)
    '));
```

Sans trop y réfléchir, vous pensez certainement qu'une puce « Deuxième élément bis » est ajoutée avant la puce « Deuxième élément ». Pourtant, si vous exécutez le code, vous obtenez la figure 6.5.

D'où vient le problème ?

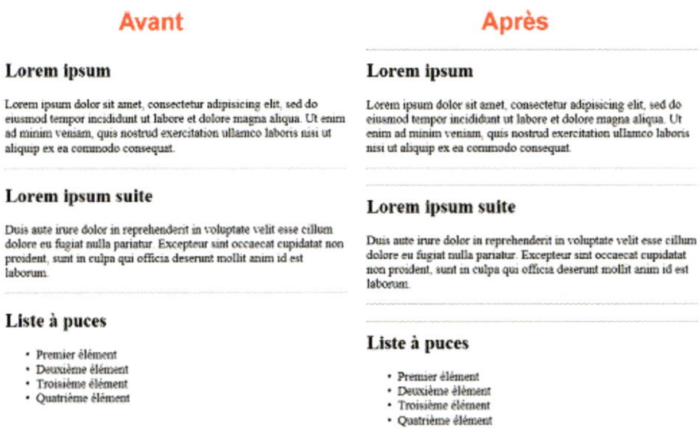

FIGURE 6.4 – Un séparateur horizontal a été inséré avant chaque titre de niveau 2

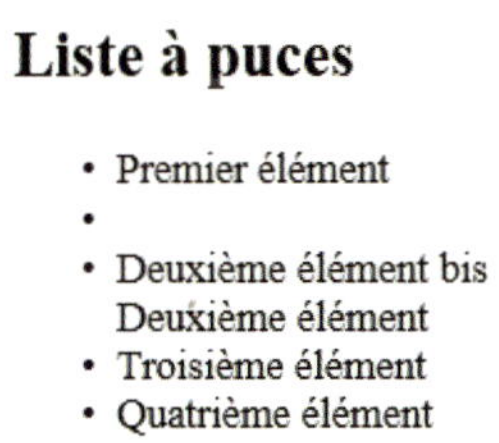

FIGURE 6.5 – L'effet de la méthode `prependTo()` n'est pas celui qui était attendu

Rappelez-vous ce que j'ai dit à propos des différences entre les méthodes `prependTo()` et `insertBefore()`. La première effectue une insertion *à l'intérieur* de la cible et la deuxième *avant* la cible. Après l'exécution de l'instruction jQuery, le code HTML de la liste à puces est donc le suivant :

```
<ul>
  <li>Premier élément</li>
  <li><li>Deuxième élément bis</li>Deuxième élément</li>
  <li>Troisième élément</li>
  <li>Quatrième élément</li>
</ul>
```

Totalement incohérent d'un point de vue sémantique, ce code est mal interprété par le navigateur qui affiche... quelque chose d'assez inattendu ! Ne rejetez pas la faute sur lui : dans ce cas précis, la méthode `insertBefore()` était plus adaptée à la situation.

Déplacer du contenu

Pour déplacer un élément existant dans le document, vous utiliserez les méthodes `append()`, `prepend()`, `before()` ou `after()` :

- `$('sel').append(depl);`
- `$('sel').prepend(depl);`
- `$('sel').before(depl);`
- `$('sel').after(depl);`

... où `sel` sélectionne l'élément avant ou après lequel doit se faire le déplacement et `depl` représente l'élément à déplacer.

Les méthodes `append()` et `after()` sont comparables : elles déplacent toutes deux un élément après un autre élément. Mais attention, avec `append()` le déplacement se fait avant la balise de fin de l'élément sélectionné, alors qu'avec `after()` elle se fait après cette balise.

Les méthodes `prepend()` et `before()` sont également comparables : elles déplacent toutes deux un élément avant un autre élément. Mais attention, avec `prepend()` le déplacement se fait après la balise de début de l'élément sélectionné, alors qu'avec `before()` elle se fait avant cette balise.

À titre d'exemple, considérons le code suivant :

```
<!DOCTYPE html>
<html>
  <head>
    <meta charset="UTF-8">
    <title>Déplacement de contenu</title>
  </head>
  <body>
    <h2>Lorem ipsum</h2>
    <p id="un">
      Lorem ipsum dolor sit amet, consectetur adipisicing elit,
           sed do eiusmod tempor incididunt ut labore et dolore
```

```
            magna aliqua.
11        Ut enim ad minim veniam, quis nostrud exercitation
            ullamco laboris nisi ut aliquip ex ea commodo
            consequat.
12      </p>
13      <hr>
14
15      <h2>Lorem ipsum suite</h2>
16      <p id="deux">
17        Duis aute irure dolor in reprehenderit in voluptate velit
             esse cillum dolore eu fugiat nulla pariatur.
18        Excepteur sint occaecat cupidatat non proident, sunt in
            culpa qui officia deserunt mollit anim id est laborum.
19      </p>
20      <hr>
21
22      <script src="jquery.js"></script>
23      <script>
24        $(function() {
25          // Insérer le code jQuery ici
26          });
27      </script>
28    </body>
29  </html>
```

Ce code définit deux titres de niveau 2, chacun suivi d'un paragraphe de texte et d'un trait de séparation horizontal, comme le montre la figure 6.6.

Remplacez la ligne 25 par l'instruction suivante, sauvegardez le code et rafraîchissez la page dans le navigateur.

```
$('#deux').after($('#un'));
```

Le résultat est à la figure 6.7.

Comme vous pouvez le constater, le paragraphe d'identifiant `#un` n'est plus affiché après la première balise `<h2>`, mais après le paragraphe d'identifiant `#deux`. Il a donc été déplacé depuis la position qu'il occupait vers sa nouvelle position.

Dupliquer des éléments

Comme vous avez pu le constater précédemment, la méthode `after()` (ceci est également valable pour les méthodes `append()`, `prepend()` et `before()`) déplace un élément existant vers la position indiquée dans le sélecteur. Si vous voulez non pas déplacer, mais dupliquer un élément existant, vous appliquerez la méthode `clone()` à un sélecteur et, selon l'effet recherché, vous la ferez suivre de la méthode `appendTo()`, `prependTo()`, `insertBefore()` ou `insertAfter()`.

À titre d'exemple, nous allons dupliquer le paragraphe d'identifiant `#deux` et l'insérer avant le paragraphe d'identifiant `#un`. Voici l'instruction à utiliser :

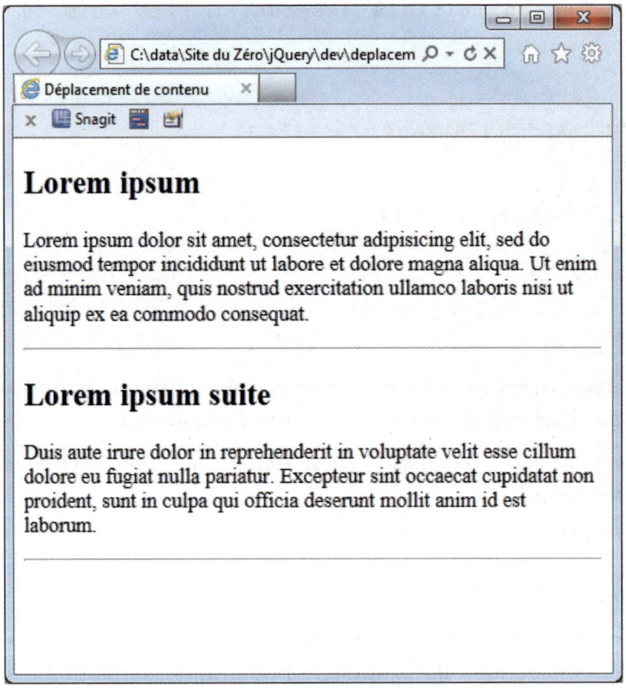

FIGURE 6.6 – Le document, avant toute intervention du code jQuery

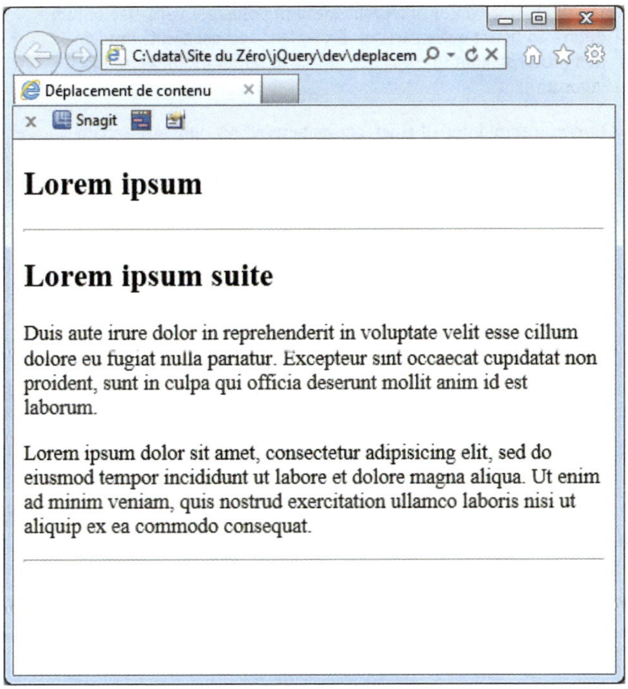

FIGURE 6.7 – Le paragraphe d'identifiant `#deux` a été déplacé à la suite du paragraphe d'identifiant `#un`

```
$('#deux').clone().insertBefore($('#un'));
```

Le résultat se trouve à la figure 6.8.

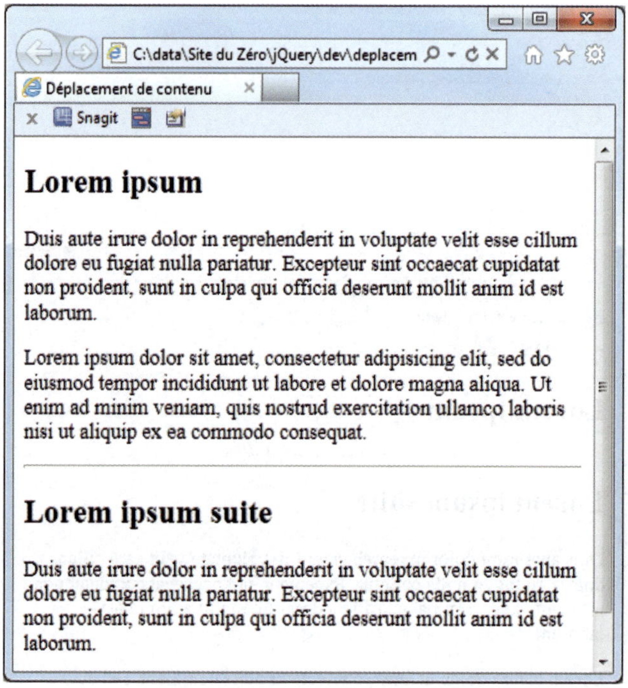

FIGURE 6.8 – Le paragraphe d'identifiant **#deux** a été cloné et copié avant le paragraphe d'identifiant **#un**

Si l'élément dupliqué a un ou plusieurs descendants, ils font eux aussi partie du clonage. Nous allons illustrer ce comportement en dupliquant tous les éléments qui composent la liste à puces du code suivant :

```
<!DOCTYPE html>
<html>
  <head>
    <meta charset="UTF-8">
    <title>Déplacement de contenu</title>
  </head>
  <body>
    <h2>Lorem ipsum</h2>
    <p id="un">
      Lorem ipsum dolor sit amet, consectetur adipisicing elit,
          sed do eiusmod tempor incididunt ut labore et dolore
        magna aliqua.
      Ut enim ad minim veniam, quis nostrud exercitation
        ullamco laboris nisi ut aliquip ex ea commodo
        consequat.
```

```
12      </p>
13      <hr>
14
15      <h2 id="trois">Liste à puces</h2>
16      <ul>
17        <li>Premier élément</li>
18        <li>Deuxième élément</li>
19        <li>Troisième élément</li>
20        <li>Quatrième élément</li>
21      </ul>
22      <hr>
23
24      <script src="jquery.js"></script>
25      <script>
26        $(function() {
27          // Insérer le code jQuery ici
28          });
29      </script>
30    </body>
31  </html>
```

Ce code affiche un titre 2 suivi d'un paragraphe de texte et d'un trait de séparation, puis un autre titre 2 suivi d'une liste à puces composée de quatre éléments, comme le montre la figure 6.9.

Insérez l'instruction suivante ligne 27 :

```
$('ul').clone().insertBefore($('h2:first'));
```

Cette instruction sélectionne la balise <ul> ($('ul')), la duplique (clone()) et place le clone avant la première balise <h2> (insertBefore($('h2:first'))). Admirez le résultat visible à la figure 6.10.

Lorsque plusieurs éléments sont retournés par le sélecteur, ils font tous partie du clonage. Ainsi par exemple, pour définir le sommaire du document en y faisant figurer tous les titres de niveau 2, vous pourriez utiliser les instructions suivantes :

```
$('<h1>Sommaire</h1>').insertBefore($('h2:first'));
$('h2').clone().insertAfter($('h1'));
```

La première instruction insère le titre de niveau 1 « Sommaire » ($('<h1>Sommaire</h1>')) avant le premier titre de niveau 2 du document (insertBefore($('h2:first'))).

La deuxième instruction sélectionne tous les titres de niveau 2 du document ($('h2')), les clone (clone()) et les insère après le titre de niveau 1 (insertAfter($('h1'))).

Le résultat se trouve à la figure 6.11.

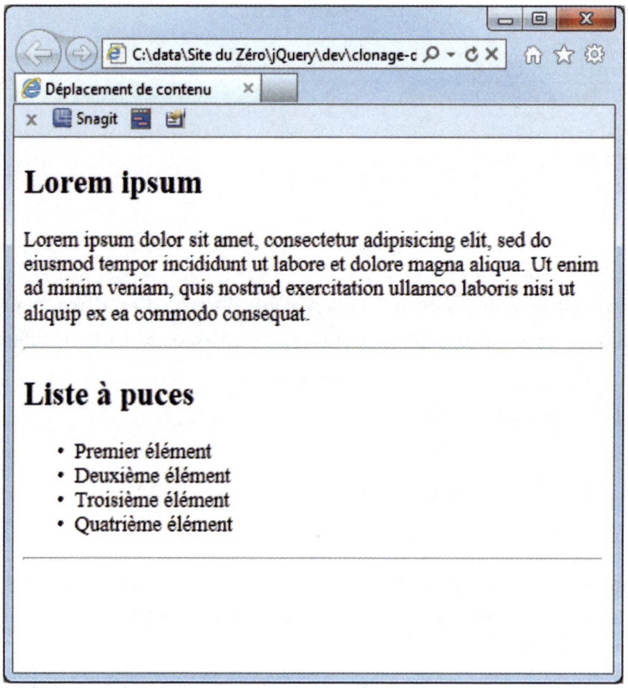

FIGURE 6.9 – Le code HTML précédent sans aucune instruction jQuery.

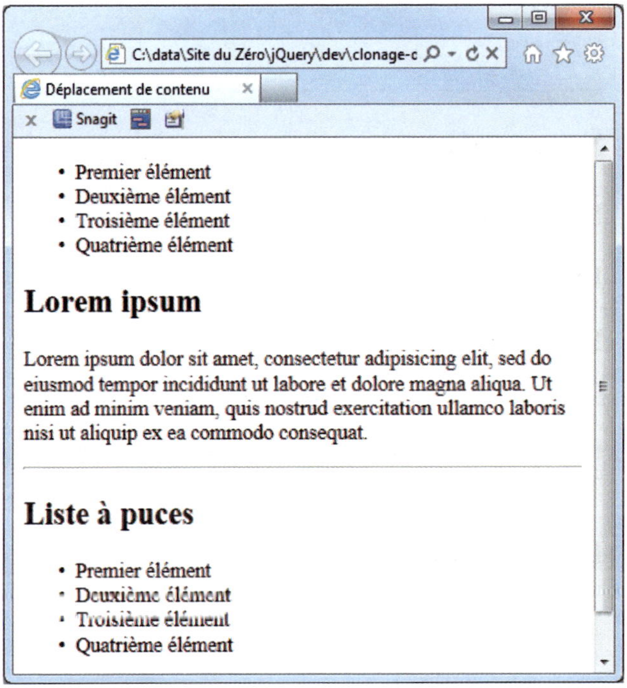

FIGURE 6.10 – La liste à puces a été clonée et copiée avant le premier titre de niveau 2

FIGURE 6.11 – Le sommaire a été créé automatiquement grâce à jQuery

Entourer des éléments

La méthode `wrap()` permet d'entourer un élément par un ou plusieurs autres éléments créés à la volée. Voici sa syntaxe :

```
$('sel').wrap('elwrap');
```

... où `sel` est un sélecteur jQuery quelconque et `elwrap` représente le ou les éléments (ouvrants et fermants) à insérer autour de la sélection. Ces éléments peuvent être du code HTML, un sélecteur, un élément jQuery ou un élément du DOM. Quelle que soit leur nature, ils encadrent les éléments à entourer.

Pour bien comprendre le fonctionnement de cette méthode, nous allons raisonner sur le code suivant :

```
1  <!DOCTYPE html>
2  <html>
3    <head>
4      <meta charset="UTF-8">
5      <title>Wrap</title>
6    </head>
7    <body>
8      <h2 id="trois">Liste à puces</h2>
9      <ul>
10       <li>Premier élément</li>
11       <li>Deuxième élément</li>
12       <li>Troisième élément</li>
13       <li>Quatrième élément</li>
14     </ul>
15
16     <script src="jquery.js"></script>
17     <script>
18       $(function() {
19         // Insérer le code jQuery ici
20         });
21     </script>
22   </body>
23 </html>
```

Ce code affiche un titre de niveau 2 et une liste à puces composée de quatre éléments. Supposons que vous vouliez afficher les éléments de la liste à puces en italique. Pour cela, il vous suffit de les entourer avec la balise `<i>` en utilisant la méthode `wrap()`. Insérez l'instruction suivante ligne 19 :

```
$('li').wrap('<i></i>');
```

Sauvegardez le document et affichez-le dans votre navigateur. Les quatre éléments de la liste à puces sont maintenant affichés en italique, comme le montre la figure 6.12.

Et si vous voulez afficher les éléments de la liste en rouge, gras, italique et souligné, vous utiliserez l'instruction suivante :

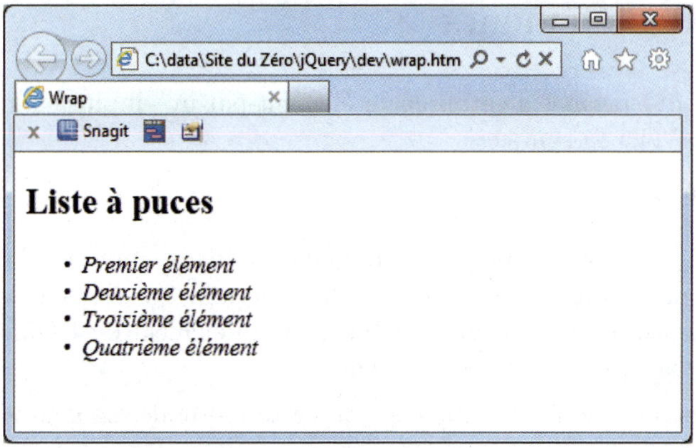

FIGURE 6.12 – Chaque élément <li> est en italique

```
$('li').wrap('<font color="red"><b><i><u></u></i></b></font>');
```

Passons à la vitesse supérieure en utilisant une fonction pour personnaliser les éléments insérés autour de la sélection.

La méthode `wrap()` a deux variantes :

- `wrapInner()`, pour entourer le contenu d'un élément par un autre élément créé à la volée ;
- `wrapAll()`, pour entourer d'une façon globale les éléments sélectionnés avec un autre élément créé à la volée.

Pour illustrer le fonctionnement de la méthode `wrapInner()`, supposons qu'une page HTML définisse le paragraphe suivant :

```
<p>Le texte du paragraphe</p>
```

Si vous exécutez l'instruction jQuery suivante :

```
$('p').wrapInner('<i></i>');
```

... le paragraphe se transforme en :

```
<p><i>Le texte du paragraphe</i></p>
```

Si vous aviez utilisé la méthode `wrap()` à la place :

```
$('p').wrap('<i></i>');
```

... le paragraphe se serait transformé en :

```
<i><p>Le texte du paragraphe</p></i>
```

Pour illustrer le fonctionnement de la méthode `wrapAll()`, nous allons raisonner sur le code suivant :

```
<!DOCTYPE html>
<html>
  <head>
    <meta charset="UTF-8">
    <title>Wrap</title>
    <style type="text/css">
      div { background: red;}
    </style>
  </head>

  <body>
    <p>Paragraphe 1</p>
    <p>Paragraphe 2</p>
    <p>Paragraphe 3</p>
    un texte isolé
    <p>Paragraphe 4</p>
    un autre texte isolé

    <script src="jquery.js"></script>
    <script>
      $(function() {
        // Insérer le code jQuery ici
        });
    </script>
  </body>
</html>
```

Si vous exécutez ce code dans un navigateur, vous obtiendrez la figure 6.13.

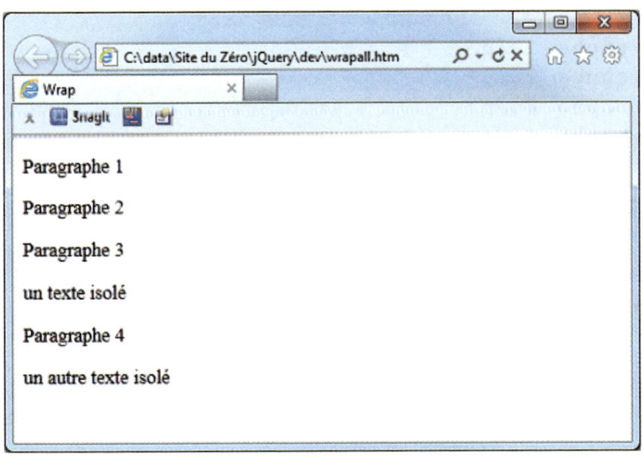

FIGURE 6.13 – Le code précédent exécuté dans Internet Explorer

Comme vous le voyez, les paragraphes et le texte isolé apparaissent dans l'ordre où ils ont été définis. Nous allons maintenant appliquer la méthode `wrapAll()` aux paragraphes (autrement dit aux balises `<p>`) du document et les entourer d'une balise

<div>. Le style div a été défini dans le document : les éléments de ce style auront un arrière-plan rouge. Insérez l'instruction suivante en ligne 22 :

```
$('p').wrapAll('<div></div>');
```

Sauvegardez le document, puis rafraîchissez l'affichage dans le navigateur. Vous devriez obtenir la figure 6.14.

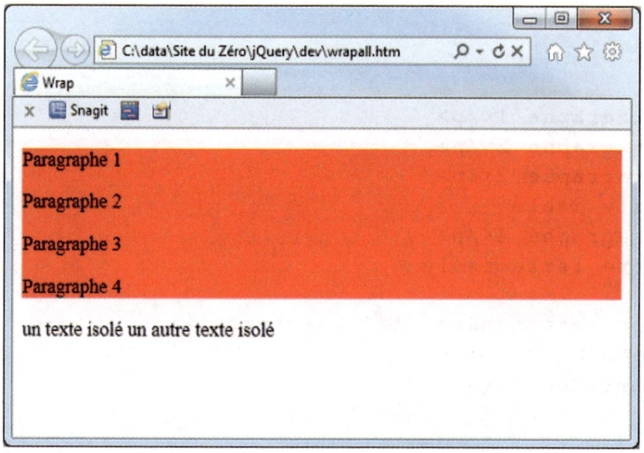

FIGURE 6.14 – Les quatre balises <p> ont été rassemblées

Les paragraphes ont été rassemblés et entourés par une balise <div>. Le code HTML a été transformé comme suit :

```
<div>
  <p>Paragraphe 1</p>
  <p>Paragraphe 2</p>
  <p>Paragraphe 3</p>
  <p>Paragraphe 4</p>
</div>
un texte isolé un autre texte isolé
```

Supprimer des éléments

La méthode remove() permet de supprimer les éléments retournés par un sélecteur jQuery. Par exemple, pour supprimer tous les titres <h2> du document, utilisez cette instruction :

```
$('h2').remove();
```

Ou encore, pour supprimer la troisième puce dans l'unique liste à puces du document, utilisez l'instruction suivante :

```
$('li:nth-child(2)').remove();
```

Un dernier exemple. Pour supprimer tous les paragraphes qui contiennent le mot « quelconque », utilisez l'instruction suivante :

```
$('p').remove(':contains("quelconque")');
```

En résumé

- Pour insérer du contenu dans un document, vous utiliserez les méthodes `append()`, `prepend()`, `before()` et `after()`. Pour remplacer des éléments, vous utiliserez la méthode `replaceWith()`. Pour insérer des éléments dans le DOM, vous utiliserez les méthodes `appendTo()`, `prependTo()`, `insertBefore()` et `insertAfter()`. Enfin, pour dupliquer des éléments, vous utiliserez la méthode `clone()`, chaînée à la méthode `appendTo()`, `prependTo()`, `insertBefore()` ou `insertAfter()`.
- Les méthodes `wrap()`, `wrapInner()` et `wrapAll()` permettent d'entourer un élément par un ou plusieurs autres éléments créés à la volée.
- Pour supprimer un élément, vous utiliserez la méthode `remove()`.

Chapitre 7

TP : Questionnaire interactif en jQuery

Difficulté :

Vous voici donc arrivés au premier TP ! TP signifie « Travaux Pratiques ». En clair, vous allez pratiquer ce que nous venons de voir. Régulièrement, je vous ferai travailler grâce à ce genre d'exercices et vous allez vite voir que, mine de rien, vous savez beaucoup de choses.

Évidemment, je ne vous demanderai jamais rien que vous ne soyez capables de faire. Enfin pas vraiment... Il se peut que cela arrive, mais dans ce cas je vous donnerai la marche à suivre pour parvenir à la fin du TP.

Bon, vous êtes prêts ? Alors allons-y ! Je vous propose de créer un QCM (questionnaire à choix multiples) interactif en jQuery.

Instructions pour réaliser le TP

Dans ce premier TP, vous allez mettre en place un QCM interactif en partant d'un modèle HTML que je vais vous fournir. En utilisant des instructions jQuery, vous devrez transformer ce modèle de base pour obtenir quelque chose ressemblant à la figure 7.1.

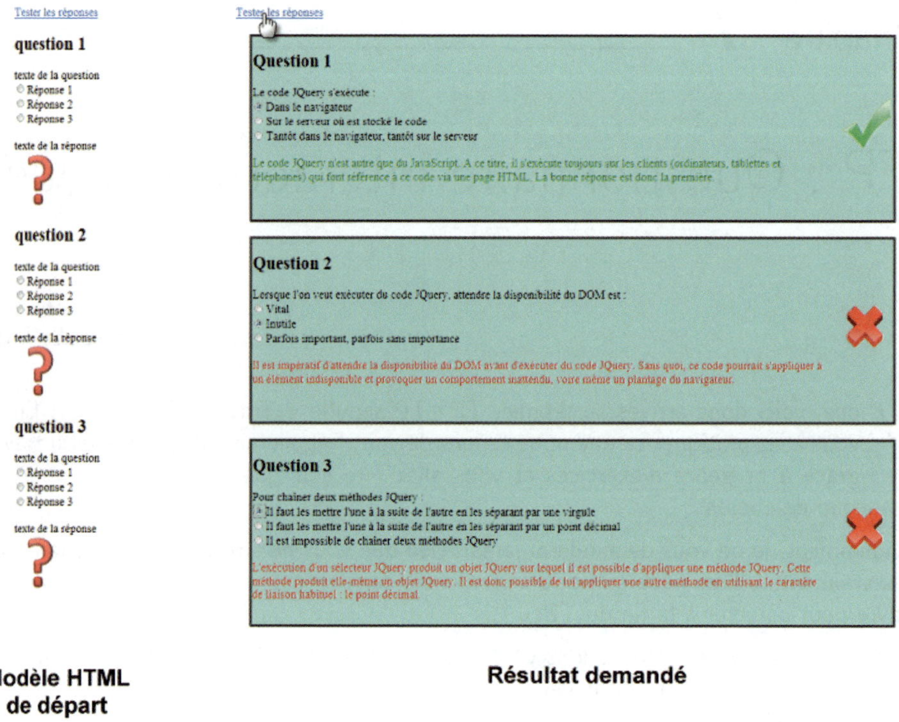

FIGURE 7.1 – Voilà à quoi devra ressembler le QCM

Pour arriver à ce résultat, vous devrez :

1. Dissimuler les réponses aux questions ;
2. Mettre en forme les éléments affichés sur l'écran ;
3. Réagir au survol du lien « Tester les réponses » en affichant, pour chaque question :
   (a) L'icône `bon.png` si la réponse est bonne ou l'icône `mauvais.png` si la réponse est mauvaise.
   (b) Le texte explicatif en vert si la réponse est bonne ou en rouge si elle est mauvaise.

Normalement, seule la troisième étape devrait vous poser un problème. Les autres ont déjà été vues. Si vous rencontrez le moindre problème, n'hésitez pas à (re)lire les chapitres précédents correspondants.

Si la troisième étape peut vous poser des problèmes, ce n'est pas tant par sa complexité que par le fait que vous devrez utiliser une instruction jQuery qui n'a pas encore été vue et qui donne de l'interactivité au QCM. J'aurais pu limiter votre travail à une pure mise en forme, mais cela aurait vraiment été dommage de ne pas intégrer de l'interactivité dans ce formulaire. Je vais donc vous donner l'instruction jQuery à utiliser, sans m'étendre sur le sujet ni expliquer son fonctionnement.

La méthode à utiliser est la suivante :

```
$('a').hover(
  function() {
    // Les instructions à exécuter au survol du lien
  },
  function() {
    // Les instructions à exécuter lorsque le lien n'est plus
        survolé
  }
);
```

Vous voyez, il n'y a rien de bien sorcier. Vous auriez presque pu trouver la méthode sans mon aide tant elle est proche de son homologue CSS `hover`.

Voici le code HTML de départ :

```
<!DOCTYPE html>
<!DOCTYPE html>
<html>
  <head>
    <meta charset="UTF-8">
    <title>Questionnaire interactif en jQuery</title>
  </head>

  <body>
    <form>
    <a href="">Tester les réponses</a>

    <div class="question">
      <div class="texte">
        <h2>Question 1</h2>
          Le code jQuery s'exécute :<br>
          <input type="radio" id="r1" name="q1">Dans le
              navigateur<br>
          <input type="radio" id="r2" name="q1">Sur le serveur
              où est stocké le code<br>
          <input type="radio" id="r3" name="q1">Tantôt dans le
              navigateur, tantôt sur le serveur<br>
        <br><span class="reponse" id="reponse1">Le code jQuery
            n'est autre que du JavaScript. À ce titre, il s'exé
            cute toujours sur les clients (ordinateurs,
            tablettes et téléphones) qui font référence à ce
            code via une page HTML. La bonne réponse est donc la
             première.</span>
```

```
    </div>
    <img id="img1" src="question.png" />
  </div>

  <div class="question">
    <div class="texte">
      <h2>Question 2</h2>
      Lorsque l'on veut exécuter du code jQuery, attendre la disponibilité du DOM est :<br>
      <input type="radio" id="r4" name="q2">Vital<br>
      <input type="radio" id="r5" name="q2">Inutile<br>
      <input type="radio" id="r6" name="q2">Parfois important, parfois sans importance<br>
      <br><span class="reponse" id="reponse2">Il est impératif d'attendre la disponibilité du DOM avant d'exécuter du code jQuery. Sans quoi, ce code pourrait s'appliquer à un élément indisponible et provoquer un comportement inattendu, voire même un plantage du navigateur.</span>
    </div>
    <img id="img2" src="question.png" />
  </div>

  <div class="question">
    <div class="texte">
      <h2>Question 3</h2>
      Pour chaîner deux méthodes jQuery :<br>
      <input type="radio" id="r7" name="q3">Il faut les mettre l'une à la suite de l'autre en les séparant par une virgule<br>
      <input type="radio" id="r8" name="q3">Il faut les mettre l'une à la suite de l'autre en les séparant par un point décimal<br>
      <input type="radio" id="r9" name="q3">Il est impossible de chaîner deux méthodes jQuery<br>
      <br><span class="reponse" id="reponse3">L'exécution d'un sélecteur jQuery produit un objet jQuery sur lequel il est possible d'appliquer une méthode jQuery. Cette méthode produit elle-même un objet jQuery. Il est donc possible de lui appliquer une autre méthode en utilisant le caractère de liaison habituel : le point décimal.</span>
    </div>
    <img id="img3" src="question.png" />
  </div>
  </form>

  <script src="jquery.js"></script>
  <script>
    $(function() {
```

```
            // Insérer le code jQuery ici
        });
      </script>
    </body>
</html>
```

Examinons la structure de ce document.

L'en-tête ne contient aucun code de mise en forme CSS, ce qui est tout à fait normal puisque vous devrez écrire ce code de mise en forme... en jQuery ! Le corps du document contient un formulaire — qui contient lui-même un lien hypertexte — ainsi que trois balises <div> qui correspondent aux trois questions du QCM.

Chaque balise <div> contient deux éléments essentiels :

1. Une autre balise <div> dans laquelle seront affichés tous les éléments textuels ;
2. Une balise <img> d'identifiant img1, qui pointe vers l'image question.png.

Cet agencement a été créé pour faciliter la mise en forme flottante de l'image par rapport au texte.

À l'intérieur de la balise <div> de classe texte, six éléments :

- Un titre de niveau 2 ;
- Le texte de la question ;
- Trois boutons radio (d'identifiants r1, r2 et r3 et d'attribut name q1) suivis des réponses possibles ;
- Une balise <span> dans laquelle s'affiche le texte qui explique la bonne réponse lorsque l'utilisateur place le pointeur de la souris sur le lien « Tester les réponses ».

Le code se termine de façon très classique par l'intégration de la bibliothèque jQuery et par l'attente de la disponibilité du DOM. C'est ici que vous interviendrez en insérant autant d'instructions jQuery que nécessaires pour arriver au résultat demandé.

Avant de vous laisser à votre imagination et à votre clavier, je vais vous fournir les trois images utilisées dans le document, représentées à la figure 7.2.

FIGURE 7.2 – Les trois images utilisées pour réaliser ce TP

▷ Télécharger les images
Code web : 276011

Allez, c'est à vous de jouer !

Correction

J'espère que vous n'avez pas eu trop de problèmes dans ce TP. Voici ma correction, dans laquelle je passe en revue tous les points qui auraient pu « coincer ».

Dissimuler les réponses aux questions

Toutes les réponses ont la même classe : `reponse`. Pour les dissimuler, il suffit d'exécuter la méthode `hide()` sur les objets renvoyés par le sélecteur `$('.reponse')` dès la disponibilité du DOM :

```
$(function() {
  // Dissimulation des réponses
  $('.reponse').hide();
```

Mettre en forme les éléments affichés sur l'écran

Dans un premier temps, vous allez mettre en forme les balises `<div>` de classe `question`, c'est-à-dire les balises qui correspondent aux questions posées dans le QCM. En utilisant le sélecteur `$('.question')`, vous pouvez facilement isoler les trois balises `<div>` de classe `question`. Il suffit alors d'appliquer à plusieurs reprises la méthode jQuery `css()` à ce sélecteur pour modifier les caractéristiques des balises `<div>` :

```
var q = $('.question');          //Mémorisation du sélecteur
    dans une variable pour optimiser le code
q.css('background', '#9EEAE0');  //Couleur d'arrière-plan
q.css('border-style', 'groove'); //Type de la bordure
q.css('border-width', '4px');    //Largeur de la bordure
q.css('width', '900px');         //Largeur des balises <div> de
      classe « question »
q.css('height', '250px');        //Hauteur des balises <div> de
      classe « question »
q.css('margin', '20px');         //Marge autour des balises <
    div> de classe « question »
```

Textes et images en affichage flottant

Les caractéristiques de mise en forme des balises de classe `question` étant définies, nous allons maintenant faire flotter les éléments textuels à gauche et l'image à droite de ces balises. Cette mise en page se fera en agissant sur la propriété CSS `float` des balises de classe `texte` et des images.

La première instruction fait flotter la balise `<div>` de classe texte à gauche de la balise `<div>` parente, c'est-à-dire de la balise `<div>` de classe `question` :

```
$('.texte').css('float', 'left');
```

La deuxième instruction donne 90% de la largeur disponible à la balise `<div>` de classe `texte`. Ainsi, cette balise aura toujours la même largeur et, par voie de conséquence, les images affichées à sa droite auront toujours la même position et seront alignées verticalement :

```
$('.texte').css('width', '90%');
```

La troisième instruction fait flotter l'image à droite de la balise `<div>` parente, c'est-à-dire de la balise `<div>` de classe `question` :

```
$('img').css('float', 'right');
```

Enfin, la quatrième instruction décale l'image vers le bas en définissant une marge supérieure de 80 pixels :

```
$('img').css('margin-top', '80px');
```

La mise en page est maintenant terminée. Si vous exécutez le code, vous devriez obtenir quelque chose ressemblant à la figure 7.3.

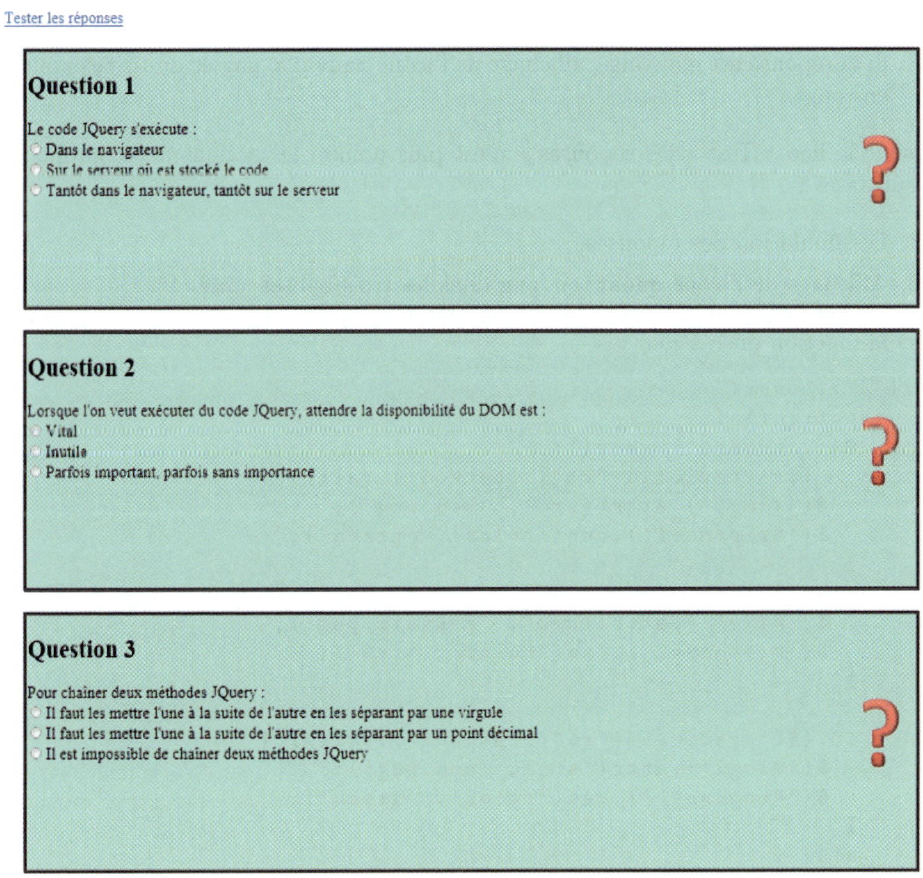

FIGURE 7.3 – Le texte et les images sont maintenant bien positionnés

Dans ce TP, la mise en forme des éléments HTML a été réalisée en jQuery. Certains d'entre vous ont peut-être utilisé des instructions CSS à la place. Il n'y a rien de mal à cela. Je dirai même que la mise en forme est le propre du CSS. Si j'ai utilisé des instructions jQuery à la place, ce n'est que pour ajouter quelques exemples à votre palmarès.

Réagir au survol du lien « Tester les réponses »

Arrivés à ce point, la mise en page est terminée, il vous est possible de répondre aux questions posées, mais pas de tester les réponses. Pour cela, vous devez écrire le code de la méthode `$('a').hover()`. Lorsque le lien « Tester les réponses » est pointé, les actions à accomplir sont les suivantes pour chaque question :

1. Test de la réponse.
2. Si la réponse est bonne, affichage de l'icône `bon.png` et du texte explicatif en vert.
3. Si la réponse est mauvaise, affichage de l'icône `mauvais.png` et du texte explicatif en rouge.

Lorsque le lien « Tester les réponses » n'est plus pointé, les actions à accomplir sont les suivantes :

1. Dissimulation des réponses.
2. Affichage de l'icône `question.png` dans les trois balises `<img>`.

Voici la fonction mise à jour :

```
$('a').hover(
  function() {
    $('.reponse').show();
    if ($(':radio[id="r1"]:checked').val()) {
      $('#img1').attr('src', 'bon.png');
      $('#reponse1').css('color', 'green');
    }
    else {
      $('#img1').attr('src', 'mauvais.png');
      $('#reponse1').css('color', 'red');
    }

    if ($(':radio[id="r4"]:checked').val()) {
      $('#img2').attr('src', 'bon.png');
      $('#reponse2').css('color', 'green');
    }
    else {
      $('#img2').attr('src', 'mauvais.png');
      $('#reponse2').css('color', 'red');
    }
```

```

    if ($(':radio[id="r8"]:checked').val()) {
      $('#img3').attr('src', 'bon.png');
      $('#reponse3').css('color', 'green');
    }
    else {
      $('#img3').attr('src', 'mauvais.png');
      $('#reponse3').css('color', 'red');
    }
  },
  function() {
    $('.reponse').hide();
    $('#img1').attr('src', 'question.png');
    $('#img2').attr('src', 'question.png');
    $('#img3').attr('src', 'question.png');
  }
);
```

Ne vous laissez pas impressionner par la longueur du code ! Vous allez voir, toutes ces lignes sont vraiment simples à comprendre !

La première fonction contient trois blocs d'instructions quasiment identiques. Chacun d'entre eux s'intéresse à une des questions posées dans le QCM. Nous allons nous intéresser au premier bloc d'instructions. Vous pourrez sans problème transférer les explications qui vont être données aux deux autres blocs.

Après avoir validé l'affichage des balises de classe `reponse` :

```
$('.reponse').show();
```

... l'état du premier bouton radio est testé (ce choix représente la bonne réponse). Si ce bouton a été sélectionné :

```
if ($(':radio[id="r1"]:checked').val()) {
```

... l'image `bon.png` est affichée dans la balise `<img>` d'identifiant `#img1` :

```
$('#img1').attr('src', 'bon.png');
```

... et les explications sont affichées en vert dans la balise d'identifiant `#reponse1` :

```
$('#reponse1').css('color', 'green');
```

Si ce bouton radio n'est pas sélectionné :

```
else {
```

... l'image `mauvais.png` est affichée dans la balise `<img>` d'identifiant `#img1` :

```
$('#img1').attr('src', 'mauvais.png');
```

... et les explications sont affichées en rouge dans la balise d'identifiant `#reponse1` :

```
$('#reponse1').css('color', 'red');
```

Les deux autres blocs de code effectuent un traitement similaire, si ce n'est qu'ils testent un autre bouton radio, et qu'ils agissent sur d'autres balises `<img>` et `<span>`.

Le deuxième paramètre de la méthode `hover()` indique ce qu'il faut faire quand le lien n'est plus pointé par la souris. La réponse doit être cachée :

```
function() {
  $('.reponse').hide();
```

... et l'image `question.png` doit être affichée dans les trois balises `<img>` :

```
$('img').each(function() {
  $(this).attr('src', 'question.png');
});
```

Le code complet

Ça y est, le code est entièrement opérationnel. Bien entendu, vous pouvez le modifier pour créer vos propres QCM...

```
<!DOCTYPE html>
<html>
  <head>
    <meta charset="UTF-8">
    <title>Questionnaire interactif en jQuery</title>
  </head>

  <body>
    <form>
    <a href="">Tester les réponses</a>

    <div class="question">
      <div class="texte">
        <h2>Question 1</h2>
          Le code jQuery s'exécute :<br>
          <input type="radio" id="r1" name="q1">Dans le
             navigateur<br>
          <input type="radio" id="r2" name="q1">Sur le serveur
             où est stocké le code<br>
          <input type="radio" id="r3" name="q1">Tantôt dans le
             navigateur, tantôt sur le serveur<br>
        <br><span class="reponse" id="reponse1">Le code jQuery
           n'est autre que du JavaScript. À ce titre, il s'exé
           cute toujours sur les clients (ordinateurs,
           tablettes et téléphones) qui font référence à ce
           code via une page HTML. La bonne réponse est donc la
            première.</span>
      </div>
      <img id="img1" src="question.png" />
    </div>
```

```

    <div class="question">
      <div class="texte">
        <h2>Question 2</h2>
        Lorsque l'on veut exécuter du code jQuery, attendre la disponibilité du DOM est :<br>
        <input type="radio" id="r4" name="q2">Vital<br>
        <input type="radio" id="r5" name="q2">Inutile<br>
        <input type="radio" id="r6" name="q2">Parfois important, parfois sans importance<br>
        <br><span class="reponse" id="reponse2">Il est impératif d'attendre la disponibilité du DOM avant d'exécuter du code jQuery. Sans quoi, ce code pourrait s'appliquer à un élément indisponible et provoquer un comportement inattendu, voire même un plantage du navigateur.</span>
      </div>
      <img id="img2" src="question.png" />
    </div>

    <div class="question">
      <div class="texte">
        <h2>Question 3</h2>
        Pour chaîner deux méthodes jQuery :<br>
        <input type="radio" id="r7" name="q3">Il faut les mettre l'une à la suite de l'autre en les séparant par une virgule<br>
        <input type="radio" id="r8" name="q3">Il faut les mettre l'une à la suite de l'autre en les séparant par un point décimal<br>
        <input type="radio" id="r9" name="q3">Il est impossible de chaîner deux méthodes jQuery<br>
        <br><span class="reponse" id="reponse3">L'exécution d'un sélecteur jQuery produit un objet jQuery sur lequel il est possible d'appliquer une méthode jQuery. Cette méthode produit elle-même un objet jQuery. Il est donc possible de lui appliquer une autre méthode en utilisant le caractère de liaison habituel : le point décimal.</span>
      </div>
      <img id="img3" src="question.png" />
    </div>
    </form>

    <script src="jquery.js"></script>
    <script>
      $(function() {
        // Dissimulation des réponses
        $('.reponse').hide();

```

```
      // Mise en forme des div du QCM
      var q = $('.question');
      q.css('background', '#9EEAE0');
      q.css('border-style', 'groove');
      q.css('border-width', '4px');
      q.css('width', '900px');
      q.css('height', '250px');
      q.css('margin', '20px');

      $('.texte').css('float', 'left');
      $('.texte').css('width', '90%');
      $('img').css('float', 'right');
      $('img').css('margin-top', '80px');

      // Action au survol du lien « Tester les réponses »
      $('a').hover(
        function() {
          $('.reponse').show();
          if ($(':radio[id="r1"]:checked').val()) {
            $('#img1').attr('src', 'bon.png');
            $('#reponse1').css('color', 'green');
          }
          else {
            $('#img1').attr('src', 'mauvais.png');
            $('#reponse1').css('color', 'red');
          }
          if ($(':radio[id="r4"]:checked').val()) {
            $('#img2').attr('src', 'bon.png');
            $('#reponse2').css('color', 'green');
          }
          else {
            $('#img2').attr('src', 'mauvais.png');
            $('#reponse2').css('color', 'red');
          }
          if ($(':radio[id="r8"]:checked').val()) {
            $('#img3').attr('src', 'bon.png');
            $('#reponse3').css('color', 'green');
          }
          else {
            $('#img3').attr('src', 'mauvais.png');
            $('#reponse3').css('color', 'red');
          }
        },
        function() {
          $('.reponse').hide();
          $('img').each(function() {
            $(this).attr('src', 'question.png');
        });
      });
    });
```

```
    </script>
  </body>
</html>
```

Troisième partie

Aller plus loin avec jQuery

Chapitre 8

Les bases de la gestion événementielle

Difficulté :

Vous avez déjà fait connaissance avec la gestion événementielle dans le TP de la deuxième partie de ce cours. Cela vous a permis de faire réagir le survol d'un lien hypertexte. Ce chapitre va aller beaucoup plus loin en présentant les très nombreux événements qui peuvent être gérés par du code jQuery.

La souris

Avant de commencer

Quel que soit l'événement à gérer, vous devrez mettre en place une méthode qui ressemblera à ceci :

```
$(sel).mge(function() {
  // Une ou plusieurs instructions jQuery
  // pour gérer l'événement lorsqu'il se produit
}
```

... où `sel` est un sélecteur jQuery comme ceux que vous avez rencontrés jusqu'ici et `mge` est une méthode de gestion événementielle comme celles que vous rencontrerez tout au long de ce chapitre.

La mise en place d'un événement concerne tous les éléments retournés par le sélecteur. Ainsi par exemple, en appliquant une gestion événementielle au sélecteur `$('img')`, elle concernera toutes les balises `<img>` du document. Ou encore, en appliquant une gestion événementielle au sélecteur `$('.resultat')`, elle s'appliquera à toutes les balises de classe `resultat`. Bref, vous l'aurez compris : une seule instruction permet de mettre en place plusieurs gestions événementielles. Quel gain de temps ! À vous de trouver le sélecteur le plus approprié à chaque cas.

La souris est un périphérique universellement utilisé pour communiquer avec l'ordinateur. Vous pouvez désigner un élément en le pointant, sélectionner ou donner le focus à un élément en cliquant dessus, ou encore déplacer le contenu d'un élément doté d'une barre de défilement en agissant sur la roulette. Autant d'événements accessibles en jQuery. Dans ce sous-chapitre, nous allons nous intéresser aux événements décrits dans le tableau suivant.

Méthode	Événement géré
`click()`	Clic gauche
`dbclick()`	Double-clic
`mousedown()`	Appui sur le bouton gauche ou droit de la souris alors que le pointeur est au-dessus de l'élément
`mouseenter()` ou `mouseover()`	Début de survol de l'élément
`mouseleave()` ou `mouseout()`	Arrêt de survol de l'élément
`mousemove()`	Déplacement du pointeur au-dessus de l'élément
`mouseup()`	Relâchement du bouton gauche ou droit alors que le pointeur est au-dessus de l'élément
`scroll()`	Utilisation de la roulette alors que le pointeur se trouve au-dessus d'un élément concerné par ce type d'événement

Clics et positions de la souris

Je suis bien conscient que vous avez appris beaucoup de choses dans les chapitres précédents et que vous avez besoin de vous détendre. Que diriez-vous d'un mini-jeu écrit en jQuery pour bien comprendre comment fonctionnent les méthodes de gestion événementielle de la souris ? Nous allons afficher une image de petite taille à une position aléatoire sur l'écran. Lorsque le joueur cliquera sur cette image, elle sera affichée à un autre emplacement. Voici le code utilisé :

```
<img id="target" src="petitchat.jpg">

<script src="jquery.js"></script>
<script>
  $(function() {
    // Dimensions de la fenêtre
    var largeur = ($(window).width()) - 50;
    var hauteur = ($(window).height()) - 50;

    // Affichage de la première image en (100, 100)
    var p = $('#target').offset();
    p.top=100;
    p.left=100;
    $('#target').offset(p);

    // Gestion du clic et déplacement de l'image
    $("#target").click(function() {
      x = Math.floor(Math.random()*largeur);
      y = Math.floor(Math.random()*hauteur);
      var p = $('#target').offset();
      p.top = y;
      p.left = x;
      $('#target').offset(p);
    });
  });
</script>
```

Examinons les instructions qui composent ce document. Une balise `<img>` d'identifiant `#target` fait référence à l'image `petitchat.jpg`. Le reste du code utilise des instructions jQuery pour modifier l'emplacement de l'image et réagir aux clics de l'utilisateur.

Après avoir attendu la disponibilité du DOM, les dimensions de la fenêtre sont mémorisées dans les variables `largeur` et `hauteur` :

```
var largeur = ($(window).width()) - 50;
var hauteur = ($(window).height()) - 50;
```

Je comprends qu'il soit nécessaire de connaître les dimensions de la fenêtre pour afficher l'image, mais pourquoi avoir soustrait 50 de la largeur et de la hauteur ?

L'image affichée a une dimension de 50×50 pixels. En soustrayant ces valeurs de la largeur et de la hauteur de la fenêtre, on s'assure que l'image sera toujours affichée dans la partie visible de la fenêtre. La méthode jQuery `offset()` est utilisée pour modifier l'emplacement initial de l'image, et la méthode `target()` pour connaître l'emplacement actuel de l'image :

```
var p = $('#target').offset();
```

À quoi peut bien servir de connaître l'emplacement de l'image ?

Vous avez raison, cette instruction n'a apparemment aucun intérêt. Et pourtant, en y regardant d'un peu plus près... En utilisant l'instruction `$('#target').offset()` et en mémorisant son résultat dans la variable JavaScript `p`, on définit du même coup un objet jQuery par lequel les coordonnées de l'image pourront être modifiées. C'est d'ailleurs ce que font les deux instructions suivantes en affichant l'image aux coordonnées (100, 100) :

```
p.top=100;
p.left=100;
```

Il ne reste plus qu'à utiliser la méthode `offset()` pour afficher l'image aux coordonnées (100, 100) :

```
$('#target').offset(p);
```

Une gestion événementielle est mise en place pour l'événement `click`, c'est-à-dire lorsque l'utilisateur clique sur le bouton gauche de la souris :

```
$("#target").click(function() {
```

Une nouvelle position aléatoire est choisie pour l'image (tout en restant dans les limites de la fenêtre) en attendant un autre clic de l'utilisateur. Un nombre aléatoire compris entre 0 et la largeur de la fenêtre est choisi et mémorisé dans la variable `x` :

```
x = Math.floor(Math.random()*largeur);
```

`Math.random()` est une fonction JavaScript qui retourne un nombre aléatoire compris entre 0 et une valeur proche de 1. Dans cet exemple, afin de simplifier les choses, nous allons admettre que le nombre retourné est compris entre 0 et 1.

En multipliant la valeur retournée par la largeur de la fenêtre, on obtient un nombre compris entre 0 et la largeur de la fenêtre. Enfin, en appliquant la fonction JavaScript `Math.random()` à ce nombre, on obtient la valeur entière la plus proche de ce nombre. C'est exactement l'effet recherché.

La ligne suivante utilise la même technique pour choisir un nombre aléatoire compris entre 0 et la hauteur de la fenêtre. Ce nombre est mémorisé dans la variable `y`.

Pour déplacer l'image, nous utilisons la technique traditionnelle. Après avoir obtenu un objet jQuery qui correspond à la position actuelle de l'image :

```
var p = $('#target').offset();
```

... les coordonnées de l'image sont modifiées en utilisant les coordonnées tirées aléatoirement dans l'étape précédente :

```
p.top = y;
p.left = x;
```

Puis l'image est déplacée en utilisant la méthode `offset()` :

```
$('#target').offset(p);
```

Le code est fonctionnel, vous pouvez le tester dans un navigateur quelconque.

Vous pouvez évidemment remplacer la méthode `click()` par une autre de votre choix. Par exemple, pour réagir au début du survol de l'image, vous utiliserez cette instruction :

```
$("#target").mouseenter(function() {
```

La méthode scroll

Pour terminer avec les méthodes événementielles relatives à la souris, il ne reste plus qu'à écrire un peu de code pour utiliser la méthode `scroll()`.

```
<style type="text/css">
  div {
    width: 200px;
    height: 200px;
    overflow: scroll;
    background-color: yellow;
    border: 2px black solid;
  }
</style>

<div>
Lorem ipsum dolor sit amet, consectetur adipisicing elit, sed
    do eiusmod tempor incididunt ut labore et dolore magna
    aliqua.
Ut enim ad minim veniam, quis nostrud exercitation ullamco
    laboris nisi ut aliquip ex ea commodo consequat.
Duis aute irure dolor in reprehenderit in voluptate velit esse
    cillum dolore eu fugiat nulla pariatur.
Excepteur sint occaecat cupidatat non proident, sunt in culpa
    qui officia deserunt mollit anim id est laborum.
</div>

<script src="jquery.js"></script>
<script>
  $(function() {
    $('div').scroll(function() {
```

```
      alert('Utilisation de la roulette dans la balise <div>');
    });
    $(window).scroll(function() {
      alert('Utilisation de la roulette dans le document');
    });
  });
</script>
```

À partir d'ici, je ne mettrai plus l'ensemble du code mais uniquement les éléments indispensables. À ce stade, vous devriez être capables de vous débrouiller.

Pour détecter l'utilisation de la roulette dans la balise <div>, il suffit de sélectionner la balise et de lui appliquer la méthode scroll() :

```
$('div').scroll(function() {
```

La détection d'un mouvement de roulette déclenche l'affichage d'une boîte de message :

```
alert('Utilisation de la roulette dans la balise <div>');
```

Pour détecter l'utilisation de la roulette dans le document, procédez de même, en insérant le mot window dans le sélecteur, sans le mettre entre apostrophes :

```
$(window).scroll(function() {
```

Ici aussi, la détection d'un mouvement de roulette déclenche l'affichage d'une boîte de message :

```
alert('Utilisation de la roulette dans le document');
```

Si la fenêtre est trop grande, vous ne pourrez pas y tester l'utilisation de la roulette. Pensez à redimensionner la fenêtre pour qu'un *scrolling* soit possible.

which et type

Dans certains cas particuliers, il peut être nécessaire de savoir quel bouton de la souris a été pressé. Pour cela, vous ferez appel à la méthode event.which, qui renvoie l'une des valeurs suivantes :

- 1 : bouton gauche pressé ;
- 2 : bouton central pressé ;
- 3 : bouton droit pressé.

Pour connaître le type d'événement qui a été levé par la procédure de gestion événementielle, vous utiliserez la méthode event.type. La valeur renvoyée pourra être click, dblclick, mousedown, mouseenter, mouseover, mouseleave, mouseout, mousemove ou mouseup.

Voyons comment utiliser ces deux méthodes en pratique.

```
Cliquez sur l'image avec un des boutons de la souris.<br />
<img id="target" src="petitchat.jpg"><br />
<span id="rapport"></span>

<script src="jquery.js"></script>
<script>
  $(function() {
    $('#target').mousedown(function(e){
      $('#rapport').html('Événement : ' + e.type + '. Bouton pressé : ' +  e.which );
    });
  });
</script>
```

Le code jQuery met en place un gestionnaire événementiel en rapport avec la balise d'identifiant `#target`, c'est-à-dire l'image. Ce gestionnaire capture l'événement `mousedown`. Remarquez le paramètre `e` passé à la fonction :

```
$('#target').mousedown(function(e){
```

Les méthodes `e.type` et `e.which` sont utilisées pour indiquer le type d'événement levé et le bouton qui a été pressé. Ces informations sont affichées dans la balise `<span>` d'identifiant `#rapport` :

```
$('#rapport').html('Événement : ' + e.type + '. Bouton pressé : ' +  e.which );
```

Le clavier

Le clavier est également un périphérique fondamental pour communiquer avec l'ordinateur. Sur le Web, il est essentiellement utilisé pour saisir des données textuelles dans des formulaires. jQuery est en mesure de capturer trois événements en rapport avec le clavier.

Méthode	**Événement géré**
`keydown()`	Appui sur une touche du clavier
`keyup()`	Relâchement d'une touche du clavier préalablement enfoncée
`keypress()`	Maintien d'une touche du clavier enfoncée

Voyons comment utiliser ces méthodes en raisonnant sur un cas pratique. À titre d'exemple, nous allons afficher un petit rectangle de couleur verte chaque fois qu'un caractère sera ajouté dans une balise `<textarea>`. Ce rectangle deviendra blanc lorsque la touche sera relâchée. Voici le code utilisé :

```
<style type="text/css">
  #lumiere {
```

```
    width: 10px;
    height: 10px;
    background-color: white; }
</style>

<div id="lumiere"></div>
<textarea id="target"></textarea>

<script src="jquery.js"></script>
<script>
  $(function() {
    $('#target').keydown(function(){
      $('#lumiere').css('background-color', 'green');
    });
    $('#target').keyup(function(){
        $('#lumiere').css('background-color', 'white');
    });
  });
</script>
```

Le code jQuery met en place deux procédures événementielles : une relative à l'événement `keydown` et l'autre à l'événement `keyup`. Lorsqu'une touche du clavier est enfoncée, la couleur d'arrière-plan de la balise `<div>` devient verte. Lorsque la touche est relâchée, la balise redevient blanche.

Dans certains programmes écrits en jQuery, il peut être nécessaire de savoir quelle touche du clavier a été pressée. Pour cela, vous ferez appel à la méthode `event.which` qui renvoie précisément cette information. Pour connaître le type d'événement qui a été levé par la procédure de gestion événementielle, vous utiliserez la méthode `event.type`. La valeur renvoyée pourra être `keydown`, `keypress` ou `keyup`, en fonction de la méthode événementielle utilisée. Voyons comment utiliser la méthode `event.which` en pratique.

```
<form>
  Laissez aller votre imagination : saisissez quelques mots<br />
  <textarea id="saisie"></textarea>
</form><br />
Caractère saisi : <span id="unelettre"></span>

<script src="jquery.js"></script>
<script>
  $(function() {
    $('#saisie').keypress(function(e) {
      $('#unelettre').text(e.which);   //keyCode
    });
  });
</script>
```

L'utilisateur est invité à taper quelques mots dans la zone de texte multilignes. Chacun des caractères tapés est alors affiché en dessous de la zone de saisie. Le code jQuery met en place un gestionnaire événementiel sur la balise d'identifiant `#saisie`, c'est-à-dire sur le `<textarea>`. La touche frappée est récupérée et affichée dans la balise `<span>`, comme le montre la figure 8.1.

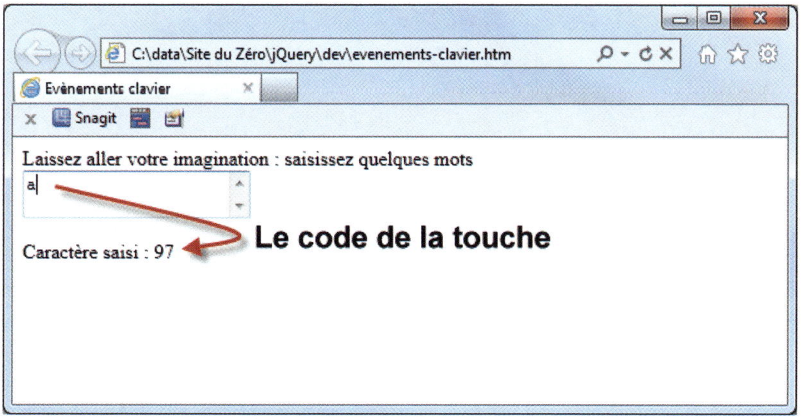

FIGURE 8.1 – La méthode `e.which` retourne le code de la touche frappée

Car.	**ASCII**	**Car.**	**ASCII**	**Car.**	**ASCII**	**Car.**	**ASCII**	**Car.**	**ASCII**
Espace	32	3	51	F	70	Y	89	l	108
!	33	4	52	G	71	Z	90	m	109
«	34	5	53	H	72	[	91	n	110
#	35	6	54	I	73	\	92	o	111
$	36	7	55	J	74	]	93	p	112
%	37	8	56	K	75	^	94	q	113
&	38	9	57	L	76	_	95	r	114
’	39	:	58	M	77	‘	96	s	115
(	40	;	59	N	78	a	97	t	116
)	41	<	60	O	79	b	98	u	117
*	42	=	61	P	80	c	99	v	118
+	43	>	62	Q	81	d	100	w	119
,	44	?	63	R	82	e	101	x	120
-	45	@	64	S	83	f	102	y	121
.	46	A	65	T	84	g	103	z	122
/	47	B	66	U	85	h	104	{	123
0	48	C	67	V	86	i	105	|	124
1	49	D	68	W	87	j	106	}	125
2	50	E	69	X	88	k	107	~	126

Avec `keydown()` et `keyup()`, il s'agit d'une version simplifiée du code ASCII dans laquelle les caractères minuscules et majuscules sont confondus.

Si vous voulez obtenir non pas le code du caractère mais le caractère lui-même, assurez-vous que vous utilisez la méthode `keypress()` :

```
$('#saisie').keypress(function(e) {
```

Touche	**Code**	**Touche**	**Code**	**Touche**	**Code**	**Touche**	**Code**
Retour	8	6	54	v	86	F3	114
Tab	9	7	55	w	87	F4	115
Entrée	13	8	56	x	88	F5	116
Maj	16	9	57	y	89	F6	117
Ctrl	17	a	65	z	90	F7	118
Alt	18	b	66	Win. gauche	91	F8	119
Pause	19	c	67	Win. droit	92	F9	120
Verr Maj	20	d	68	Sélection	93	F10	121
Echap	27	e	69	0 pavé num.	96	F11	122
Page Préc	33	f	70	1 pavé num.	97	F12	123
Page Suiv	34	g	71	2 pavé num.	98	Verr Num	144
Fin	35	h	72	3 pavé num.	99	Arrêt Defil	145
Origine	36	i	73	4 pavé num.	100	;	186
Gauche	37	j	74	5 pavé num.	101	=	187
Haut	38	k	75	6 pavé num.	102	,	188
Droite	39	l	76	7 pavé num.	103	-	189
Bas	40	m	77	8 pavé num.	104	.	190
Inser	45	n	78	9 pavé num.	105	/	191
Suppr	46	o	79	*	106	‘	192
0	48	p	80	+	107	[	219
1	49	q	81	-	109	\	220
2	50	r	82	.	110	]	221
3	51	s	83	/	111	Espace	222
4	52	t	84	F1	112	-	-
5	53	u	85	F2	113	-	-

Et remplacez la ligne suivante par :

```
var c = String.fromCharCode(e.which);
$('#unelettre').text(c);
```

La première instruction récupère le code tapé au clavier (`e.which`), le convertit en un caractère (`String.fromCharCode`) et le stocke dans la variable `c`. La deuxième instruction affiche ce caractère dans la balise d'identifiant `#unelettre`, c'est-à-dire dans le `<span>`.

Les éléments

J'ai ici regroupé les méthodes événementielles en rapport avec le gain et la perte de focus, la modification de la taille et du contenu, et la sélection d'un élément.

Méthode	Événement géré
`focus()`	Réception de focus par l'élément
`blur()`	Perte de focus par l'élément
`focusin()`	Réception de focus par l'élément ou un de ses enfants
`focusout()`	Perte de focus par l'élément ou un de ses enfants
`resize()`	Redimensionnement d'un élément
`change()`	Modification d'un élément

Les méthodes `focus()` et `blur()` détectent respectivement la réception de focus et la perte de focus par un élément dans un formulaire. Cela peut se produire suite à l'appui sur une touche ou une combinaison de touches du clavier (Tab ou Maj + Tab par exemple) ou par un clic de souris.

Les méthodes `focusin()` et `focusout()` sont comparables aux méthodes `focus()` et `blur()` et peuvent les remplacer. Cependant, elles détectent également la réception et la perte de focus d'un élément parent.

focus() et blur()

Un peu de code va éclaircir ce que je viens de dire. Tout d'abord, intéressons-nous aux méthodes `focus()` et `blur()`.

```
<form>
  Cliquez sur les zones de texte<p>
  <input type="text" class="f" id="Zone-de-texte-1"><p>
   <input type="text" class="f" id="Zone-de-texte-2"><br />
</form><br />

  Focus : <span id="resultat"></span><br />
  Perte de focus : <span id="resultat2"></span>

<script src="jquery.js"></script>
```

```
<script>
  $(function() {
    $('.f').focus(function() {
      $('#resultat').text($(this).attr('id'));
    });
    $('.f').blur(function() {
      $('#resultat2').text($(this).attr('id'));
    });

  });
</script>
```

Le corps du document contient essentiellement deux zones de texte et deux balises <span>. Lorsque l'utilisateur donne le focus à l'une des zones de texte, le contenu des deux <span> est modifié. Le premier indique l'identifiant du contrôle qui a reçu le focus et le deuxième indique l'identifiant du contrôle qui a perdu le focus.

La procédure événementielle est responsable de l'affichage dans le premier <span>. La méthode utilisée est `focus()`. L'événement déclencheur sera donc la réception du focus :

```
$('.f').focus(function() {
```

Examinez le sélecteur. Toutes les balises de classe `f` sont concernées, à savoir les deux zones de texte. Lorsque cette fonction événementielle est exécutée, l'identifiant (`attr('id')`) de la balise qui a déclenché l'événement (`$(this)`) est affiché (`text`) dans la balise d'identifiant `#resultat` (`$('#resultat')`), c'est-à-dire dans la première balise <span> :

```
$('#resultat').text($(this).attr('id'));
```

La deuxième procédure événementielle est responsable de l'affichage dans le deuxième <span>. La méthode utilisée est `blur()`. L'événement déclencheur sera donc la perte du focus :

```
$('.f').blur(function() {
```

Cette méthode concerne les balises de classe `f`, et donc les deux zones de texte. Lorsque cette fonction événementielle est exécutée, l'identifiant (`attr('id')`) de la balise qui a déclenché l'événement (`$(this)`) est affiché (`text`) dans la balise d'identifiant `#resultat2` (`$('#resultat2')`), c'est-à-dire dans la deuxième balise <span>.

La figure 8.2 montre la page Web après avoir donné le focus à la deuxième zone de texte, puis à la première.

focusin() et focusout()

Nous allons maintenant nous intéresser aux méthodes `focusin()` et `focusout()`, et montrer leurs différences par rapport aux méthodes `focus()` et `blur()`. Pour cela, deux balises `<fieldset>` contenant chacune deux balises `<input type="text">` vont

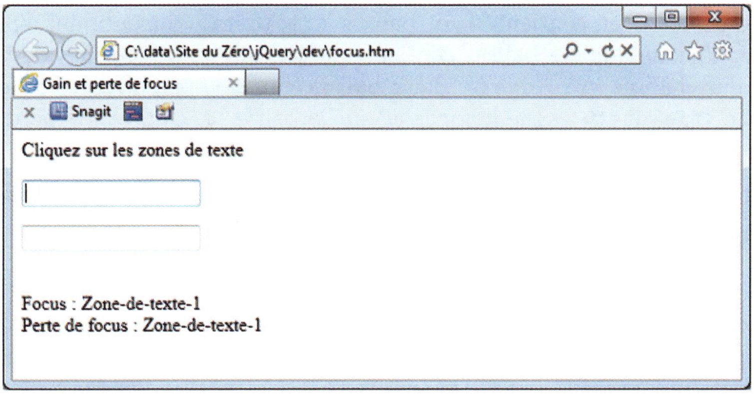

FIGURE 8.2 – Les deux <span> sont mis à jour en fonction de l'élément qui a le focus

être créées. Le gain et la perte de focus seront testés au niveau des balises `<fieldset>`. En donnant le focus à une zone de texte, l'événement sera répercuté jusqu'à la balise `<fieldset>` parent qui affichera des informations en conséquence.

```
<form>
  Cliquez sur les zones de texte<p>
  <fieldset id="premier">
    <legend>Premier groupe</legend>
    <input type="text" class="f" id="Zone-de-texte-1"><p>
    <input type="text" class="f" id="Zone-de-texte-2"><br />
  </fieldset>

  <fieldset id="deuxieme">
    <legend>Deuxième groupe</legend>
    <input type="text" class="f" id="Zone-de-texte-3"><p>
    <input type="text" class="f" id="Zone-de-texte-4"><br />
  </fieldset>
</form><br />

Focus : <span id="resultat"></span><br />
Perte de focus : <span id="resultat2"></span>

<script src="jquery.js"></script>
<script>
  $(function() {
    $('fieldset').focusin(function() {
      $('#resultat').text($(this).attr('id'));
    });
    $('fieldset').focusout(function() {
      $('#resultat2').text($(this).attr('id'));
    });
  });
</script>
```

Le corps du document contient deux balises `<fieldset>` d'identifiant `#premier` et `#deuxieme`. Chacune de ces balises contient une légende et deux zones de texte. À la suite des deux balises `<fieldset>`, deux balises `<span>` sont utilisées pour indiquer quelle balise `<fieldset>` gagne le focus et quelle balise `<fieldset>` le perd.

La première procédure événementielle teste le gain de focus. La méthode `focusin()` est appliquée aux éléments `fieldset`, c'est-à-dire aux deux balises `<fieldset>` :

```
$('fieldset').focusin(function() {
```

Lorsqu'une balise `<fieldset>` ou un de ses enfants (les balises `<legend>` et `<input type="text">`) gagne le focus, cette méthode événementielle est exécutée. L'identifiant (`attr('id')`) de la balise `<fieldset>` parent (`$(this)`) est alors affiché (`text`) dans la balise d'identifiant `#resultat` (`$('#resultat')`), c'est-à-dire dans la première balise `<span>` :

```
$('#resultat').text($(this).attr('id'));
```

Un traitement similaire affiche dans la deuxième balise `<span>` le nom de la balise `<fieldset>` qui a perdu le focus :

```
$('fieldset').focusout(function() {
  $('#resultat2').text($(this).attr('id'));
});
```

À tout hasard, remplacez les méthodes `focusin()` et `focusout()` par `focus()` et `blur()` et expérimentez le nouveau code. Maintenant, vous faites la différence entre ces deux jeux de méthodes et vous savez quand utiliser l'un ou l'autre.

resize()

Nous allons maintenant nous intéresser à la méthode événementielle `resize()`. Cette méthode est exécutée chaque fois que la fenêtre change de taille. Nous allons l'utiliser pour afficher dans une balise `<span>` les dimensions de la fenêtre chaque fois qu'elle est exécutée :

```
<span id="resultat"></span>

<script src="jquery.js"></script>
<script>
  $(function() {
    $(window).resize(function() {
      var taille = 'Taille de la fenêtre : ' + $(window).width
          () + 'px x ' + $(window).height() + 'px';
      $('#resultat').text(taille);
    });
  });
  </script>
```

Le corps du document est vraiment simple, puisqu'il ne comporte qu'une balise `<span>` dans laquelle nous afficherons les dimensions de la fenêtre. Quant au traitement, il est très simple. Dans un premier temps, les dimensions de la fenêtre (`$(window).width` et `$(window).height`) sont mémorisées dans la variable `taille` :

```
var taille = 'Taille de la fenêtre : ' + $(window).width() + '
    px x ' + $(window).height() + 'px';
```

Puis le contenu de la variable `taille` est copié (`text(taille)`) dans la balise `<span>` d'identifiant `#resultat` (`$('#resultat')`) :

```
$('#resultat').text(taille);
```

Essayez de redimensionner la fenêtre, vous verrez que cela fonctionne !

change()

Pour en terminer avec les méthodes événementielles relatives aux éléments, nous allons nous intéresser à la méthode `change()`. Cette méthode est exécutée chaque fois que le contenu de l'élément concerné change. Elle peut être utilisée sur les balises `<input>`, `<textarea>` et `<select>`. À titre d'exemple, nous allons détecter les modifications dans une liste déroulante et afficher un message en conséquence.

```
<form>
  Sélectionnez une valeur dans la liste déroulante
  <select>
    <option>J'aime jQuery</option>
    <option>J'adore jQuery</option>
    <option>Je raffole de jQuery</option>
    <option>jQuery ? Jamais entendu parler !</option>
  </select>
</form><br />

<span id="resultat"></span><br />

<script src="jquery.js"></script>
<script>
  $(function() {
    $('select').change(function() {
        $('#resultat').text('Vous venez de sélectionner "' + $(
            this).val() +'".');
    });
  });
</script>
```

Le corps du document met en place une liste déroulante qui contient quatre éléments. L'élément sélectionné dans la liste sera indiqué dans la balise `<span>` d'identifiant `#resultat`. La partie la plus intéressante du code se trouve bien évidemment entre les balises `<script>` et `</script>`. La méthode événementielle `change()` est appliquée à la balise `<select>`. Chaque fois que l'utilisateur sélectionne une valeur dans la liste, cette méthode est exécutée :

```
$('select').change(function() {
```

Le texte de l'élément sélectionné dans la liste (`$(this).val()`) est alors affiché dans la balise `<span>` d'identifiant `#resultat` (`$('#resultat').text`) :

```
$('#resultat').text('Vous venez de sélectionner "' + $(this).
    val() +'".');
```

La figure 8.3 vous montre un exemple d'exécution.

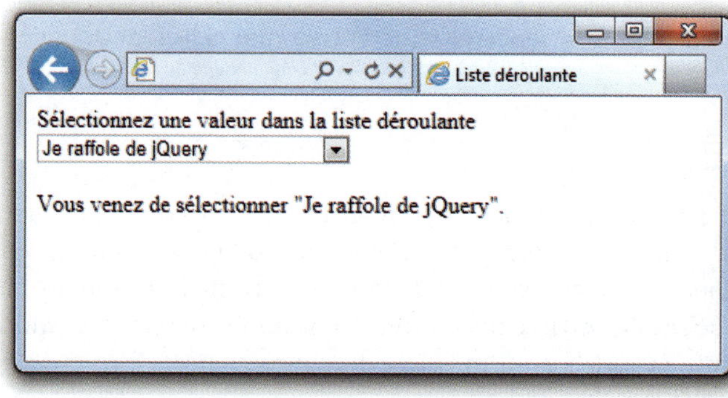

FIGURE 8.3 – Le texte est mis à jour en fonction du choix dans la liste

Les pages

Appliquée à l'élément `window`, la méthode événementielle `load()` permet de tester le complet chargement d'une page, en incluant les textes, images et autres objets qui la composent. Quant à la méthode `unload()`, elle est déclenchée lorsque l'internaute a demandé un changement de page. Voyons comment utiliser ces deux méthodes :

```
<img src="canard.jpg"><br />
<a href="http://www.siteduzero.com">Cliquez ici pour aller sur
    le Site du Zéro</a>

<script src="jquery.js"></script>
<script>
  $(function() {
    alert('Le DOM est chargé');
    $(window).load(function() {
        alert('La page est entièrement chargée');
    });
    $(window).unload(function() {
        alert('Vous avez demandé à changer de page');
    });
  });
</script>
```

Le corps du document contient une image et un lien qui pointe vers le Site du Zéro. Lorsque le DOM est disponible, une boîte de dialogue est affichée :

```
alert('Le DOM est chargé');
```

Le contenu de la page est alors chargé. Lorsque l'image et le lien sont en mémoire, la méthode événementielle `$(window).load()` s'exécute. Une autre boîte de dialogue est alors affichée :

```
alert('La page est entièrement chargée');
```

Enfin, quand l'utilisateur clique sur le lien « Cliquez ici pour aller sur le Site du Zéro », puis clique sur `Page précédente` ou `Page suivante` du navigateur ou lorsqu'il ferme ce dernier, la méthode événementielle `$(window).unload()` est exécutée, ce qui produit l'affichage d'une troisième boîte de dialogue :

```
alert('Vous avez demandé à changer de page');
```

La méthode `unload()` est toujours appliquée à l'élément `window`, c'est-à-dire à la fenêtre du navigateur. Par contre, la méthode `load()` peut être appliquée à un autre élément auquel est associé une URL : une balise `<img>`, `<script>`, `<frame>` ou `<iframe>`. Dans ce cas, le code associé à cette méthode est exécuté lorsque l'élément correspondant et ses enfants (s'ils existent) sont entièrement chargés.

Par exemple, vous utiliserez les instructions suivantes pour afficher les dimensions d'une image après son complet chargement :

```
$(#'image1').load(function() {
  alert(this.width + ' x ' + this.height);
}
```

... où `#image1` est l'identifiant de l'image.

En résumé

- Dans une méthode de gestion événementielle de type `mousedown(function(e))`, `e.which` indique quel bouton a été pressé (1 pour le bouton gauche, 2 pour le bouton central, 3 pour le bouton droit). Dans une méthode de gestion événementielle de type `keypress(function(e))`, `e.which` retourne le code ASCII de la touche pressée. Ce code peut être converti en un caractère avec la fonction JavaScript `String.fromCharCode()`.
- Vous utiliserez la méthode `focus()` pour effectuer un traitement suite au gain de focus par un élément et la méthode `blur()` pour effectuer un traitement suite à la perte de focus par un élément. Si le gain et la perte de focus peuvent également concerner les enfants de l'élément, vous utiliserez les méthodes `focusin()` et `focusout()`.
- Appliquée à l'élément `window`, la méthode `load()` permet d'exécuter du code lorsque la page est entièrement chargée, en incluant les textes, images et autres objets qui la composent. Quant à la méthode `unload()`, elle permet d'exécuter du code juste avant un changement de page demandé par l'utilisateur.

Chapitre 9

Plus loin dans la gestion événementielle

Difficulté :

Arrivés à ce point dans la lecture du cours, vous savez comment mettre en place une gestion événementielle en rapport avec la souris, le clavier et les éléments affichés sur une page Web. Je vous propose d'aller plus loin en vous faisant découvrir comment gérer plusieurs événements avec une seule méthode, déclencher des événements avec du code jQuery ou encore utiliser la délégation d'événements pour limiter le code.

Événements personnalisés

Sans le savoir, vous avez utilisé la version simplifiée de la méthode `on()` dans toutes les méthodes événementielles étudiées jusqu'ici. Le tableau suivant donne quelques correspondances entre les méthodes traditionnelles et les méthodes `on()` équivalentes.

Méthode traditionnelle	**Méthode on() équivalente**
`$(sel).click(function() {...})`	`$(sel).on('click', function() {...})`
`$(sel).scroll(function() {...})`	`$(sel).on('scroll', function() {...})`
`$(sel).keydown(function() {...})`	`$(sel).on('keydown', function(){...})`
`$(sel).focus(function() {...})`	`$(sel).on('focus', function() {...})`
`$(sel).load(function() {...})`	`$(sel).on('load', function() {...})`

Dans toutes ces expressions, `sel` représente un sélecteur jQuery quelconque.

Je pense que vous avez compris la logique permettant de convertir une méthode événementielle traditionnelle quelconque en son équivalent `on()` : il suffit de spécifier le nom de l'événement dans le premier argument de la méthode, entre apostrophes, et de spécifier la fonction événementielle dans le deuxième argument.

Mais alors, pourquoi utiliser la méthode on() et ne pas se contenter des méthodes traditionnelles ?

Comme nous allons le voir, la méthode `on()` a plusieurs avantages. Elle permet de :

- Limiter l'écriture en associant une même méthode événementielle à plusieurs éléments ;
- Relier plusieurs méthodes événementielles à un élément en une seule instruction ;
- Désactiver une méthode événementielle précédemment attachée avec la méthode `on()` ;
- Relier plusieurs méthodes événementielles entre elles. Par la suite, vous pourrez toutes les déclencher, ou toutes les désactiver en une seule instruction jQuery.

Une méthode pour gérer plusieurs événements

Si vous vouliez relier les méthodes événementielles `mouseenter()` et `mousemove()` aux balises `<img>`, vous utiliseriez les instructions suivantes :

```
$('img').mouseenter(function() { ... }
$('img').mousemove(function() { ... }
```

En passant par la méthode `on()`, une seule instruction suffit :

```
$('img').on('mouseenter mousemove', function() { ... })
```

Comme vous le voyez, il suffit de passer les méthodes événementielles dans le premier argument de la méthode `on()` en les mettant entre apostrophes et en les séparant par une espace.

Plusieurs méthodes en une seule instruction

Imaginons maintenant que vous vouliez associer les fonctions fonction1 et fonction2 aux événements mouseenter et mousemove des balises <img> de classe grand. Vous utiliserez les instructions suivantes :

```
$('img.grand').mouseenter(fonction1);
$('img.grand').mousemove(fonction2);
```

En utilisant la méthode on(), une seule ligne suffit pour associer les deux traitements aux deux événements des images de classe grand :

```
$('img.grand').on({mouseenter:fonction1, mousemove:fonction2});
```

Ce cas particulier se généralise : pour associer plusieurs événements et plusieurs fonctions de traitement aux éléments sélectionnés par un sélecteur jQuery, spécifiez les différents événements en paramètres de la méthode on() en respectant les règles suivantes :

- Chaque événement doit être suivi du caractère « : » et de la fonction de traitement associée ;
- Les événements sont séparés par une virgule ;
- Les événements sont mis entre accolades.

Désactiver une méthode de gestion événementielle

Si la méthode on() attache un événement à un élément, d'après vous, quelle méthode détache ce même événement ? Comme on pouvait s'y attendre, il s'agit de la méthode off().

Nous allons autoriser puis interdire l'événement click sur une image en utilisant les méthodes on() et off().

```
Cliquez sur l'image après avoir activé le clic<br />
<img src="canard.jpg" id='image'><br />
<button id="activer">Activer le clic</button>
<button id="desactiver">Désactiver le clic</button>

<script src="jquery.js"></script>
<script>
  $(function() {
    function traitement() {
      alert('Image cliquée');
    }
    $('#activer').on('click', function() {
      $('#image').click(traitement);
    });
    $('#desactiver').on('click', function() {
```

```
        $('#image').off('click', traitement);
    });
});
</script>
```

La fonction `traitement()` affiche une boîte de dialogue avec la fonction JavaScript `alert()`. Cette fonction sera invoquée lorsque l'utilisateur cliquera sur l'image, à condition que la méthode de gestion événementielle `click()` ait été attachée à l'image.

```
$(function() {
  function traitement() {
  alert('Image cliquée');
}
```

Lorsque l'utilisateur clique sur le bouton d'identifiant `#activer`, la méthode de gestion événementielle `click()` est attachée à l'image d'identifiant `#image`. À chaque clic sur l'image, la fonction `traitement()` sera exécutée :

```
$('#image').click(traitement);
```

Lorsque l'utilisateur clique sur le bouton d'identifiant `#desactiver`, la méthode de gestion événementielle `click()` est détachée de l'image d'identifiant `#image` :

```
$('#image').off('click', traitement);
```

Étiqueter plusieurs méthodes événementielles

Vous avez appris à attacher une méthode événementielle à un sélecteur en utilisant la méthode `on()`. Ainsi par exemple, pour attacher une méthode événementielle correspondant à l'événement « début de survol » aux balises `<img>`, vous utilisez cette instruction :

```
$('img').on('mouseenter', function() {...});
```

Pour supprimer cette méthode événementielle, vous utilisez cette instruction :

```
$('img').off('mouseover');
```

Tout ceci fonctionne parfaitement tant que vous utilisez la bibliothèque jQuery sans aucun plugin. Par contre, si un ou plusieurs plugins sont utilisés (un chapitre y est consacré), il se peut qu'ils définissent leurs propres méthodes événementielles et qu'ils les attachent aux mêmes sélecteurs que vous. Si vous utilisez la méthode `off()` en précisant un nom d'événement, comme dans l'instruction précédente, toutes les méthodes événementielles correspondant à cet événement seront supprimées : les vôtres, mais aussi celles qui sont peut-être définies dans les plugins que vous utilisez. Du coup, ces plugins risquent de ne plus fonctionner !

Première parade

Dans la sous-section « Désactiver une méthode de gestion événementielle », vous avez vu qu'il était possible de créer une fonction de traitement en JavaScript, et d'indiquer son nom lorsque vous définissez une méthode événementielle à un sélecteur. Par exemple, pour attacher une méthode événementielle correspondant à l'événement « début de survol » aux balises <img> en confiant le traitement à la fonction actions(), vous utilisez l'une de ces instructions :

```
$('img').mouseenter(actions);
$('img').on('mouseenter', actions);
```

Bien entendu, vous devrez définir la fonction actions() pour indiquer quel traitement doit être effectué :

```
function actions() {
  // Insérer les instructions de traitement appropriées
}
```

Par la suite, vous pourrez supprimer cette méthode événementielle sans toucher aux éventuelles autres qui auraient pu être associées à l'événement mouseenter. Pour cela, vous utiliserez cette instruction :

```
$('img').off('mouseenter', actions);
```

Deuxième parade

Vous pouvez affecter un « espace de noms » (*namespace* en anglais) à vos méthodes événementielles. Ne soyez pas effrayés par ce nom. En jQuery, un espace de noms peut être comparé à une classe CSS. Son but est de donner une étiquette à une ou plusieurs méthodes événementielles afin de faciliter leur manipulation. Une fois vos méthodes événementielles ainsi étiquetées, vous pourrez facilement les supprimer sans que cela nuise aux méthodes événementielles qui auraient pu être définies dans les plugins que vous utilisez.

Commencez par choisir un espace de noms. Supposons que vous utilisiez jQuery pour mettre au point un site en rapport avec le dépannage informatique, vous pourriez utiliser l'espace de noms « depanPC » pour toutes les méthodes événementielles que vous définirez. Cet espace de noms sera alors systématiquement ajouté chaque fois que vous faites appel à la méthode on(). Par exemple :

```
$('img').on('mouseenter.depanPC', function() { //traitement });
$('img').on('mouseleave.depanPC', function() { //traitement });
$('img').on('mousemove.depanPC', function() { //traitement });
```

Comme vous le voyez, il suffit d'ajouter un point suivi de l'espace de noms à chaque événement. Lorsque vous voudrez supprimer la méthode événementielle mouseleave() que vous avez mise en place, vous utiliserez l'instruction suivante :

```
$('img').off('mouseleave.depanPC');
```

Cette instruction ne supprimera pas les éventuelles autres méthodes événementielles qui auraient pu être définies dans les plugins que vous utilisez. Vous pouvez supprimer plusieurs méthodes événementielles liées à un espace de noms en une seule instruction. Supposons que vous désiriez supprimer les méthodes événementielles `mouseenter()` et `mouseleave()` liées à l'espace de noms « depanPC ». Vous utiliserez l'instruction suivante :

```
$('img').off('mouseenter.depanPC mouseleave.depanPC');
```

Supposons maintenant que vous désiriez supprimer toutes les méthodes événementielles rattachées à l'espace de noms « depanPC ». Pour cela, vous utiliserez l'instruction suivante :

```
$('img').off('.depanPC');
```

Enfin, vous pouvez supprimer les méthodes événementielles liées à plusieurs espaces de noms en une seule instruction. Par exemple, pour supprimer des espaces de noms « depanPC » et « depanMAC » de toutes les méthodes événementielles liées à l'événement `click` et appliquées aux balises `<img>`, vous utiliserez l'instruction suivante :

```
$('img').off('click.depanPC.depanMAC');
```

Ou encore, pour supprimer des espaces de noms « depanPC » et « depanMAC » de toutes les méthodes événementielles appliquées aux balises `<a>`, vous utiliserez l'instruction suivante :

```
$('a').off('.depanPC.depanMAC');
```

Pour l'instant, vous ne voyez peut-être pas très bien à quoi les espaces de noms vont vous servir, mais rassurez-vous, tout deviendra limpide lorsque vous définirez vos propres plugins jQuery.

Gestion événementielle unique

Il est parfois nécessaire de réagir à un événement la première fois qu'il se produit, puis de l'ignorer par la suite. jQuery possède une méthode pour cela : `one()`. Voyons comment mettre en œuvre cette méthode avec quelques lignes de code. Dans cet exemple, l'utilisateur pourra cliquer sur une image. Le premier clic sera pris en compte, les autres seront ignorés.

```
Cliquez sur l'image<br />
<img src="bon.gif"><br />
<span id='message'></span>

<script src="jquery.js"></script>
<script>
  $(function() {
    $('img').one('click', function() {
```

```
      $('#message').text('Vous avez cliqué sur l\'image. Dé
          sormais, je resterai insensible aux clics.').fadeIn
          (1000).fadeOut(5000);
    });
  });
</script>
```

Le corps du document contient un texte, une image et une balise `<span>` dans laquelle sera affiché un message suite au premier clic sur l'image. Le code jQuery met en place une méthode événementielle à usage unique sur l'événement `click` de la balise `<img>` :

```
$('img').one('click', function() {
```

Lorsque l'image est cliquée pour la première fois, un texte est affiché dans la balise `<span>` à l'aide de la méthode `text()`. Cette méthode est chaînée avec les méthodes `fadeIn()` et `fadeOut()` pour provoquer une apparition du message en une seconde (`fadeIn(1000)`) et une disparition du message en cinq secondes (`fadeOut(5000)`).

Déclenchement d'événements

Généralement, les événements sont déclenchés par l'utilisateur, lorsqu'il clique sur un objet, utilise la roulette de la souris ou appuie sur une touche du clavier par exemple. Dans certains cas, il peut être nécessaire de déclencher un événement sans le concours de l'utilisateur, en utilisant une instruction jQuery. Pour cela, vous ferez appel à la méthode `trigger()`, dont voici la syntaxe :

```
$(sel).trigger('ev');
```

... où `sel` est un sélecteur jQuery quelconque et `ev` est l'événement à déclencher.

Seuls les événements suivants sont déclenchables : `blur`, `change`, `click`, `dblclick`, `error`, `focus`, `keydown`, `keypress`, `keyup`, `select` et `submit`.

Voyons comment utiliser la méthode `trigger()` en pratique. Cet exemple demande à l'utilisateur de cliquer sur une image. Un message est alors affiché dans une balise `<span>`. L'utilisateur peut également cliquer sur un bouton. Dans ce cas, c'est la procédure événementielle liée au clic sur le bouton qui déclenche l'affichage du message.

```
Cliquez sur l'image<br />
<img src="bon.gif"><br />
<span id='message'></span><br />
<button>Cliquez ici</button>

<script src="jquery.js"></script>
<script>
  $(function() {
    $('img').click(function() {
```

```
      $('#message').text('L\'image a été cliquée.').fadeIn
          (1000).fadeOut(1000);
    });
    $('button').click(function() {
      $('img').trigger('click');
    });
  });
  </script>
```

L'instruction suivante définit une méthode événementielle liée au clic sur le bouton :

```
$('button').click(function() {
```

Le traitement consiste à simuler le clic sur l'image :

```
$('img').trigger('click');
```

Le message « L'image a été cliquée » est donc affiché lorsque vous cliquez sur l'image ou sur le bouton.

Il pourrait être intéressant d'afficher un message si l'image est cliquée et un autre message si le bouton est cliqué. Voici le code utilisé :

```
Cliquez sur l'image<br />
<img src="bon.gif"><br />
<span id='message'></span><br />
<button>Cliquez ici</button>

<script src="jquery.js"></script>
<script>
  $(function() {
    $('img').click(function(event,texte) {
      if (texte == undefined)
        texte = "par vous";
      $('#message').text('L\'image a été cliquée ' + texte).
          fadeIn(1000).fadeOut(1000);
    });
    $('button').click(function() {
      $('img').trigger('click', 'par jQuery');
    });
  });
</script>
```

Comme vous pouvez le constater, seul le code jQuery a été modifié. Maintenant, la fonction a deux paramètres :

```
$('img').click(function(event,texte) {
```

Le paramètre `event` sera remplacé par le nom de l'événement lorsqu'il se produira. Ici, `event` vaudra donc `click` lorsque l'image sera cliquée. Par contre, `texte` est un paramètre supplémentaire qui pourra être pris en compte lors du traitement de la méthode événementielle. Lorsque l'utilisateur clique sur l'image, aucun paramètre `texte` n'est passé à la méthode de gestion événementielle. Le paramètre texte vaut donc undefined (non défini). Dans ce cas, la valeur « par vous » doit lui être affectée pour que le message « L'image a été cliquée par vous » s'affiche dans la balise <span> :

```
if (texte == undefined)
  texte = "par vous";
```

Le message affiché a une partie fixe (« L'image a été cliquée ») et une partie variable (texte) qui dépend de l'élément cliqué par l'utilisateur. La méthode événementielle liée au clic sur le bouton simule toujours un clic sur l'image, mais cette fois-ci le texte « par jQuery » est passé à la méthode $('img').click() pour modifier le texte affiché dans la balise <span>.

```
$('button').click(function() {
  $('img').trigger('click', 'par jQuery');
});
```

Il est parfois nécessaire de passer plusieurs arguments à la méthode trigger(). Dans ce cas, mettez-les entre crochets, comme ceci :

```
$(sel).trigger('ev', ['param1', 'param2', 'param3', 'etc.']);
```

… où :

- sel est un sélecteur jQuery quelconque ;
- ev est l'événement à simuler ;
- param1, param2, param3 et les suivants s'ils existent sont les paramètres à passer à la méthode événementielle déclenchée par la méthode trigger().

Créer des événements personnalisés

Arrivés à ce point dans la lecture de ce cours, vous savez créer des méthodes événementielles en utilisant la méthode on(). Par exemple, les instructions suivantes mettent en place une méthode événementielle qui affiche une boîte de dialogue lorsque l'utilisateur clique sur un élément d'identifiant #calcul :

```
$('#calcul').on("click", function() {
  alert("Vous avez cliqué sur l'élément d'identifiant #calcul")
      ;
});
```

La méthode on() peut également être utilisée pour définir des méthodes événementielles personnalisées. Ici, nous définissons l'événement personnalisé bonjour_jquery et nous l'associons à un élément d'identifiant #bonjour :

```
$('#bonjour').on('bonjour_jquery', function() {
  alert('jQuery vous dit bonjour !');
});
```

Pour déclencher l'événement personnalisé bonjour_jquery lors du clic sur un élément d'identifiant #bonjour, vous utiliserez la méthode trigger() :

```
$('#bonjour').trigger('bonjour_jquery');
```

Voici un exemple de code complet :

```
<button id="bonjour">Cliquez ici</button>

<script src="jquery.js"></script>
<script>
  $(function() {
    $('#bonjour').on('bonjour_jquery', function() {
      alert('jQuery vous dit bonjour !');
    });
    $('#bonjour').click(function() {
      $('#bonjour').trigger('bonjour_jquery');
    });
  });
</script>
```

Le corps du document contient un bouton d'identifiant `#bonjour`. Le code jQuery définit l'événement personnalisé `bonjour_jquery` et lui fait afficher une boîte de message :

```
$('#bonjour').on('bonjour_jquery', function() {
  alert('jQuery vous dit bonjour !');
});
```

Les instructions suivantes définissent une méthode événementielle pour le clic sur le bouton d'identifiant `#bonjour` :

```
$('#bonjour').click(function() {
```

Cette méthode déclenche l'événement `bonjour_jquery`, et donc affiche la boîte de message définie dans cette méthode :

```
$('#bonjour').trigger('bonjour_jquery');
```

Est-il possible de passer des paramètres à une procédure événementielle personnalisée ?

Cela est tout à fait possible. Voici le code à utiliser :

```
<button id="bonjour">Cliquez ici</button>

<script src="jquery.js"></script>
<script>
  $(function() {
    $('#bonjour').on('bonjour_jquery', function(event, param) {
      alert(param + ', jQuery vous dit bonjour !');
    });
    $('#bonjour').click(function() {
      $('#bonjour').trigger('bonjour_jquery', 'Michel');
```

```
    });
  });
</script>
```

Comme vous pouvez le voir, deux paramètres sont passés à la fonction de retour :

```
$('#bonjour').on('bonjour_jquery', function(event, param) {
```

Utilisez le paramètre transmis comme bon vous semble. Ici par exemple, il est intégré dans le texte affiché par la boîte de message :

```
alert(param + ', jQuery vous dit bonjour !');
```

Lors du déclenchement de l'événement personnalisé `bonjour_jquery`, il suffit de passer une valeur dans le deuxième paramètre de la méthode `trigger()` :

```
$('#bonjour').trigger('bonjour_jquery', 'Michel');
```

Le résultat se trouve à la figure 9.1.

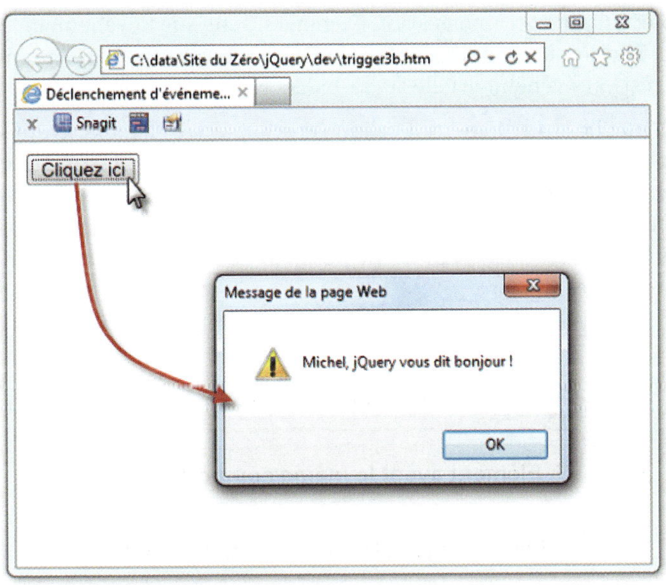

FIGURE 9.1 – Les événements personnalisés peuvent être facilement paramétrés

Délégation d'événements

jQuery est fréquemment utilisé pour ajouter des éléments dans une page Web. Si des événements sont attachés aux éléments de même type déjà existants, vous voudrez certainement attacher les mêmes événements aux nouveaux éléments. Plutôt que de définir une méthode événementielle pour chacun des nouveaux éléments, vous utiliserez la délégation d'événements. Pour cela, vous devez utiliser la méthode `on()` en lui transmettant trois arguments :

```
$('#del').on('ev', 'sel', function () {
  //Une ou plusieurs instructions
});
```

... où :

- `del` est l'élément dont on souhaite cloner le ou les gestionnaires d'événements ;
- `ev` est le nom de l'événement concerné ;
- `sel` est un sélecteur qui agit comme un filtre ;
- `function()` est la fonction à exécuter lorsque l'événement `ev` est détecté.

Lorsque l'événement `ev` se produit sur l'élément retourné par le sélecteur `$('#del')`, jQuery teste si cet événement correspond à ce qui est spécifié dans le deuxième argument de la méthode `on()`. Si c'est le cas, la fonction est exécutée.

Voyons comment fonctionne cette méthode en pratique. Dans l'exemple suivant, nous allons définir une balise `<div>`, modifier ses caractéristiques à l'aide de quelques instructions CSS et lui affecter une gestion événementielle sur l'événement `click`. Lorsque cet événement surviendra, une balise de même type sera créée à la suite de la balise cliquée, et la gestion événementielle de la balise cliquée lui sera affectée.

À la figure 9.2, un clic sur l'élément d'origine crée un autre élément ayant la même allure et le même comportement événementiel (1). Un deuxième clic sur l'élément d'origine crée un deuxième élément ayant la même allure et le même comportement événementiel (2). Étant donné que le premier élément créé a le même comportement événementiel que celui dont il est issu, il est également possible de cliquer sur cet élément pour créer un clone événementiel (3).

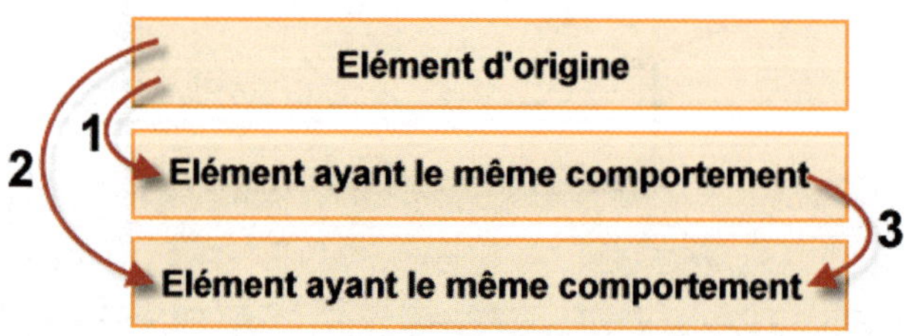

FIGURE 9.2 – Clonage du comportement de l'élément d'origine

Pour ceux qui frôlent la syncope, voici (enfin !) un peu de code :

```
<style>
  div {
    background:yellow;
    font-weight:bold;
```

```
    cursor:pointer;
    padding:8px;
  }
</style>

<div id="master">
  <div>Cliquez pour insérer un autre &ltdiv&gt</div>
</div>

<script src="jquery.js"></script>
<script>
  $('#master').on('click', 'div', function(){
    $(this).after('<div>Ce &lt;div&gt; a les mêmes caracté
        ristiques que son parent</div>');
  });
</script>
```

Le corps du document contient deux balises <div> imbriquées. La balise conteneur (#master) est celle dont on désire reproduire le comportement. Le code CSS met en forme les balises <div> du document : arrière-plan de couleur jaune, graisse des caractères initialisée à bold, pointeur de la souris transformé en une main et marges intérieures fixées à 8 pixels.

Examinons le code jQuery qui est à l'origine du clonage événementiel :

```
$('#master').on('click', 'div', function(){
  $(this).after('<div>Ce &lt;div&gt; a les mêmes caracté
      ristiques que son parent</div>');
});
```

Lorsque l'élément d'identifiant #master ($('#master')) est cliqué (on(click, ...)), jQuery vérifie qu'il s'agit bien d'un élément de type div. Dans ce cas, la fonction de retour est exécutée. Cette fonction insère une balise <div> et son contenu (<div>Ce <div> a les mêmes caractéristiques que son parent</div>) après l'élément qui vient d'être cliqué ($(this).after(...)). Vous pouvez indifféremment cliquer sur la balise <div> d'origine ou sur une des balises <div> insérées pour ajouter une nouvelle balise <div> après la dernière. La gestion événementielle a donc bien été clonée.

La figure 9.3 représente le résultat obtenu.

La délégation d'événements apporte un avantage indéniable : elle permet de réduire dans de larges proportions le nombre de gestionnaires d'événements définis dans le code. Imaginez que vous ayez plusieurs dizaines d'éléments insérés dans le conteneur pendant l'exécution du code jQuery. Sans la délégation d'événements, vous devriez définir un gestionnaire événementiel pour chacun d'entre eux !

Pour supprimer une délégation d'événements, vous utiliserez la méthode off() :

```
$('#del').off('ev', 'sel');
```

... où :

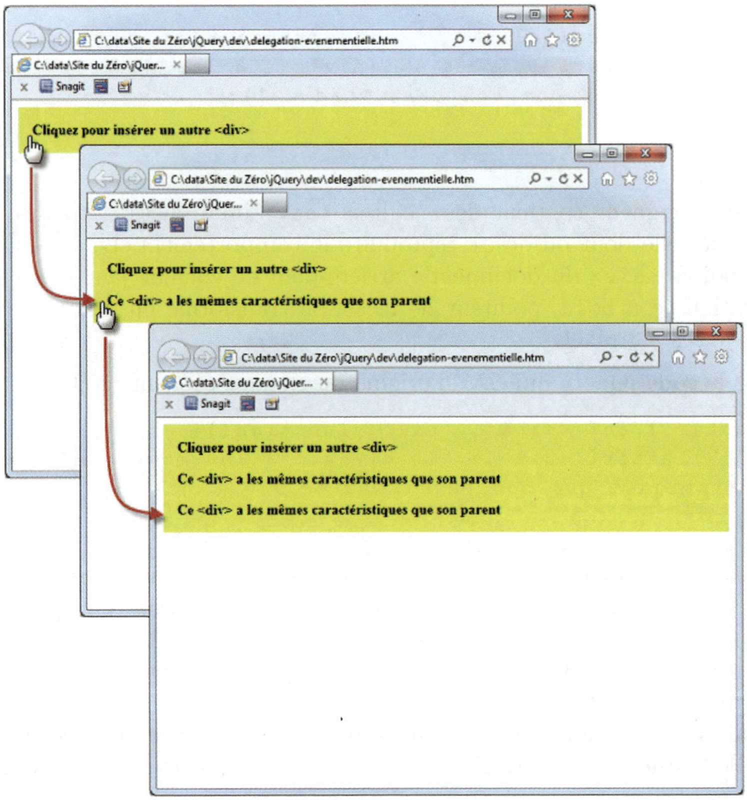

FIGURE 9.3 – Un clic sur une balise `<div>` permet d'en créer une nouvelle

- `del` est l'élément à partir duquel le ou les gestionnaires d'événements ont été clonés ;
- `ev` est le nom de l'événement concerné ;
- `sel` est un sélecteur qui agit comme un filtre.

Nous allons ajouter un bouton de commande dans le code précédent pour supprimer la délégation d'événements.

```
<button id="suppr">Supprimer la délégation d'événements</button>
```

```
$('#master').on('click', 'div', function(){
  $(this).after('<div>Ce &lt;div&gt; a les mêmes caractéristiques que son parent</div>');
});
$('#suppr').on('click', function() {
  $('#master').off('click','div');
});
```

Le code jQuery capture l'événement `click` sur le bouton d'identifiant `#suppr` :

```
$('#suppr').on('click', function() {
```

Lorsque cet événement se produit, la délégation d'événements est supprimée en faisant appel à la méthode `off()` :

```
$('#master').off('click','div');
```

En résumé

- Certains événements peuvent être déclenchés par une instruction, en utilisant la méthode `trigger()` : `blur`, `change`, `click`, `dblclick`, `error`, `focus`, `keydown`, `keypress`, `keyup`, `select` et `submit`. Par contre, les événements suivants ne sont pas déclenchables : `load`, `mousedown`, `mouseout`, `mouseover`, `mousemove`, `mouseup`, `resize` et `unload`.
- Il est possible de définir des événements personnalisés en jQuery, en utilisant la méthode `on()`. L'événement ainsi créé peut être déclenché avec la méthode `trigger()`.
- La délégation d'événements permet de cloner la gestion événementielle d'un élément à un ou plusieurs de ses enfants créés à la volée dans le code jQuery. Peu importe le nombre d'éléments créés : ils se comporteront tous (d'un point de vue événementiel) comme leur parent. Et ce, sans qu'aucun code supplémentaire ne soit écrit.

Chapitre 10

Animations et effets

Difficulté :

Dans ce chapitre, je vais vous montrer comment animer vos pages Web. Après cette lecture, vous saurez comment faire apparaître, faire disparaître et animer des objets, en utilisant et en combinant les méthodes prédéfinies dans jQuery.

Apparition et disparition

Vous avez précédemment fait connaissance avec les méthodes `show()` et `hide()`. Dans les versions élémentaires de ces deux méthodes, vous avez vu que `hide()` fait disparaître le ou les objets auxquels elle est appliquée, alors que `show()` fait apparaître le ou les objets auxquels elle est appliquée.

Ainsi l'instruction `$('div').hide();` cache toutes les balises `<div>` du document. Seulement, cette instruction fait apparaître ou disparaître les éléments correspondants immédiatement, sans aucune animation...

Apparition/disparition avec une animation

Si vous passez une durée aux méthodes `show()` et `hide()`, l'apparition ou la disparition s'animent en agissant de concert sur la hauteur, la largeur et l'opacité du ou des objets concernés. Vous pouvez passer une valeur numérique à ces méthodes pour indiquer le temps de l'animation en millisecondes ou passer la chaîne `fast` pour fixer la durée de l'animation à 200 millisecondes, ou la chaîne `slow` pour la fixer à 600 millisecondes.

Voici un exemple d'animation basé sur l'utilisation des méthodes `show()` et `hide()`. Ici, deux boutons de commande permettent d'afficher et de dissimuler les lignes paires d'un tableau.

```
<button id="affiche">Faire apparaître les lignes paires</button
    >
<button id="cache">Faire disparaître les lignes paires</button
    ><br />
<table border>
  <tr><td>a</td><td>b</td><td>c</td></tr>
  <tr><td>d</td><td>e</td><td>f</td></tr>
  <tr><td>g</td><td>h</td><td>i</td></tr>
  <tr><td>j</td><td>k</td><td>l</td></tr>
  <tr><td>m</td><td>n</td><td>o</td></tr>
</table>

<script src="jquery.js"></script>
<script>
  $(function() {
    $('tr:even').css('background','yellow');
    $('td').css('width','200px');
    $('td').css('text-align','center');
    $('#affiche').click(function() {
      $('tr:even').show('slow');
    } );
    $('#cache').click(function() {
      $('tr:even').hide(1000);
    });
  });
</script>
```

▷ Essayer ce code
Code web : 785877

Le corps du document définit les boutons `#affiche` et `#cache` ainsi qu'un tableau composé de cinq lignes et de trois colonnes. La mise en forme du tableau est effectuée en jQuery. Dans un premier temps, une couleur d'arrière-plan jaune est affectée aux lignes paires du tableau, puis la largeur de toutes les cellules du tableau est fixée à 200 pixels. Enfin, le contenu des cellules est centré.

Lorsque l'utilisateur clique sur le premier bouton, la procédure événementielle associée (`$('#affiche').click()`) est exécutée. Les lignes paires sont alors affichées (si elles étaient cachées) en utilisant une animation lente :

```
$('tr:even').show('slow');
```

Lorsque l'utilisateur clique sur le deuxième bouton, la procédure événementielle associée (`$('#cache').click()`) est exécutée. Les lignes paires sont alors cachées (si elles étaient affichées) en utilisant une animation d'une durée de 1000 millisecondes :

```
$('#cache').click(function() {
  $('tr:even').hide(1000);
}
```

Si les valeurs prédéfinies `fast` et `slow` ne vous suffisent pas, vous pouvez les redéfinir, voire même en ajouter d'autres. Vous agirez pour cela sur l'objet `jQuery.fx.speeds`. Par exemple, l'instruction suivante redéfinit la valeur `slow` et lui affecte une durée de 1500 millisecondes :

```
jQuery.fx.speeds.slow = 1500;
```

L'instruction suivante ajoute la valeur `super-slow` et lui affecte une durée de 3000 millisecondes :

```
jQuery.fx.speeds['super-slow'] = 3000;
```

Ces valeurs pourront être utilisées dans les méthodes `show()` et `hide()`, mais également dans les méthodes `fadeIn()`, `fadeOut()`, `fadeTo()`, `slideDown()`, `slideUp()`, `slideToggle()` et `animate()`, qui seront étudiées un peu plus loin dans ce chapitre.

Animation avec un modèle de progression

En précisant un deuxième paramètre dans les méthodes `show()` et `hide()`, vous pouvez choisir un modèle de progression de l'animation. Deux modèles sont disponibles dans jQuery : le modèle par défaut (`swing`) et le modèle de progression linéaire (`linear`). Voici comment les incorporer aux méthodes `show()` et `hide()` :

```
show('slow','linear');
hide(1000,'swing');
```

La deuxième instruction est équivalente à l'instruction `hide(1000);` puisque le modèle `swing` est utilisé par défaut s'il n'est pas spécifié.

En faisant appel à des plugins jQuery, vous pouvez utiliser d'autres modèles de progression. Ne vous inquiétez pas, j'en parle plus loin dans ce cours.

Apparition/disparition en cascade

Il est possible d'utiliser une fonction de rappel dans les méthodes `show()` et `hide()`. Cette méthode est appelée lorsque l'affichage/la dissimulation est terminé. Par exemple, cette instruction affiche une boîte de dialogue lorsque la dissimulation des images est terminée :

```
$('img').hide('slow', function message() {
  alert('Les images sont maintenant cachées');
});
```

En faisant référence au premier élément lors de l'exécution de la fonction `hide()`, et en définissant une fonction de rappel qui fait référence aux autres éléments avec la méthode `next()`, il est possible de faire disparaître un à un les éléments concernés par le sélecteur. Un peu comme dans un jeu de dominos : le premier domino s'écroule, entraînant dans sa chute le deuxième domino, qui entraîne dans sa chute le troisième, et ainsi de suite. Ici, le premier élément disparaît (ou apparaît si vous utilisez la méthode `show()`). Lorsque l'animation est terminée, la fonction de rappel fait disparaître (ou apparaître) l'élément suivant. Ainsi de suite jusqu'au dernier élément concerné par le sélecteur.

En utilisant ce principe, voyons comment enchaîner l'apparition/la disparition des images insérées dans un document.

```
<button id="affiche">Faire apparaître les images</button>
<button id="cache">Faire disparaître les images</button><br />
<img src="bon.png">
<img src="mauvais.png">
<img src="question.png">

<script src="jquery.js"></script>
<script>
  $(function() {
    $('#affiche').click(function() {
      $('img').first().show('slow', function showNextOne() {
        $(this).next('img').show('slow', showNextOne);
      });
    });
    $('#cache').click(function() {
      $('img').first().hide('slow', function hideNextOne() {
        $(this).next('img').hide('slow', hideNextOne);
      });
    });
  });
</script>
```

▷ Essayer ce code
Code web : 260785

Le corps du document contient deux boutons d'identifiants `#affiche` et `#cache` et trois images sans identifiant, simplement affichées l'une à la suite de l'autre. Lorsque l'utilisateur clique sur le premier bouton, la méthode événementielle `click()` associée est exécutée. La première image (`$('img').first()`) est affichée (`show()`). Cet affichage est lent (`slow`), et la fonction `showNextOne()` est exécutée à la fin de l'animation. À son tour, la fonction `showNextOne()` affiche lentement (`slow`) l'image suivante (`$(this).next('img')`). Cette fonction étant appelée lorsque l'image est entièrement affichée, l'affichage se poursuit jusqu'à la dernière image incluse dans le document.

Lorsque l'utilisateur clique sur le deuxième bouton, la méthode événementielle associée est exécutée. Cette méthode est en tout point similaire à la précédente, si ce n'est que les images disparaissent une à une en utilisant la méthode `hide()`.

Fondu enchaîné

Les méthodes `fadeIn()` et `fadeOut()` sont complémentaires des méthodes `hide()` et `show()`. Elles agissent toutes deux progressivement sur l'opacité d'un élément. La première affiche l'élément et la deuxième fait disparaître l'élément.

Apparition/disparition

Dans leur forme la plus simple, les méthodes `fadeIn()` et `fadeOut()` ne demandent aucun paramètre. Dans ce cas, l'apparition ou la disparition se fait en 400 millisecondes :

```
$('sel').fadeIn();
$('sel').fadeOut();
```

En passant une valeur numérique à ces méthodes, vous pouvez indiquer le temps de l'animation en millisecondes. Vous pouvez aussi passer la chaîne `fast` pour fixer la durée de l'animation à 200 millisecondes, ou la chaîne `slow` pour la fixer à 600 millisecondes :

```
$('sel').fadeIn('fast');
$('sel').fadeOut('slow');
```

En ajoutant un deuxième paramètre dans les méthodes `fadeIn()` et `fadeOut()`, vous pouvez choisir un modèle de progression de l'animation. Deux modèles sont disponibles dans jQuery : le modèle par défaut (`swing`) et le modèle de progression linéaire (`linear`). Voici comment les incorporer aux méthodes `show()` et `hide()` :

```
$('sel').fadeIn(1200,'linear');
$('sel').fadeOut(1000,'swing');
```

Tout comme pour les méthodes `show()` et `hide()`, vous pouvez faire appel à des plugins jQuery pour utiliser d'autres modèles de progression.

Modification de l'opacité

Pour modifier progressivement l'opacité d'un élément sans aller jusqu'à sa disparition ou sa complète opacité, vous utiliserez la méthode `fadeTo()`, dont voici la syntaxe :

```
$('sel').fadeTo(durée, opacité);
```

... où :

- `sel` est un sélecteur jQuery ;
- `durée` est la durée de l'animation. Indiquez un entier qui représente une durée en millisecondes ou une chaîne (`fast`, `normal` ou `slow` pour fixer la durée à 200, 400 ou 600 millisecondes) ;
- `opacité` est un nombre décimal compris entre 0 (transparent) et 1 (opaque).

Si nécessaire, vous pouvez définir une fonction de rappel, qui sera appelée à la fin de l'animation :

```
$('sel').fadeTo(durée, opacité, function() {
  // Une ou plusieurs instructions
});
```

À titre d'exemple, vous utiliserez l'instruction suivante pour faire passer l'opacité d'un élément d'identifiant `#semiT` de sa valeur actuelle à 0,4 :

```
$('#semiT').fadeTo(3000, 0.4);
```

Un diaporama en deux instructions

Je vous propose de mettre tout ça en pratique afin de réaliser un diaporama basique. Nous allons empiler plusieurs images en les faisant disparaître grâce à la méthode `fadeOut()`. Voici le code :

```
<style type="text/css">
  img { position: absolute; left: 0px; top: 0px; }
  #img1 {z-index: 1;}
  #img2 {z-index: 2;}
  #img3 {z-index: 3;}
  #img4 {z-index: 4;}
  #img5 {z-index: 5;}
</style>

<img src="zozor5.jpg" id="img5">
<img src="zozor4.jpg" id="img4">
<img src="zozor3.jpg" id="img3">
<img src="zozor2.jpg" id="img2">
<img src="zozor1.jpg" id="img1">

<script src="jquery.js"></script>
<script>
  $(function() {
```

```
        $('img').first().fadeOut(2000, function suivante() {
            $(this).next('img').fadeOut(2000,suivante);
        });
    });
</script>
```

Le corps du document se contente d'afficher cinq images d'identifiants `#img5` à `#img1`. Quelques instructions CSS suffisent pour que les images s'empilent les unes sur les autres. Pour cela, les images sont positionnées au même emplacement et un `z-index` différent est affecté à chacune d'entre elles pour provoquer l'empilement (plus la propriété `z-index` est élevée, plus l'image se trouve en avant-plan ; ici, l'image `#img5` sera donc au premier plan).

Dès l'ouverture de la page, le code jQuery commence à afficher le diaporama. La première image disparaît en 2 secondes en utilisant la méthode `fadeOut()`, puis la fonction `suivante()` est appelée :

```
$('img').first().fadeOut(2000, function suivante() {
```

Cette fonction accède à l'image suivante (`$(this).next('img')`), lui applique un `fadeOut()` réglé sur 2 secondes, puis appelle la fonction `suivante()` :

```
$(this).next('img').fadeOut(2000,suivante);
```

Vous l'aurez compris : la fonction `suivante()` est appelée jusqu'à la dernière image, provoquant ainsi un fondu enchaîné sur toutes les images empilées.

Une fois les cinq images dissimulées, plus rien ne se passe. Est-il possible de boucler sur la première image pour faire un diaporama sans fin ?

Effectivement, lorsque toutes les images ont été dissimulées avec la méthode `fadeOut()`, la fenêtre reste désespérément vide. J'espère que vous ne m'en voudrez pas trop mais... je vous montrerai comment réaliser des diaporamas un peu plus loin dans ce cours. Pour l'instant, il est encore trop tôt et j'espère que vous pourrez vous contenter de cette ébauche de diaporama.

Aller plus loin

Déplier/replier des éléments

Arrivés à ce point dans la lecture de ce chapitre, vous savez faire apparaître et disparaître des éléments en utilisant les méthodes `show()`, `fadeIn()`, `hide()` et `fadeOut()`. Je vous propose de découvrir comment déplier et replier des éléments en modifiant simultanément leur hauteur et leur largeur. Pour cela, vous utiliserez les méthodes `slideDown()`, `slideUp()` et `slideToggle()` :

- `slideDown()` augmente la hauteur et la largeur de la sélection jusqu'à atteindre la dimension « native » de chaque élément ;

- `slideUp()` diminue la hauteur et la largeur de la sélection jusqu'à ce qu'elle disparaisse ;
- `slideToggle()` inverse l'animation : si les objets sélectionnés ont une taille nulle, leur hauteur et leur largeur sont augmentées jusqu'à ce qu'ils atteignent leur dimension. Par contre, s'ils ont une taille non nulle, leur hauteur et leur largeur sont diminuées jusqu'à ce qu'ils disparaissent.

Tout comme les autres méthodes d'animation étudiées jusqu'ici, il est possible de passer zéro, un ou plusieurs paramètres à ces méthodes. Voici quelques exemples qui vous aideront à mieux comprendre comment réagissent ces méthodes en fonction des paramètres qui leur sont passés.

Désactiver les animations

De nombreux sites Web utilisent couramment les animations dont nous venons de parler. Si, vous aussi, vous en faites usage dans vos pages, je vous conseille d'insérer un lien permettant de les désactiver.

Mais pourquoi désactiver les animations que nous avons mis du temps à développer ?

La plupart de vos visiteurs apprécieront vos animations, mais il faut aussi penser à ceux et celles qu'elles pourraient déranger ! D'autant plus que cette opération est élémentaire en jQuery : pour désactiver toutes les animations, il vous suffit d'affecter la valeur `true` à l'objet `jQuery.fx.off` :

```
jQuery.fx.off = true;
```

Et si, par la suite, vous voulez réactiver les animations, vous affecterez la valeur `false` à ce même objet. L'activation et la désactivation des animations pourraient être déclenchées suite au clic sur un lien hypertexte que vous placerez dans vos pages. Le plus simple consiste à créer deux classes :

```
$('.stopAnim').click(function() {
  jQuery.fx.off = true;
});
$('.execAnim').click(function() {
  jQuery.fx.off = false;
});
```

C'est tout bête mais ça fonctionne très bien !

Définir un délai avant une animation

Il est parfois nécessaire de définir un délai avant d'exécuter une animation. Pour cela, le plus simple consiste à utiliser la méthode jQuery `delay()`, en précisant le délai souhaité en millisecondes. Par exemple, supposons que vous vouliez afficher un message avec la méthode `fadeIn()`, le laisser affiché pendant deux secondes pour qu'il ait le temps d'être lu, puis l'effacer avec la méthode `fadeOut()`. Vous pourriez utiliser quelque chose comme ceci :

```
<style>
  #message { display: none; background-color: yellow; }
</style>

<span id="message">Ce texte sera affiché pendant deux secondes </span><br /><br />
<button id="afficheMessage">Afficher le message</button>

<script src="jquery.js"></script>
<script>
 $(function() {
   $('#afficheMessage').click(function() {
     $('#message').fadeIn('slow').delay(2000).fadeOut('slow');
   });
 });
</script>
```

Le corps du document affiche une balise `<span>` dans laquelle se trouve le message, et un bouton pour déclencher l'affichage du message. Pour éviter que le message ne soit affiché à l'ouverture de la page, une instruction CSS affecte la valeur `none` à la propriété `display` de la balise `<span>`. Lorsque le bouton est cliqué par l'utilisateur, le texte contenu dans la balise `<span>` s'affiche progressivement (`fadeIn('slow')`), reste affiché pendant 2 secondes (`delay(2000)`), puis disparaît progressivement (`fadeOut('slow')`).

Définir une animation personnalisée

Les méthodes passées en revue jusqu'ici étaient basées sur des effets préprogrammés dans la bibliothèque jQuery. Dans cette section, je vais vous montrer comment créer des animations personnalisées en agissant sur une ou plusieurs propriétés CSS via la méthode `animate()`. Cette méthode admet deux syntaxes.

Première syntaxe

Cette syntaxe est la plus fréquemment utilisée. Elle permet de faire évoluer plusieurs propriétés de concert. Il est possible de choisir la durée de l'animation, le modèle de progression de l'animation et, si cela est nécessaire, d'exécuter une fonction lorsque l'animation est terminée :

```
$('sel').animate({ prop1: val1, prop2: val2, prop3: val3, etc. }, durée, modèle, function() {
  //Une ou plusieurs instructions
});
```

... où :

- `sel` est un sélecteur jQuery.
- `prop1`, `prop2` et `prop3` sont des propriétés CSS et `val1`, `val2` et `val3` les valeurs associées. Une valeur numérique sera interprétée comme un nombre de pixels. Une valeur du type « +=50 » demandera d'ajouter progressivement 50 pixels à la propriété. Inversement, la valeur « -=50 » demandera de soustraire progressivement 50 pixels à la propriété. Vous pouvez également utiliser les chaînes `show`, `hide` et `toggle` pour respectivement afficher, dissimuler et inverser la propriété.
- `durée` est la durée de l'animation (entier en millisecondes ou chaîne `fast`, `normal` ou `slow`).
- `modèle` est le modèle de progression de l'animation (`swing`, `linear` ou un modèle issu d'un plugin).
- `function()` contient une ou plusieurs instructions qui seront exécutées lorsque l'animation sera terminée.

Dans cette syntaxe, `durée`, `modèle` et la fonction sont facultatifs. Si vous ne spécifiez qu'un ou plusieurs couples propriétés/valeurs CSS, l'animation durera 400 millisecondes.

Les données spécifiées dans le premier argument de la méthode `animate()` peuvent être :

- Des valeurs littérales : « 0.25 », « 50 », « 'yellow' » ;
- Des valeurs relatives : « +=100 » pour augmenter de 100 pixels ou « -=30 » pour diminuer de 30 pixels ;
- Des pourcentages : « 15% » ;
- Des modèles de progression : `swing`, `linear` ou d'autres modèles accessibles via des plugins ;
- Le mot clé `toggle` pour inverser l'animation.

Deuxième syntaxe

Dans cette syntaxe, le deuxième argument de la méthode `animate()` est un objet qui peut contenir une ou plusieurs options identifiées par des mots-clés. Elle est utilisée dans des cas particuliers, comme par exemple l'exécution d'une fonction à chaque étape de l'animation, la gestion des files d'attente d'animations ou encore l'utilisation de plusieurs modèles de progression pour faire évoluer les différentes propriétés CSS :

```
$('sel').animate({ prop1: val1, prop2: val2, prop3: val3, etc.
    }, {options});
```

... où :

- `sel` est un sélecteur jQuery ;
- `prop1`, `prop2` et `prop3` sont des propriétés CSS et `val1`, `val2` et `val3` les valeurs associées ;
- `options` est un objet qui peut contenir une ou plusieurs des propriétés suivantes :
  - `duration` : durée de l'animation (entier en millisecondes ou chaîne `fast`, `normal` ou `slow`) ;

- `easing` : modèle de progression de l'animation (`swing`, `linear` ou un modèle issu d'un plugin) ;
- `complete` : fonction appelée lorsque l'animation est terminée ;
- `step` : fonction appelée à chaque étape de l'animation ;
- `queue` : valeur booléenne qui indique si l'animation doit (`true`) ou ne doit pas (`false`) être placée dans une file d'attente réservée aux animations. Si la valeur `false` est attribuée à cette propriété, l'animation démarre immédiatement. Dans le cas contraire, elle est en attente de déclenchement.
- `specialEasing` : un ou plusieurs couples propriétés CSS/modèle de progression.

En résumé

- Lorsque les méthodes `show()`, `hide()`, `fadeIn()`, `fadeOut()`, `fadeTo()`, `slideDown()`, `slideUp()` et `slideToggle()` sont utilisées sans argument, leur durée d'exécution est par défaut égale à 400 millisecondes. Si vous le souhaitez, il est possible de choisir une autre durée. Vous pouvez utiliser la chaîne `fast` pour fixer la durée à 200 millisecondes ou la chaîne `slow` pour fixer la durée à 600 millisecondes. Mais vous pouvez également passer un nombre entier qui représente une durée en millisecondes.
- Deux modèles de progression sont disponibles pour vos animations : `linear` et `swing`. Si vous voulez utiliser d'autres modèles de progression, vous devrez utiliser un ou plusieurs plugins.
- Les méthodes `fadeIn()`, `fadeOut()` et `fadeTo()` permettent d'agir sur l'opacité des éléments sélectionnés. La première fait apparaître la sélection en augmentant l'opacité jusqu'à 1.La deuxième fait disparaître la sélection en diminuant l'opacité jusqu'à 0. La troisième augmente ou diminue l'opacité jusqu'à ce qu'elle atteigne la valeur spécifiée.
- Pour replier des éléments vers le haut ou vers le bas, vous pouvez utiliser les méthodes `slideDown()`, `slideUp()` et `slideToggle()`. Un niveau minimum en anglais vous laisse supposer que la première méthode déplie la sélection vers le bas et la deuxième replie la sélection vers le haut. Quant à la troisième, elle agit comme `slideDown()` ou comme `slideUp()` en fonction de l'état (déplié ou replié) de la sélection.
- L'objet `jQuery.fx.off` permet d'activer et de désactiver les animations. Affectez-lui la valeur `true` pour désactiver toutes les animations et la valeur `false` pour autoriser les animations.
- La méthode `delay()` permet de différer l'exécution d'une animation. Vous pouvez l'insérer dans un chaînage d'animations.
- Il est possible de définir des animations en faisant évoluer progressivement une ou plusieurs propriétés CSS via la méthode `animate()`. Ces animations sont dites personnalisées.

Chapitre 11

Files d'attente et timer

Difficulté :

Ce chapitre poursuit votre formation sur les animations. Vous y découvrirez entre autres comment enchaîner vos animations, ou au contraire comment les exécuter simultanément, comment répéter sans fin une animation, et comment mettre en place un *timer* pour exécuter du code à intervalles réguliers.

Les files d'attente jQuery

Les animations jQuery sont asynchrones, c'est-à-dire qu'elles s'exécutent en tâche de fond. Si vous enchaînez deux animations en utilisant une instruction du type suivant :

```
$('sel').animate(...).animate(...);
```

... alors la deuxième animation commence quand la première est terminée. Il s'agit là du comportement par défaut de jQuery : les animations sont placées dans une file d'attente et s'enchaînent, les unes à la suite des autres. Si vous souhaitez que plusieurs animations s'exécutent en même temps, il suffit d'indiquer les propriétés CSS à modifier dans le premier argument de la méthode `animate()` :

```
$('sel').animate({ prop1: val1, prop2: val2, } ...);
```

Mais, dans ce cas, la vitesse d'exécution de chaque animation est commune. Si vous voulez exécuter plusieurs animations en même temps, chacune ayant une vitesse d'exécution qui lui est propre, vous devez utiliser une technique particulière, basée sur l'utilisation de la propriété `queue` dans la deuxième syntaxe de la méthode `animate()` :

```
$('sel').animate({ prop1: val1, prop2: val2, prop3: val3, etc.
    }, {queue: ...});
```

Voyons tout cela en raisonnant sur un exemple pratique. Nous allons appliquer deux animations à une image : la première augmentera progressivement la largeur de la bordure et la deuxième diminuera progressivement la taille de l'image. Voici le code utilisé :

```
<button id="enchainer">Enchaîner les animations</button>
<button id="nePasEnchainer">Ne pas enchaîner les animations</
    button><br />
<button id="executerEnMemeTemps">Exécuter les animations en mê
    me temps</button>
<button id="etatInitial">État initial</button><br /><br />
<img src="logo.png" style="border: 2px black solid;">

<script src="jquery.js"></script>
<script>
  $(function() {
    $('#enchainer').click( function() {
      $('img').animate({ 'border-width': '100'}, 1500 )
              .animate({ 'width': '-=100'}, 1500);
    });
    $('#nePasEnchainer').click( function() {
      $('img').animate({ 'border-width': '100'}, { queue: false
          , duration: 1500 })
              .animate({ 'width': '-=100'}, 1500);
    });
    $('#executerEnMemeTemps').click( function() {
      $('img').animate({ 'border-width': '100', 'width': '-=100
          ' }, 1500);
```

```
    });
    $('#etatInitial').click( function() {
      $('img').css({'border-width': '2px', width: '200'});
    });
  });
</script>
```

▷ Essayer ce code
Code web : 128282

Le corps du document définit quatre boutons ainsi qu'une image dont la bordure est définie par un style CSS.

Lorsque le premier bouton est cliqué par l'utilisateur, la bordure de l'image s'agrandit jusqu'à 100 pixels en 1500 millisecondes :

```
$('img').animate({ 'border-width': '100'}, 1500 )
```

Une fois cette première animation terminée, la largeur de l'image diminue de 100 pixels en 1500 millisecondes :

```
.animate({ 'width': '-=100'}, 1500);
```

Affichez cette page dans un navigateur et cliquez sur le premier bouton. Comme vous pouvez le voir, la bordure de l'image est modifiée, puis l'image est redimensionnée.

Lorsque le deuxième bouton est cliqué, la bordure de l'image s'agrandit jusqu'à 100 pixels en 1500 millisecondes. Comme la propriété `queue` est initialisée à `false`, la deuxième animation est exécutée en même temps que la première. Étant donné que les deux animations ont la même durée, elles s'exécuteront exactement en même temps :

```
$('img').animate({ 'border-width': '100'}, { queue: false,
    duration: 1500 })
        .animate({ 'width': '-=100'}, 1500);
```

Affichez cette page dans un navigateur et cliquez sur le deuxième bouton. La modification de la bordure et le redimensionnement de l'image se font en parallèle.

Lorsque le troisième bouton est cliqué, les deux animations sont exécutées en parallèle :

```
$('img').animate({ 'border-width': '100', 'width': '-=100' },
    1500);
```

Affichez cette page dans un navigateur et essayez de trouver une différence entre les animations associées au deuxième et au troisième bouton... Vous avez du mal à les différencier ? Cela est tout à fait normal, puisqu'elles produisent le même effet.

Mais alors, pourquoi utiliser le code du deuxième bouton ? Il est bien plus complexe et il produit le même effet !

Vous avez raison, à un détail près : si les deux traitements produisent le même effet, c'est parce que les deux animations ont une durée identique. Essayez de modifier la valeur affectée à la propriété `duration`, dans la méthode `$('#nePasEnchainer').click()`. Affectez-lui par exemple la valeur 500 et visualisez le résultat. Affectez maintenant la valeur 3000 à cette propriété et visualisez le résultat. Je suis sûr que maintenant vous comprenez l'intérêt du code attaché au deuxième bouton.

Lorsque le quatrième bouton est cliqué, les propriétés CSS `border-width` et `width` de l'image sont initialisées à leurs valeurs originales, ce qui permet de retrouver l'image telle qu'elle était affichée à l'ouverture de la page :

```
$('img').css({'border-width': '2px', width: '200'});
```

État de la file d'attente

Quand plusieurs animations s'enchaînent sur un même objet, elles sont placées dans une file d'attente, prêtes à s'exécuter les unes après les autres. Pour connaître l'état de la file d'attente pour un objet particulier, vous lui appliquerez la méthode `queue()` sans aucun argument. Par exemple, pour connaître l'état de la file d'attente pour un élément d'identifiant `#monElement`, vous utiliserez cette instruction :

```
var resultat = $('#monElement').queue();
```

La méthode `queue()` retourne un tableau. Le nombre d'animations en attente d'exécution est égal au nombre d'éléments du tableau, et donc à `resultat.length`.

Pour illustrer cette méthode, nous allons nous appuyer sur quelques lignes de code jQuery. Nous allons appliquer une ou plusieurs animations à une image et tester le nombre d'animations en attente d'exécution en cliquant sur un bouton. Voici le code utilisé :

```
<button id="droite">Droite</button>
<button id="gauche">Gauche</button>
<button id="bas">Bas</button>
<button id="haut">Haut</button>
<button id="etatFile">État de la file d'attente</button><br />
<span id="infos">Cliquez sur « État de la file d'attente »</span><br /><br />
<img src="logo.png" style="position: relative;">

<script src="jquery.js"></script>
<script>
  $(function() {
    $('#droite').click( function() {
      $('img').animate({left: '+=50'}, 2000);
    });
    $('#gauche').click( function() {
      $('img').animate({left: '-=50'}, 2000);
    });
    $('#bas').click( function() {
      $('img').animate({top: '+=50'}, 2000);
```

```
    });
    $('#haut').click( function() {
      $('img').animate({top: '-=50'}, 2000);
    });
    $('#etatFile').click(function() {
      var n = $('img').queue();
      $('#infos').text('Nombre d\'animations dans la file d\'
          attente : ' + n.length);
    });
  });
</script>
```

▷ Essayer ce code
Code web : 812929

Le document contient cinq boutons, une balise <span> et une image positionnée en relatif dans la page de façon à pouvoir être déplacée facilement. Très classiques, les quatre premiers boutons appliquent une animation de 2 secondes à l'image en la déplaçant respectivement vers la droite, vers la gauche, vers le bas et vers le haut. Par exemple, lorsque le bouton `#haut` est cliqué, le code suivant s'exécute :

```
$('img').animate({top: '-=50'}, 2000);
```

La vitesse de l'animation est volontairement longue. Cela permet à l'utilisateur de mettre plusieurs animations dans la file d'attente.

Lorsque le cinquième bouton est cliqué, la méthode `queue()` est appelée afin de connaître le nombre d'animations dans la file d'attente. L'objet retourné par la méthode `queue()` est stocké dans la variable `n` :

```
var n = $('img').queue();
```

En appliquant la fonction JavaScript `length` à cette variable, on obtient le nombre d'animations en attente d'exécution. Cette information est affichée dans la balise <span> `#infos` :

```
$('#infos').text('Nombre d\'animations dans la file d\'attente
    : ' + n.length);
```

Manipuler la file d'attente

Dans les sections précédentes, vous avez appris à utiliser la propriété `queue` pour indiquer si une animation devait ou ne devait pas être placée dans la file d'attente, et la méthode `queue()` pour connaître l'état de la file d'attente. Vous allez maintenant apprendre à utiliser les méthodes `queue()`, `dequeue()` et `clearQueue()` pour manipuler la file d'attente :

- queue() ajoute une animation dans la file d'attente ;
- dequeue() joue puis supprime une animation de la file d'attente ;
- clearQueue() vide la file d'attente.

Comme toujours, c'est par la pratique que vous allez comprendre le fonctionnement de ces méthodes. Dans cet exemple, deux images sont affichées dans le navigateur. À l'aide de quatre boutons de commande, vous allez pouvoir :

- Jouer une animation, puis, lorsqu'elle sera terminée, ajouter d'autres animations dans la file d'attente avec la méthode queue() ;
- Supprimer le contenu de la file d'attente ;
- Remplacer le contenu de la file d'attente ;
- Ajouter une fonction de retour à la file d'attente.

Voici le code utilisé :

```
<button id="ajouter">Ajouter animation</button>
<button id="annuler">Annuler la file d'attente</button><br />
<button id="remplacer">Remplacer la file d'attente</button>
<button id="retour">Ajouter une fonction de retour</button><br
    />
<img src="bon.gif" id="bon" style="position: relative;">
<img src="mauvais.gif" id="mauvais" style="position: relative;"
    >

<script src="jquery.js"></script>
<script>
  $(function() {
    $('#ajouter').click( function() {
      $('#bon').toggle(5000).queue(function() {
        $('#mauvais').animate({left: '+=200'}, 'slow')
                     .animate({top: '+=200'}, 'slow')
                     .animate({left: '-=200'}, 'slow')
                     .animate({top: '-=200'}, 'slow');
      });
    });
    $('#annuler').click( function() {
      $('img').clearQueue();
    });
    $('#remplacer').click( function() {
      $('#mauvais').css('left', 200).css('top', 200);
      $('#mauvais').queue(function() {
        $(this).animate({top: '-=200'}, 'slow')
               .animate({top: '+=200', 'left': '-=200'}, 'slow'
                   )
               .animate({top: '-=200'}, 'slow');
        $(this).dequeue();
      });
    });
    $('#retour').click( function() {
      $('img').queue(function() {
```

```
            alert('Animation terminée.');
            $(this).dequeue();
          });
      });
  });
</script>
```

Lorsque le premier bouton (`#ajouter`) est cliqué, la méthode `toggle` est appliquée à l'image d'identifiant `#bon` pour la faire disparaître ou apparaître, selon qu'elle soit visible ou non :

```
$('#bon').toggle(5000)
```

Lorsque cette première animation est terminée (c'est-à-dire au bout de 5 secondes), quatre autres animations sont placées dans la file d'attente à l'aide de la méthode `queue()` :

```
.queue(function() {
  $('#mauvais').animate({left: '+=200'}, 'slow')
  .animate({top: '+=200'}, 'slow')
  .animate({left: '-=200'}, 'slow')
  .animate({top: '-=200'}, 'slow');
   });
});
```

Le code associé au deuxième bouton de commande est simplissime : il se contente d'appeler la méthode `clearQueue()` pour effacer le contenu de la file d'attente :

```
$('#annuler').click( function() {
  $('img').clearQueue();
});
```

Lorsque le troisième bouton est cliqué, la méthode `css()` est invoquée à deux reprises pour déplacer l'image `#mauvais` en (200, 200) :

```
$('#mauvais').css('left', 200).css('top', 200);
```

Une animation sur l'image `#mauvais` est placée dans la file d'attente :

```
$('#mauvais').queue(function() {
  $(this).animate({top: '-=200'}, 'slow')
         .animate({top: '+=200', 'left': '-=200'}, 'slow')
         .animate({top: '-=200'}, 'slow');
```

En invoquant la méthode `dequeue()`, cette animation est jouée immédiatement et enlevée de la file d'attente :

```
$(this).dequeue();
```

Enfin, lorsque le quatrième bouton est cliqué, une fonction de retour est ajoutée à la file d'attente via la méthode `queue()`. Cette fonction se contente d'afficher une boîte de message pour indiquer que l'animation est terminée :

```
$('img').queue(function() {
      alert('Animation terminée.');
      $(this).dequeue();
 });
```

Répéter une animation sans fin

Toutes les animations jQuery présentées jusqu'ici s'exécutaient suite à des actions de l'utilisateur et s'arrêtaient après leur exécution. Que diriez-vous d'exécuter une animation en boucle ?

Le principe repose sur la définition d'une fonction JavaScript dans laquelle on insère un ou plusieurs appels à la méthode `animate()`. Le dernier de ces appels utilise une fonction de rappel qui exécute... cette même fonction JavaScript !

Pour illustrer mes propos, nous allons déplacer indéfiniment une balise `<div>` sur un carré de 200 pixels de côté. Voici le code utilisé :

```
<style type="text/css">
  #balle {
    width: 10px;
    height: 10px;
    background-color: red;
    border: black 2px solid;
    border-radius: 10px;
    position: relative;
  }
</style>

<div id="balle"></div>

<script src="jquery.js"></script>
<script>
  $(function() {
    function bis() {
      $('#balle').animate({left: '+=200'}, 'slow')
                 .animate({top: '+=200'}, 'slow')
                 .animate({left: '-=200'}, 'slow')
                 .animate({top: '-=200'}, 'slow', bis);
    };
    bis();
  });
</script>
```

▷ Essayer ce code
Code web : 991961

Le corps du document contient une simple balise `<div>` d'identifiant `#balle`. Cette balise est mise en forme par quelques instructions CSS. Sont ainsi définies les dimensions, la couleur d'arrière-plan, la bordure et le type de positionnement.

La fonction `bis()` décrit un cycle d'animation de la balise `<div>`. Elle est tout d'abord déplacée vers la droite de 200 pixels en 200 millisecondes, puis vers le bas de 200 pixels en 200 millisecondes, puis vers la gauche de 200 pixels en 200 millisecondes et enfin vers le haut de 200 pixels, toujours en 200 millisecondes :

```
$('#balle').animate({left: '+=200'}, 'slow')
           .animate({top: '+=200'}, 'slow')
           .animate({left: '-=200'}, 'slow')
           .animate({top: '-=200'}, 'slow', bis);
};
```

Remarquez le dernier paramètre de la méthode `animate()`. En utilisant la fonction de rappel `bis()`, un nouveau cycle d'animation est lancé.

Il ne suffit pas de définir la fonction `bis()` pour qu'elle soit exécutée. C'est pourquoi la fonction `bis()` est appelée une première fois, juste avant la balise `</script>`, afin d'amorcer l'animation.

Arrêter et reprendre une animation

La méthode `stop()` permet d'arrêter une animation. Selon les paramètres qui lui sont passés, cette méthode peut supprimer ou non les animations en attente et/ou afficher l'état final de l'animation. Voici sa syntaxe :

```
$('sel').stop(efface, fin);
```

... où :

- `sel` est un sélecteur jQuery ;
- `efface` est une valeur booléenne qui indique si les animations en attente d'exécution doivent être (`true`) ou non (`false`) supprimées de la file d'attente ;
- `fin` est une valeur booléenne qui indique si l'animation doit prendre son état final (`true`) ou non (`false`). Si ce paramètre n'est pas spécifié, l'animation reste dans l'état où elle se trouvait au moment de son arrêt.

Dans l'exemple suivant, deux animations sont appliquées à une image : un décalage vers la droite, puis un décalage vers le bas. À tout moment, l'utilisateur peut arrêter l'animation en cours en cliquant sur un bouton de commande. Trois types d'arrêt sont proposés :

- Arrêt et positionnement à la fin de l'animation en cours ;
- Arrêt de l'animation en cours, annulation des animations en attente et déplacement à la fin de l'animation en cours ;
- Simple arrêt de l'animation.

Un autre bouton permet de reprendre l'animation comme à l'ouverture de la page. Voici le code utilisé :

```
<button id="stopFin">Stop et fin</button>
<button id="stopAnnuleFin">Stop, annule et fin</button>
<button id="stop">Stop</button>
<button id="reprise">Reprise</button><br /><br />
<img src="image.png" style="position: relative;">

<script src="jquery.js"></script>
<script>
  $(function() {
    $('img').animate({left: '+=500'}, 2000).animate({top: '+=300'}, 2000);
    $('#stopFin').click( function() {
      $('img').stop(false, true);
    });
    $('#stopAnnuleFin').click( function() {
      $('img').stop(true, true);
    });
    $('#stop').click( function() {
      $('img').stop(true, false);
    });
    $('#reprise').click( function() {
      $('img').css('left', 0).css('top', 0);
      $('img').animate({left: '+=500'}, 2000).animate({top: '+=300'}, 2000);
    });
  });
</script>
```

Dès que le DOM est prêt, l'image est animée :

```
$(function() {
    $('img').animate({left: '+=500'}, 2000).animate({top: '+=300'}, 2000);
```

L'utilisateur peut alors cliquer sur l'un des trois premiers boutons pour arrêter l'animation. Un clic sur le premier bouton met fin à l'animation en cours, ne supprime pas les animations dans la file d'attente (premier paramètre `false`) et place l'image dans sa position finale (deuxième paramètre `true`) :

```
$('#stopFin').click( function() {
  $('img').stop(false, true);
});
```

Un clic sur le deuxième bouton met fin à l'animation en cours, supprime les animations dans la file d'attente (premier paramètre `true`) et place l'image dans sa position finale (deuxième paramètre `true`) :

```
$('#stopAnnuleFin').click( function() {
  $('img').stop(true, true);
});
```

Enfin, un clic sur le troisième bouton met fin à l'animation en cours, supprime les animations dans la file d'attente (premier paramètre `true`) et laisse l'image dans sa position actuelle (deuxième paramètre `false`) :

```
$('#stop').click( function() {
  $('img').stop(true, false);
});
```

Examinons la dernière méthode événementielle. Lorsque l'utilisateur clique sur le quatrième bouton, l'image est repositionnée à son emplacement d'origine :

```
$('img').css('left', 0).css('top', 0);
```

... et l'animation qui lui a été appliquée à l'ouverture de la page est relancée :

```
$('img').animate({left: '+=500'}, 2000).animate({top: '+=300'},
    2000);
```

Mettre en place un timer

Vous avez vu dans ce chapitre qu'il était possible de répéter une série d'animations en plaçant toutes les animations dans une fonction, et en utilisant la fonction de rappel de la dernière animation pour exécuter à nouveau la fonction. Une autre technique est possible. Je tenais à vous la montrer avant de terminer ce chapitre, car elle vous sera certainement utile si vous vous aventurez à créer des jeux ou des zones animées sur le Web. Cette technique consiste à utiliser un *timer* JavaScript via la fonction `setInterval()` :

```
function nom() {
  // Une ou plusieurs instructions JavaScript et/ou jQuery
}
setInterval(nom, période);
```

... où :

- `nom` est le nom de la fonction qui doit être exécutée périodiquement ;
- `durée` est la période (c'est-à-dire le temps) entre deux exécutions consécutives des instructions contenues dans la fonction.

Une horloge élémentaire

Dans ce premier exemple, nous allons réaliser une horloge numérique élémentaire en utilisant la fonction JavaScript `setInterval()`. L'heure sera mise à jour toutes les secondes dans une balise `<span>` en utilisant une instruction jQuery. Voici le code utilisé :

```
<span id="heure"></span>

<script src="jquery.js"></script>
```

```
<script>
$(function() {
  function Horloge() {
    var laDate = new Date();
    var h = laDate.getHours() + ":" + laDate.getMinutes() + ":"
        + laDate.getSeconds();
    $('#heure').text(h);
  }
  setInterval(Horloge, 1000);
});
</script>
```

Lorsque le DOM est disponible, la fonction `Horloge()` est définie. Après avoir créé l'objet `Date`, les heures, minutes et secondes sont récupérées via les fonctions `getHours()`, `getMinutes()` et `getSeconds()`, et stockées dans la variable `h` :

```
function Horloge() {
  var laDate = new Date();
  var h = laDate.getHours() + ":" + laDate.getMinutes() + ":" +
      laDate.getSeconds();
```

Le contenu de la balise `<span>` `#heure` est alors mis à jour en y affichant la valeur qui vient d'être stockée dans la variable `h` :

```
$('#heure').text(h);
```

Pour que la fonction `Horloge()` s'exécute toutes les secondes, il suffit maintenant d'utiliser la fonction `setInterval()` en passant `Horloge` en premier argument et 1000 en deuxième argument :

```
setInterval(Horloge, 1000);
```

Ne mettez pas le nom de la fonction entre apostrophes ou entre guillemets, ne la faites pas suivre de parenthèses ouvrante et fermante ni d'un point-virgule, sans quoi la fonction ne sera pas appelée !

Une animation sans fin

Ce deuxième exemple reprend l'animation de la section « Répéter une animation sans fin » et l'exécute en boucle avec la fonction `setInterval()`. Voici le code utilisé :

```
<!DOCTYPE html>
<style type="text/css">
  #balle {
    width: 10px;
    height: 10px;
    background-color: red;
    border: black 2px solid;
    border-radius : 10px
```

```
      position: relative;
    }
  </style>

  <body>
    <div id="balle"></div>
    <script src="jquery.js"></script>
    <script>
      $(function() {
        function bis() {
          $('#balle').animate({left: '+=200'}, 'slow')
                     .animate({top: '+=200'}, 'slow')
                     .animate({left: '-=200'}, 'slow')
                     .animate({top: '-=200'}, 'slow');
        };
        setInterval(bis, 2400);
      });
    </script>
```

Le corps du document ne contient qu'une balise `<div>` d'identifiant `#balle`. Lorsque le DOM est disponible, la fonction JavaScript `bis()` est définie. Dans cette fonction se trouvent les quatre animations qui font décrire un carré à la balle :

```
function bis() {
  $('#balle').animate({left: '+=200'}, 'slow')
             .animate({top: '+=200'}, 'slow')
             .animate({left: '-=200'}, 'slow')
             .animate({top: '-=200'}, 'slow');
};
```

Si vous pensez qu'il n'y a rien de bien nouveau dans ce code, examinez la dernière méthode `animate()` : la fonction de rappel a disparu !

Cela est tout à fait normal puisque l'exécution répétée de la fonction `bis()` ne va pas se faire par la fonction de rappel de la dernière animation, mais par une instruction `setInterval()`. Cette instruction suit la fonction `bis()`. Elle appelle la fonction `bis()` toutes les 2400 millisecondes :

```
setInterval(bis, 2400);
```

Pourquoi avoir choisi 2400 millisecondes ?

Réfléchissez un peu... La valeur `slow`, passée en deuxième argument des quatre méthodes `animate`, correspond à une durée de 600 millisecondes. Étant donné que l'on enchaîne quatre animations, vous avez votre réponse.

En résumé

- Les animations jQuery sont asynchrones. Si vous lancez plusieurs animations, elles seront placées dans une file d'attente. La énième animation ne pourra être lancée que lorsque la précédente sera terminée... à moins que vous n'agissiez sur la file d'attente. Pour cela, vous utiliserez la deuxième syntaxe de la méthode `animate()` pour déclencher simultanément plusieurs animations.
- Pour connaître le nombre d'animations qui se trouvent dans la file d'attente, utilisez la méthode `queue()` sans argument et testez sa propriété `length`.
- Vous pouvez utiliser les méthodes `queue()`, `dequeue()` et `clearQueue()` pour manipuler la file d'attente : `queue()` ajoute une animation dans la file d'attente, `dequeue()` joue puis supprime une animation de la file d'attente, `clearQueue()` vide la file d'attente.
- La méthode `stop()` met fin à l'animation en cours. Selon les paramètres qui lui sont passés, les animations suivantes sont ou ne sont pas effacées de la file d'attente et l'animation est affichée dans son état final ou s'arrête simplement.
- Deux techniques permettent de répéter une série d'animations sans fin. Après avoir inclus les animations dans une fonction, vous pouvez :
  - Utiliser la fonction de rappel de la dernière animation pour rappeler la fonction ;
  - Appeler la fonction en mettant en place un *timer* JavaScript.

Chapitre 12

Textes et images

Difficulté :

Dans ce chapitre, nous allons voir quelques méthodes spécialisées dans le traitement des chaînes de caractères et des images. Vous allez apprendre à supprimer des espaces dans une chaîne, à faire des recherches et des remplacements, mais aussi à créer une galerie d'images ou un diaporama.

Les chaînes de caractères

Supprimer des espaces dans une chaîne

La fonction `$.trim()` supprime les espaces au début et à la fin d'une chaîne. Pour mettre en évidence son fonctionnement, le code suivant demande à l'utilisateur d'entrer du texte dans la zone de texte en le faisant précéder et/ou suivre par des espaces. Ce texte est alors affiché dans une balise `<pre>` tel qu'il a été saisi, puis tel qu'il est après avoir été traité par la fonction `trim()`. Voici le code utilisé :

```
Tapez du texte dans la zone de texte en le faisant commencer et
    /ou finir par des espaces, puis cliquez sur le bouton.<br><
    br>
<input type="text" id="texte" />
<button id="action">Cliquez ici</button>
<pre id="resultat"></pre>

<script src="jquery.js"></script>
<script>
  $(function() {
    $('#action').click(function() {
      var leTexte = $('#texte').val();
      $('#resultat').html('Texte original : "' + leTexte + '"'
          + '<br>Après la fonction trim() : "' + $.trim(leTexte)
           + '"');
    });
  });
</script>
```

Le résultat se trouve à la figure 12.1.

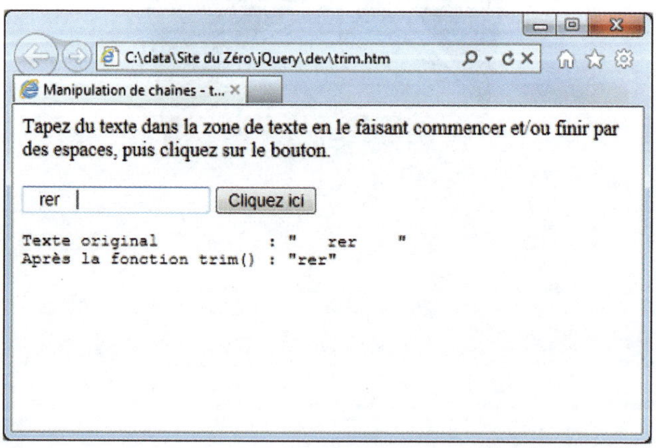

FIGURE 12.1 – La fonction `$.trim()` supprime tous les espaces au début et à la fin de la chaîne

Ce code n'a rien d'extraordinaire et vous devriez être en mesure de le comprendre par vous-mêmes. Cependant, remarquez l'utilisation d'une balise `<pre>` pour afficher le résultat. Ce choix de balise est intentionnel, car le texte y est affiché avec des caractères non proportionnels, c'est-à-dire dont la largeur est fixe. Par exemple, une espace est aussi large que la lettre *i* ou encore que la lettre *R*.

Position d'un caractère dans une chaîne

La fonction `charAt()` permet d'obtenir le caractère qui se trouve à une position donnée dans une chaîne. Voici sa syntaxe :

```
var unCaractere = chaine.charAt(position);
```

... où `chaine` est une chaîne de caractères, `position` est la position du caractère à extraire (attention, le premier caractère occupe la position 0, le deuxième la position 1, etc.) et `unCaractere` est la variable dans laquelle est stocké le caractère extrait.

Dans l'exemple suivant, l'utilisateur entre une chaîne de caractères dans la première zone de texte, une position dans la deuxième, puis il appuie sur le bouton. Le caractère qui se trouve dans la position spécifiée est alors affiché dans une balise `<div>`.

```
Tapez du texte dans la première zone de texte, une position dans la deuxième zone de texte, puis cliquez sur le bouton.<br><br>
Texte : <input type="text" id="texte" /><br>
Position : <input type="text" id="position" /><br>
<button id="action">Cliquez ici</button><br>
<div id="resultat"></div>

<script src="jquery.js"></script>
<script>
  $(function() {
    $('#action').click(function() {
      var leTexte = $('#texte').val();
      var laPosition = $('#position').val();
      var leResultat = 'Le caractère en position ' + laPosition + ' est un "' + leTexte.charAt(laPosition) + '"';
      $('#resultat').text(leResultat);
    });
  });
</script>
```

La figure 12.2 montre le résultat dans un navigateur.

Recherches et remplacements de textes

Il est parfois nécessaire de sélectionner le ou les éléments qui contiennent un mot ou un texte particulier. Pour cela, vous utiliserez le pseudo-sélecteur `:contains`. Par

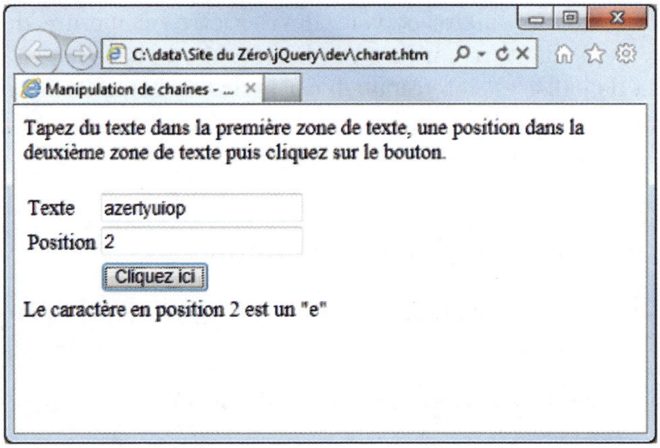

FIGURE 12.2 – Le troisième caractère (position 2) est un « e »

exemple, pour sélectionner toutes les balises `<div>` qui contiennent le mot « rouge », vous utiliserez le sélecteur suivant :

```
$('div:contains("rouge")')
```

Vous pourriez par exemple modifier la couleur d'arrière-plan des `<div>` qui contiennent le mot « rouge » en utilisant cette instruction :

```
$('div:contains("rouge")').css('background-color', 'red');
```

Il est également possible de remplacer un texte par un autre ou un élément par un autre en utilisant la méthode `replaceWith()`, dont voici la syntaxe :

```
$('sel').replaceWith('contenu');
```

... où `sel` est un sélecteur jQuery et `contenu` une chaîne HTML, un élément du DOM ou un objet jQuery qui remplacera le ou les éléments sélectionnés. Regardez le code suivant, tout deviendra limpide.

```
<img id="un" src="girafe.jpg"><br>
<button id="changement">Remplacer l'image</button>

<script src="jquery.js"></script>
<script>
  $(function() {
    $('#changement').click(function() {
      $('#un').replaceWith('<img id="unbis" src="chat.jpg">');
    });
  });
</script>
```

En cliquant sur le bouton `#changement`, la balise `<img id="un">` va tout simplement être remplacée par la balise `<img id="unbis">`, qui affiche une autre image.

`replaceWith()` remplace sans supprimer si on lui fournit du code HTML. Par contre, il supprime et remplace si on lui fournit un sélecteur jQuery.

Les images

Ce que nous allons voir ici ne sera pas forcément nouveau pour vous. J'ai voulu faire un rappel et approfondir certaines techniques déjà vues.

Réagir au survol d'une image

Pour ajouter un peu d'interactivité dans une page Web, vous pouvez suivre les mouvements de la souris et interagir lorsqu'elle survole certains éléments.

Agrandissement au survol

Cet exemple est un grand classique : une vignette est affichée sur la page. Lorsqu'elle est survolée par la souris, elle est remplacée par une image de plus grande taille. Lorsque la souris se déplace en dehors de l'image, la vignette est à nouveau affichée. Voici le code utilisé :

```
<img id="montagne" src="montagnepetit.jpg">

<script type="text/javascript" src="jquery.js"></script>
<script type="text/javascript">
  $(function() {
    $('#montagne').mouseover(function() {
      $(this).attr('src','montagne.jpg');
    });
    $('#montagne').mouseout(function() {
      $(this).attr('src','montagnepetit.jpg');
    });
  });
</script>
```

Une vignette (ou une miniature, si vous préférez) est affichée sur la page. Lorsque l'utilisateur la survole avec la souris :

```
$('#montagne').mouseover(function() {
```

... elle est remplacée par une autre image. Cette action est accomplie en agissant sur la propriété `src` de la vignette :

```
$(this).attr('src','montagne.jpg');
```

Lorsque la souris n'est plus sur l'image :

```
$('#montagne').mouseout(function() {
```

... cette dernière est remplacée par la vignette. Ici encore, le passage de l'image à la vignette se fait en agissant sur la propriété `src` de l'image :

```
$(this).attr('src','montagnepetit.jpg');
```

Agrandissement avec animation au survol

Dans l'exemple précédent, le passage de la vignette à l'image et de l'image à la vignette était pratiquement instantané. Que diriez-vous d'ajouter un peu de douceur aux transitions ? Pour cela, nous allons :

1. Superposer la vignette et l'image ;
2. Cacher l'image ;
3. Passer de la vignette à l'image et de l'image à la vignette en utilisant des transitions `fadeIn()`/`fadeOut()`.

Voici le code utilisé :

```
<style type="text/css">
  img{
    position: absolute;
    left: 0px;
    top: 0px;
  }
  #montagneGrand{
    display: none;
  }
</style>

<img id="montagnePetit" src="montagnepetit.jpg">
<img id="montagneGrand" src="montagne.jpg">

<script type="text/javascript" src="jquery.js"></script>
<script type="text/javascript">
  $(function() {
    $('#montagnePetit').mouseover(function() {
      $(this).fadeOut(1000);
      $('#montagneGrand').fadeIn(1000);
    });
    $('#montagneGrand').mouseout(function() {
      $(this).fadeOut(1000);
      $('#montagnePetit').fadeIn(1000);
    });
  });
</script>
```

Les deux images doivent se trouver au même emplacement pour que le passage de l'une à l'autre se fasse en douceur. D'autre part, seule la vignette doit être affichée. Toutes ces mises en forme se font en CSS. Les deux images sont positionnées de façon absolue en haut et à gauche de l'écran, puis l'image est dissimulée afin que seule la vignette soit affichée.

Passons maintenant au code jQuery ! Lorsque le pointeur se trouve au-dessus de la vignette :

```
$('#montagnePetit').mouseover(function() {
```

... celle-ci est dissimulée avec la fonction `fadeOut()` et l'image la remplace progressivement avec la fonction `fadeIn()` :

```
$(this).fadeOut(1000);
$('#montagneGrand').fadeIn(1000);
```

Inversement, lorsque la souris se déplace en dehors de l'image, cette dernière disparaît et la vignette la remplace progressivement :

```
$('#montagneGrand').mouseout(function() {
  $(this).fadeOut(1000);
  $('#montagnePetit').fadeIn(1000);
});
```

Galerie d'images

Vous voulez exposer des photos sur un site Web ? Rien de tel qu'une galerie d'images. Voici le code utilisé :

```
<style type="text/css">
  img
  {
    padding: 5px;
  }
</style>

<img src="miniPaysage1.jpg" id="paysage1.jpg" class='mini'>
<img src="miniPaysage2.jpg" id="paysage2.jpg" class='mini'>
<img src="miniPaysage3.jpg" id="paysage3.jpg" class='mini'>
<img src="miniPaysage4.jpg" id="paysage4.jpg" class='mini'>
<img src="miniPaysage5.jpg" id="paysage5.jpg" class='mini'>
<br>
<img id="grand" src="paysage1.jpg">

<script src="jquery.js"></script>
<script>
  $(function() {
  $('.mini').css('border','5px white solid');
    $('img:first').css('border','5px black solid');
```

```
    $('.mini').click(function() {
      $('img').css('border','5px white solid');
      $(this).css('border','5px black solid');
      var nom = $(this).attr('id');
      $('#grand').attr('src',nom);
    });
  });
</script>
```

Pour faire fonctionner ce programme, vous devez disposer de cinq images et des vignettes associées. Les vignettes sont affichées sur une même ligne à l'aide de balises <img>. Par défaut, la première vignette est sélectionnée et l'image de grande taille est affichée dans la partie inférieure de la page, comme à la figure 12.3.

FIGURE 12.3 – Une galerie d'images en quelques lignes

Avez-vous remarqué le nom des identifiants des cinq vignettes ? `paysage1`, `paysage2`, etc. Vous vous demandez certainement pourquoi avoir choisi ces noms. Il s'agit là, nous allons le voir, d'une astuce pour alléger (oui, c'est possible !) l'écriture du code jQuery.

Dès que le DOM est disponible, une bordure blanche épaisse de 5 pixels est affichée autour des cinq vignettes et une bordure noire épaisse de 5 pixels est affichée autour de la première vignette :

```
$('.mini').css('border','5px white solid');
$('img:first').css('border','5px black solid');
```

Quelle étrange pratique ! Pourquoi afficher une bordure blanche pour ensuite la remplacer par une bordure noire ?

La première instruction affiche une bordure blanche autour de tous les éléments de classe `mini`. C'est-à-dire autour des cinq vignettes. Cet affichage a un seul but : décaler les vignettes horizontalement de telle sorte qu'elles restent à la même place lorsque l'utilisateur cliquera par la suite sur l'une d'entre elles. Vous comprenez mieux maintenant le pourquoi de cette première instruction. Quant à la deuxième instruction, elle encadre la première vignette. C'est en effet elle qui est affichée par défaut à l'ouverture de la page.

Lorsqu'une des miniatures est cliquée :

```
$('.mini').click(function() {
```

...il faut effacer le cadre affiché autour de la vignette précédemment sélectionnée. Une instruction se charge d'effacer tous les cadres :

```
$('img').css('border','5px white solid');
```

L'instruction suivante affiche un cadre autour de la vignette qui a été cliquée. Remarquez l'utilisation du mot-clé `this` :

```
$(this).css('border','5px black solid');
```

Un peu plus haut, vous avez remarqué à quel point l'identifiant des vignettes était étrange. Il est temps de mettre à profit cette étrangeté. L'instruction suivante définit la variable `nom` et y stocke l'attribut de l'image qui a été cliquée :

```
var nom = $(this).attr('id');
```

Pour afficher cette image, il suffit de modifier en conséquence l'attribut `src` de l'image de grande taille :

```
$('#grand').attr('src',nom);
```

Si vous vous sentez l'âme codeuse, n'hésitez pas à améliorer cette galerie en utilisant les méthodes `fadeIn()` et `fadeOut()` pour que les images apparaissent en fondu-enchaîné. Une ou deux lignes de jQuery devraient suffire !

Diaporama automatique

Dans un chapitre précédent, nous avions travaillé sur un diaporama basique, et je vous avais dit que nous reviendrions dessus. Il est désormais temps ! Arrivés à ce point dans la lecture de ce cours, vous en savez assez pour comprendre le code d'un « vrai » diaporama.

```
<style type="text/css">
  img
  {
    position: absolute; // Les images vont se superposer
    left: 0px; // À gauche
    top: 0px; // Et en haut de la feuille
    display: none; // Par défaut, elles ne seront pas affichées
  }
</style>

<img src="paysage5.jpg" id="img5">
<img src="paysage4.jpg" id="img4">
<img src="paysage3.jpg" id="img3">
<img src="paysage2.jpg" id="img2">
<img src="paysage1.jpg" id="img1">

<script src="jquery.js"></script>
<script>
  $(function() {
    var i=0;
    affiche();

    function affiche() {
      i++;
      if (i==1) precedent = '#img5'
           else precedent = '#img' + (i-1);
      var actuel = '#img' + i;
      $(precedent).fadeOut(2000);
      $(actuel).fadeIn(2000);
      if (i==5) i=0;
    }

    setInterval(affiche, 2000);
  });
</script>
```

▷ Essayer ce code
Code web : 772627

La partie la plus importante du code réside dans la définition de la fonction **affiche()**. Lorsque le DOM est disponible, la variable **i** est définie et initialisée à 0. Dans la suite du code, cette variable sera utilisée pour pointer successivement sur les cinq images du diaporama. Puis la fonction **affiche()**, responsable de l'affichage d'une image, est appelée. Mais voyons voir ce qui se cache dans cette fonction.

Tout d'abord, la variable **i** est incrémentée. Lors de la première exécution de la fonction **affiche()**, elle aura donc pour valeur 1 :

```
function affiche() {
  i++;
```

Si la variable `i` vaut 1, la variable **precedent** est initialisée à **#img5**. Dans le cas contraire, cette variable est initialisée à **#img** suivi de la valeur de `i-1` :

```
if (i==1) precedent = '#img5';
else precedent = '#img' + (i-1);
```

Pourquoi différencier le cas `i-1` des autres cas ? Tout simplement pour que la « boucle puisse boucler » ou, en d'autres termes, pour que les images se succèdent de la première à la cinquième, puis que la boucle soit à nouveau exécutée. La variable **actuel** est initialisée avec **#img** suivi de l'index `i`. Elle vaudra consécutivement **#img1**, **#img2**, **#img3** et **#img4** :

```
var actuel = '#img' + i;
```

Maintenant, on sait quelle image doit disparaître (**precedent**) et quelle image doit apparaître (**actuel**). Il ne reste plus qu'à utiliser un `fadeOut()` et un `fadeIn()` :

```
$(precedent).fadeOut(2000);
$(actuel).fadeIn(2000);
```

Lorsque la cinquième image est atteinte, il faut réinitialiser la boucle en affectant la valeur 0 à la variable `i` :

```
if (i==5) i=0;
```

Une dernière chose : pour que les images s'enchaînent automatiquement, il suffit d'exécuter la fonction `affiche()` à intervalles réguliers :

```
setInterval(affiche, 2000);
```

En résumé

- `$.trim()` supprime les espaces au début et à la fin de la chaîne passée en argument.
- **charAt()** retourne le caractère qui se trouve à une position donnée dans une chaîne. Indiquez le nom de la chaîne suivi d'un point et de la fonction **charAt()**, et précisez la position du caractère entre les parenthèses.
- Pour sélectionner le ou les éléments qui contiennent un mot ou un texte particulier, utilisez le pseudo-sélecteur `:contains`.
- Enfin, pour remplacer un texte par un autre ou un élément par un autre, utilisez la méthode `replaceWith()`.

Chapitre 13

Les formulaires et les tableaux

Difficulté :

Dans ce chapitre, nous allons nous intéresser aux formulaires et aux tableaux dans jQuery. Je ne parle pas des tableaux HTML `<table></table>`, mais des tableaux JavaScript, définis par exemple en sérialisant des données ou encore retournés par la méthode `queue()`.

Vous verrez dans un premier temps comment gérer le focus ou la perte de focus d'un élément de tableau ou encore comment vider un formulaire. Dans un second temps, vous verrez différentes méthodes associées au traitement des données contenues dans des tableaux.

Les formulaires

Certaines des techniques que nous allons voir sont possibles en HTML5 et CSS3. Malheureusement, vos visiteurs n'auront pas forcément un navigateur récent, aussi est-il bien de savoir comment les mettre en place en jQuery.

Donner le focus à un élément

Si vous êtes amenés à créer une page de login, vos utilisateurs apprécieront que la première zone de texte (celle où ils saisiront leur nom) soit sélectionnée par défaut. Ceci est extrêmement simple en jQuery. Supposons que vous ayez défini la zone de texte `#user` comme ceci :

```
<input type="text" id="user">
```

Pour que le point d'insertion s'affiche dans cette zone de texte et que les frappes au clavier y soient reportées, utilisez cette instruction jQuery :

```
$('#user').focus();
```

Quel élément a le focus ?

Il peut parfois être intéressant de savoir quel élément a le focus dans un formulaire. Par exemple pour modifier sa mise en forme afin que l'utilisateur sache d'un simple coup d'œil quel élément il est en train de modifier.

Dans cet exemple, un formulaire contient trois zones de texte `<input type="text">` et un `<textarea>`. Lorsque l'utilisateur clique dans un de ces éléments, son identifiant est affiché dans une balise `<span>`.

```
<span id="status">Cliquez sur un des éléments du formulaire</span><br /><br />
<form>
  <input type="text" id="zone1"><br />
  <input type="text" id="zone2"><br />
  <input type="text" id="zone3"><br />
  <textarea id="zone4"></textarea>
</form>

<script src="jquery.js"></script>
<script>
  $(function() {
    var leFocus;
    $('input, textarea').focus( function() {
      leFocus = $(this).attr('id');
      $('#status').text(leFocus + ' a le focus');
    });
```

```
  });
</script>
```

Une fois la variable `leFocus` définie, le DOM est parcouru pour trouver quelle balise `<input>` ou `<textarea>` a le focus :

```
$('input, textarea').focus( function() {
```

Le nom de la balise qui a le focus est alors récupéré dans la fonction de retour. Le mot-clé `this` correspond à l'élément qui a le focus. Ici, nous extrayons son attribut `id` avec la méthode `attr()` :

```
leFocus = $(this).attr('id');
```

Le nom de l'identifiant est enfin affiché dans la balise `<span>` :

```
$('#status').text(leFocus + ' a le focus');
```

Mise en évidence de l'élément qui a le focus

Vous venez d'apprendre à identifier l'élément qui a le focus dans un formulaire. Je vous propose maintenant de modifier la mise en forme de cet élément. Pour cela, vous allez devoir vous intéresser non seulement à l'élément qui gagne le focus (méthode `focus()`), mais également à celui qui le perd (méthode `blur()`). Sans quoi, après quelques clics, il sera impossible de savoir quel élément a le focus, car ils auront tous la même mise en forme !

Dans l'exemple suivant, nous allons agir sur la couleur d'arrière-plan des éléments qui gagnent et qui perdent le focus. Mais rien ne vous empêche d'agir sur une ou plusieurs autres propriétés. Voici le code utilisé :

```
<span id="status">Cliquez sur un des éléments du formulaire</
    span><br /><br />
<form>
  <input type="text" id="zone1"><br />
  <input type="text" id="zone2"><br />
  <input type="text" id="zone3"><br />
  <textarea id="zone4"></textarea>
</form>

<script src="jquery.js"></script>
<script>
  $(function() {
    var leFocus;
    $('input, textarea').focus( function() {
      leFocus = '#' + $(this).attr('id');
      $(leFocus).css('background-color', '#afc');
    });
    $('input, textarea').blur( function() {
      leFocus = '#' + $(this).attr('id');
```

```
      $(leFocus).css('background-color', '#fff');
    });
  });
</script>
```

▷ Essayer ce code
Code web : 841777

Une fois la variable `leFocus` définie, la méthode `focus()` est utilisée pour savoir quel élément acquiert le focus :

```
$('input, textarea').focus( function() {
```

La variable `leFocus` est alors initialisée avec l'identifiant de cet élément, précédé du signe # :

```
leFocus = '#' + $(this).attr('id');
```

La variable `leFocus` est directement utilisable dans un sélecteur jQuery. En agissant sur la propriété CSS `background-color`, la couleur d'arrière-plan de l'élément change dès que celui-ci acquiert le focus :

```
$(leFocus).css('background-color', '#afc');
```

Il reste maintenant à modifier la couleur d'arrière-plan de l'élément qui a perdu le focus, s'il existe un tel élément. Pour cela, nous faisons appel à la méthode `blur()`, en l'appliquant aux éléments `<input>` et `<textarea>` du document :

```
$('input, textarea').blur( function() {
```

Comme dans la requête jQuery précédente, l'identifiant de l'élément est mémorisé dans la variable `leFocus` :

```
leFocus = '#' + $(this).attr('id');
```

Il suffit maintenant d'utiliser cette variable dans un sélecteur pour modifier la couleur d'arrière-plan de l'élément qui a perdu le focus :

```
$(leFocus).css('background-color', '#fff');
```

Vider un formulaire

Pour annuler les données saisies dans un formulaire, il suffit d'utiliser un bouton `reset` :

```
<input type="reset" id="annuler" value="Annuler">
```

Si vous le souhaitez, cette action peut également être accomplie en jQuery. Mettez en place un bouton de remise à zéro du formulaire :

```
<button id="raz">RAZ du formulaire</button>
```

Capturez l'événement `click` sur ce bouton et exécutez la fonction `efface-formulaire()` (ou tout autre nom qui vous conviendra) :

```
$('#raz').click(efface-formulaire);
```

Et voici le code de cette fonction :

```
function efface-formulaire () {
  $(':input')
    .not(':button, :submit, :reset, :hidden')
    .val('')
    .removeAttr('checked')
    .removeAttr('selected');
}
```

Un sélecteur jQuery sélectionne toutes les balises `<input>` du document, en dehors des éléments `button`, `submit`, `reset` et `hidden` :

```
$(':input')
.not(':button, :submit, :reset, :hidden')
```

Les valeurs de ces éléments (si elles existent) sont supprimées :

```
.val('')
```

Puis, s'ils existent, les attributs `checked` et `selected` sont supprimés :

```
.removeAttr('checked')
.removeAttr('selected');
```

Lorsqu'une page ne contient qu'un formulaire, il suffit de la rafraîchir pour supprimer toutes les données qui auraient pu y être saisies. Pour cela, vous utiliserez l'instruction JavaScript `location.reload();`.

Validation de formulaires

Vous voulez valider les données saisies par l'utilisateur dans un de vos formulaires ? En testant par exemple que l'adresse e-mail entrée est bien formée, ou encore que la date d'anniversaire est bien une date ? Le plus simple consiste à utiliser un *plugin*. Arrivés à ce point dans le cours, vous ne savez pas encore comment utiliser des plugins dans jQuery, mais figurez-vous que c'est justement le sujet d'une prochaine partie. Si vous n'avez pas la patience d'attendre jusque-là, reportez-vous au premier chapitre de la partie consacrée aux plugins.

Les tableaux

La fonction `grep()`

Cette fonction trouve les éléments du tableau qui satisfont un ou plusieurs critères. Voici sa syntaxe :

```
var tableau2 = $.grep(tableau, function(élément, index) { ... }, inv);
```

... où :

- tableau est le tableau qui contient les données à filtrer ;
- élément et index sont les éléments et l'index des éléments du tableau ;
- inv indique si le critère doit (true) ou ne doit pas (false ou n'est pas spécifié) être inversé.

Un peu de pratique serait vraiment bienvenue. Voici donc quelques lignes de code. Deux balises <span> seront utilisées pour afficher les résultats et trois boutons de commande pour filtrer le tableau de départ selon différents critères :

```
<span id="un"></span><br /><br />
<span id="deux"></span><br /><br />
<button id="filtre1">Après le cinquième</button>
<button id="filtre2">Différent de Mathis, Hugo et Yanis</button>
<button id="filtre3">Avant le cinquième</button>

<script src="jquery.js"></script>
<script>
  $(function() {
    var tableau = ['Luca', 'Emma', 'Mathis', 'Jade', 'Léa', 'Enzo', 'Chloé', 'Nathan', 'Manon', 'Noah', 'Sarah ', 'Louis', 'Luna', 'Kylian', 'Clara', 'Ethan', 'Camille', 'Hugo', 'Lylou', 'Théo', 'Zoé', 'Yanis', 'Maélys'];
    var tableau2;
    $('#un').text('Données originales : ' + tableau.join(', '));
    $('#filtre1').click(function() {
      tableau2 = $.grep(tableau, function(el,ind) {
        return (ind > 4);
      });
      $('#deux').text('Après le cinquième : ' + tableau2.join(', '));
    });
    $('#filtre2').click(function() {
      tableau2 = $.grep(tableau, function(el,ind) {
        return (el != 'Mathis' && el != 'Hugo' && el !='Yanis');
      });
      $('#deux').text('Différent de Mathis, Hugo et Yanis : ' + tableau2.join(', '));
    });
    $('#filtre3').click(function() {
      tableau2 = $.grep(tableau, function(el,ind) {
        return (ind > 4);
      }, true);
```

```
        $('#deux').text('Avant le cinquième : ' + tableau2.join('
            , '));
      });
    });
</script>
```

▷ Essayer ce code
Code web : 891723

Le code jQuery commence par définir le tableau et y stocker quelques prénoms, puis définit le tableau dans lequel seront stockés les résultats :

```
$(function() {
  var tableau = ['Luca', '...' 'Maélys'];
  var tableau2;
```

L'instruction suivante lit les données stockées dans le tableau et les copie dans la première balise <span> en les séparant par une virgule et une espace :

```
$('#un').text('Données originales : ' + tableau.join(', '));
```

Lorsque le premier bouton est cliqué :

```
$('#filtre1').click(function() {
```

la fonction grep() est appliquée au tableau en ne sélectionnant que les éléments dont l'index est supérieur à 5 (la valeur 4 s'explique par le fait que le premier élément a un index égal à 0) :

```
tableau2 = $.grep(tableau, function(el,ind) {
  return (ind > 4);
});
```

Le tableau mis à jour par la fonction grep() est alors affiché dans la deuxième balise <span> :

```
$('#deux').text('Après le cinquième : ' + tableau2.join(', '));
```

Lorsque le deuxième bouton est cliqué, la fonction grep() est appliquée au tableau. Seuls les éléments différents de « Mathis », « Hugo » et « Yanis » sont conservés :

```
tableau2 = $.grep(tableau, function(el,ind) {
  return (el != 'Mathis' && el != 'Hugo' && el !='Yanis');
});
```

Puis le résultat est affiché dans la deuxième balise <span>.

Enfin, lorsque le troisième bouton est cliqué, la fonction grep() est appliquée au tableau en ne conservant que les éléments d'indice supérieur à 5. Étant donné que le troisième paramètre a pour valeur true, le critère de sélection est inversé. Ce sont donc les éléments d'indice inférieur à 5 qui seront affichés :

```
tableau2 = $.grep(tableau, function(el,ind) {
  return (ind > 4);
}, true);
```

Le résultat est affiché dans la deuxième balise <span>.

La fonction `map()`

Cette fonction recopie en partie ou en totalité un tableau en lui appliquant un traitement. Voici sa syntaxe :

```
tableau2 = $.map(tableau, function(el, ind) { ... });
```

... où :

- `tableau` est le tableau qui contient les données à recopier ;
- `élément` et `index` sont les éléments et l'index des éléments du tableau ;
- `tableau2` est le tableau dans lequel sont stockés les résultats de la fonction `map()`.

Afin que ce soit plus clair, nous allons travailler sur un exemple concret. Deux balises <span> sont utilisées pour afficher les résultats et deux boutons de commande pour recopier le tableau de départ en lui appliquant deux traitements différents :

```
<span id="un"></span><br /><br />
<span id="deux"></span><br /><br />
<button id="copie1">Prénoms en majuscules</button>
<button id="copie2">Index et prénoms en minuscules</button>

<script src="jquery.js"></script>
<script>
  $(function() {
        var tableau = ['Luca', 'Emma', 'Mathis', 'Jade', 'Léa',
            'Enzo', 'Chloé'];
        var tableau2;
        $('#un').text('Données originales : ' + tableau.join(',
            '));
        $('#copie1').click(function() {
          tableau2 = $.map(tableau, function(el,ind) {
                return (el.toUpperCase());
          });
          $('#deux').text('Prénoms en majuscules : ' + tableau2
              .join(', '));
        });
        $('#copie2').click(function() {
          tableau2 = $.map(tableau, function(el,ind) {
                return (ind + ' : ' + el.toLowerCase());
          });
          $('#deux').text('Index et prénoms en minuscules : ' +
               tableau2.join(', '));
        });
  });
</script>
```

▷ Essayer ce code
Code web : 963330

Les premières instructions jQuery définissent le tableau de départ et le tableau dans lequel se feront les copies et affichent le tableau de départ :

```
$(function() {
  var tableau = ['Luca', 'Emma', 'Mathis', 'Jade', 'Léa', 'Enzo
      ', 'Chloé'];
  var tableau2;
  $('#un').text('Données originales : ' + tableau.join(', '));
```

Lorsque le premier bouton est cliqué, la fonction `map()` est appliquée au tableau. Les prénoms sont retournés en caractères majuscules et stockés dans `tableau2` :

```
tableau2 = $.map(tableau, function(el,ind) {
  return (el.toUpperCase());
```

Ce tableau est alors affiché dans la deuxième balise `<span>` :

```
$('#deux').text('Prénoms en majuscules : ' + tableau2.join(', '
    ));
```

Lorsque le deuxième bouton est cliqué, la fonction `map()` est appliquée au tableau. Chacun des éléments du tableau est transformé en une chaîne contenant l'index du tableau suivi du séparateur « : » et du prénom converti en caractères minuscules :

```
tableau2 = $.map(tableau, function(el,ind) {
  return (ind + ' : ' + el.toLowerCase());
```

Comme précédemment, le résultat est affiché dans la deuxième balise `<span>`.

La fonction `inArray()`

Vous recherchez un élément dans un tableau ? La fonction `inArray()` est là pour vous. Voici sa syntaxe :

```
var position = $.inArray('valeur', tableau, index)
```

... où :

- `valeur` est la valeur recherchée ;
- `tableau` est le tableau dans lequel doit se faire la recherche ;
- `index`, s'il est précisé, est le numéro de la cellule à partir de laquelle doit commencer la recherche (attention, la première cellule a pour index 0) ;
- `position` est la première position de la valeur dans le tableau. Si la recherche est infructueuse, `inArray()` retourne -1.

Supposons que la variable `tableau` soit définie comme suit :

```
var tableau = ['Luca', 'Emma', 'Mathis', 'Jade', 'Léa', 'Enzo',
    'Chloé'];
```

Le tableau suivant indique quelques exemples de valeurs retournées par la fonction `inArray()`.

Instruction	Valeur retournée
`$.inArray('Emma',tableau)`	1
`$.inArray('Léa',tableau)`	4
`$.inArray('Luca',tableau, 5)`	-1 car Luca se trouve en position 0 et non après la position 5
`$.inArray('Alfred',tableau)`	-1 car Alfred n'est pas dans le tableau

La fonction `merge()`

Il est parfois nécessaire de regrouper les informations qui se trouvent dans deux tableaux. La fonction `merge()` est là pour vous faciliter la tâche. Voici sa syntaxe :

```
$.merge(tableau1, tableau2);
```

... où `tableau1` et `tableau2` sont les deux tableaux à regrouper. Lorsque la fonction a été exécutée, le premier tableau contient ses propres données et celles du deuxième tableau. Par exemple :

```
var tableau1 = ['Luca', 'Emma', 'Mathis', 'Jade', 'Léa', 'Enzo'
    , 'Chloé'];
var tableau2 = ['Clara', 'Ethan', 'Camille', 'Hugo', 'Lylou', '
    Théo'];
$.merge(tableau1, tableau2);
alert(tableau1.join(', '));
```

Ce qui donne la figure 13.1.

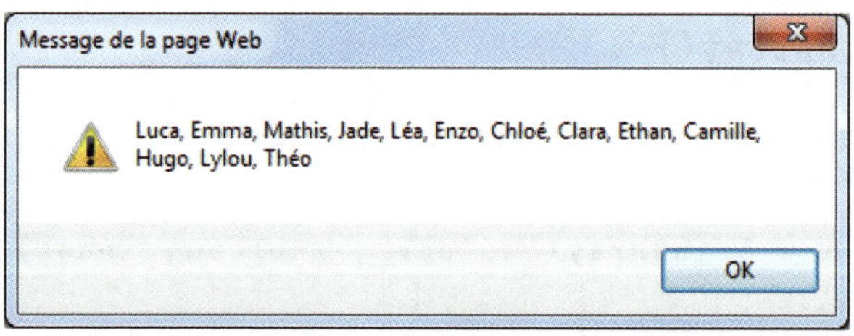

FIGURE 13.1 – Le premier tableau contient ses propres données et celles du deuxième tableau

En résumé

- Pour donner le focus à un élément d'un formulaire, vous utiliserez l'instruction `$('élément').focus();`.
- Pour savoir quel élément a le focus dans un formulaire, commencez par parcourir le DOM avec l'instruction `$('input, textarea').focus( function() { ... });`. Utilisez ensuite l'instruction `var idFocus = $(this).attr('id');` pour récupérer l'identifiant de l'élément qui a le focus.

- Pour vider le contenu d'un formulaire, vous devez lui appliquer les méthodes `val('')`, `removeAttr('checked')` et `removeAttr('selected')`. Si la page ne contient qu'un formulaire, vous pouvez la rafraîchir avec l'instruction `location.reload();`.
- La fonction `$.grep()` sélectionne certains éléments dans un tableau et les copie dans un autre tableau.
- La fonction `$.map()` recopie les éléments d'un tableau dans un autre tableau en leur appliquant un traitement.
- La fonction `$.inArray()` recherche si un élément particulier est présent dans un tableau.
- La fonction `$.merge()` regroupe les informations qui se trouvent dans deux tableaux.

Chapitre 14

TP : Mise en forme d'une page Web

Difficulté :

Avec ce TP, je vous propose de réviser les techniques de sélection et de mise en forme étudiées dans cette partie mais également dans les parties précédentes. Il s'agit d'une révision générale, en somme. Le but sera de modifier une page Web via un formulaire.

Instructions pour réaliser le TP

Avant toute chose, je vais vous montrer à quoi va ressembler le rendu final de ce TP. Pour ça, regardez la figure 14.1.

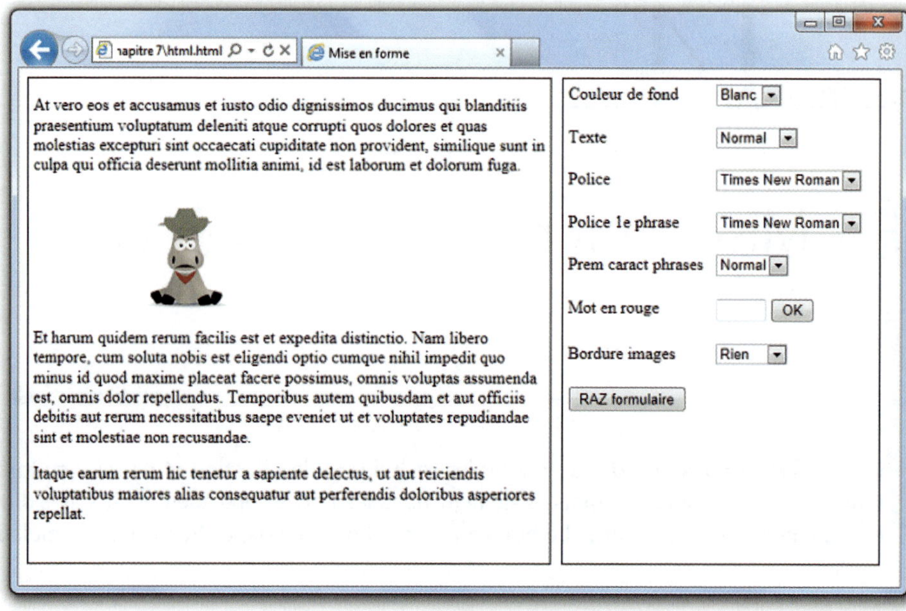

FIGURE 14.1 – Cette page n'attend plus que votre code jQuery

La page est composée de deux balises <div>. La première contient des informations textuelles et une image. La deuxième contient un formulaire composé de plusieurs listes déroulantes, d'une zone de texte et de deux boutons de commande. Lorsque l'utilisateur agira sur les contrôles du formulaire, le contenu de la première balise <div> devra être mis à jour en conséquence.

Rassurez-vous, je vous fais grâce du code HTML/CSS. Ce que je vous demande ici, c'est de donner vie aux éléments du formulaire en effectuant les actions nécessaires en jQuery lorsque l'utilisateur sélectionne une valeur dans une liste déroulante ou clique sur un bouton. Le tableau suivant résume la fonction des différents contrôles du formulaire.

Voici le code HTML/CSS sur lequel vous allez travailler :

```
<!DOCTYPE html>
<html>
  <head>
    <meta charset="UTF-8">
    <title>Mise en forme</title>
    <style type="text/css">
      #contenu
      {
```

Contrôle	**Effet dans la première balise `<div>`**
Couleur de fond	Modification de la couleur de fond en utilisant la valeur qui se trouve dans l'attribut « value » de la balise <option> choisie.
Texte	Modification de l'attribut de tout le texte.
Police	Modification de la police de tout le texte.
Police 1e phrase	Modification de la police de la première phrase.
Prem caract phrases	Modification des caractéristiques du premier caractère de chaque phrase.
Mot en rouge	Écriture en caractères rouges du mot spécifié dans le premier paragraphe. Par exemple, si l'utilisateur tape « 10 » dans la zone de texte, le dixième mot du premier paragraphe doit apparaître en caractères rouges.
Bordure images	Affecter une bordure aux images.
RAZ formulaire	Remettre à zéro le formulaire et la mise en forme de la première balise `<div>`.

```
        width: 500px;
        height: 450px;
        border: 1px black solid;
        float: left;
        margin-right: 10px;
        overflow-y: auto;
      }
      #controles
      {
        width: 300px;
        height: 450px;
        border: 1px black solid;
        float: left;
      }
      #controles div{
        margin-bottom: 10px;
      padding: 5px;
      }
      label{
        float: left;
        width: 140px;
      }
      #image
      {
        width: 110px;
        height: 110px;
        margin-left: 100px;
      }
      p
      {
```

```
      padding-left: 5px;
      padding-right: 5px;
      font-family: 'Times New Roman';
    }
  </style>
</head>
<body>
  <div id="contenu">
    <p>At vero eos et accusamus et iusto odio dignissimos
       ducimus qui blanditiis praesentium voluptatum deleniti
        atque corrupti quos dolores et quas molestias
       excepturi sint occaecati cupiditate non provident,
       similique sunt in culpa qui officia deserunt mollitia
       animi, id est laborum et dolorum fuga. </p>
  <div id="image"><img src="zozor.png"></div>
    <p>Et harum quidem rerum facilis est et expedita
       distinctio. Nam libero tempore, cum soluta nobis est
       eligendi optio cumque nihil impedit quo minus id quod
       maxime placeat facere possimus, omnis voluptas
       assumenda est, omnis dolor repellendus. Temporibus
       autem quibusdam et aut officiis debitis aut rerum
       necessitatibus saepe eveniet ut et voluptates
       repudiandae sint et molestiae non recusandae. </p>
    <p>Itaque earum rerum hic tenetur a sapiente delectus, ut
        aut reiciendis voluptatibus maiores alias consequatur
        aut perferendis doloribus asperiores repellat. </p>
  </div>
  <div id="controles">
    <div>
      <label for="couleur-fond">Couleur de fond</label>
      <select id="couleur-fond">
        <option value="#FFFFFF">Blanc</option>
        <option value="#9FFEF1">Bleu</option>
        <option value="#9FFECE">Vert</option>
        <option value="#FAFE9F">Jaune</option>
      </select>
    </div>

    <div>
      <label for="texte">Texte</label>
        <select id="texte">
          <option value="Normal">Normal</option>
          <option value="Gras">Gras</option>
          <option value="Italique">Italique</option>
          <option value="Souligne">Souligné</option>
        </select>
    </div>

    <div>
      <label for="police">Police</label>
```

```
      <select id="police">
        <option value="Times New Roman">Times New Roman</option>
        <option value="Courier New">Courier New</option>
        <option value="Arial">Arial</option>
      </select>
    </div>

    <div>
      <label for="police-prem-phrase">Police 1e phrase</label>
      <select id="police-prem-phrase">
        <option value="Times New Roman">Times New Roman</option>
        <option value="Courier New">Courier New</option>
        <option value="Arial">Arial</option>
      </select>
    </div>

    <div>
      <label for="prem-car-phrases">Prem caract phrases</label>
      <select id="prem-car-phrases">
        <option value="Normal">Normal</option>
        <option value="Gras">Gras</option>
      </select>
    </div>

    <div>
      <label for="mot">Mot en rouge</label>
      <input type="text" id="mot" size="2">
      <button id="couleurMot">OK</button>
    </div>

    <div>
      <label for="bordure-images">Bordure images</label>
      <select id="bordure-images">
        <option value="Rien">Rien</option>
        <option value="Simple">Simple</option>
        <option value="Double">Double</option>
      </select>
    </div>

    <div>
      <button id="raz">RAZ formulaire</button>
    </div>
  </div>

  <script src="jquery.js"></script>
  <script>
```

```
        // Entrer les instructions jQuery ici
      </script>
    </body>
  </html>
```

▷ Essayer ce code
Code web : 969504

La figure 14.2 représente l'image que j'ai utilisée, mais vous pouvez évidemment en utiliser une autre (dans ce cas attention aux dimensions).

FIGURE 14.2 – L'image que j'utilise pour ce TP

Votre travail va consister à écrire quelques (!) lignes de jQuery à la fin du document. N'hésitez pas à relire les parties du cours qui vous aideront à résoudre ce TP. Et maintenant, c'est à vous de jouer !

Correction

J'espère que tout s'est bien passé et que vous n'avez pas rencontré de difficulté majeure dans ce TP. Comme toujours, je vous propose une solution. Il se peut que vous soyez partis dans une autre direction et que vos codes fonctionnent à la perfection. Dans ce cas, considérez ce que je propose comme une solution alternative.

Pour faciliter la lecture de la correction, je l'ai scindée en autant de sous-sections que de contrôles dans le formulaire. Vous pouvez tout lire ou vous reporter à la sous-section qui correspond à un traitement qui vous en a particulièrement fait baver.

Couleur de fond

Cette fonctionnalité ne devrait pas vous avoir posé de problème. Voici le code que j'ai utilisé :

```
$('#couleur-fond').change(function() {
  var cf = $('#couleur-fond option:selected').val();
  $('#contenu').css('background-color', cf);
});
```

Lorsque l'utilisateur sélectionne une entrée dans la liste déroulante `#couleur-fond` :

```
$('#couleur-fond').change(function() {
```

. . . on récupère la valeur stockée dans l'attribut `value` de la sélection :

```
var cf = $('#couleur-fond option:selected').val();
```

Cette instruction est essentielle. Elle sera utilisée tout au long de cette correction. Le sélecteur est particulièrement remarquable à mon avis. Jugez un peu : `#couleur-fond option:selected` signifie « l'élément d'identifiant `#couleur-fond` dont la balise enfant `<option>` est sélectionnée ». Ce simple sélecteur fait référence à la balise `<option>` choisie par l'utilisateur dans la liste déroulante. Pour connaître la valeur affectée à son attribut `value`, il suffit d'appliquer la méthode `val()` à ce sélecteur !

La valeur retournée est une couleur directement exploitable. Il suffit donc de l'affecter à la propriété `background-color` de la première balise `<div>` pour modifier la couleur de l'arrière-plan :

```
$('#contenu').css('background-color', cf);
```

> J'allais oublier : le code jQuery doit commencer par l'instruction `$(function() {` pour s'assurer que le DOM est disponible. Mais bien sûr, vous y aviez pensé.

Texte

L'affectation des attributs gras, italique et souligné au texte contenu dans la première balise `<div>` n'est guère plus compliquée. Il vous suffit de savoir quelles propriétés CSS utiliser :

- `font-weight` pour le gras ;
- `font-style` pour l'italique ;
- `text-decoration` pour le soulignement.

Voici le code utilisé :

```
$('#texte').change(function() {
  var te = $('#texte option:selected').val();
  if (te == 'Gras') $('#contenu p').css('font-weight', 'bold');
  if (te == 'Italique') $('#contenu p').css('font-style', '
     italic');
  if (te == 'Souligne') $('#contenu p').css('text-decoration',
     'underline');
  if (te == 'Normal') {
    $('#contenu p').css('font-weight', 'normal');
    $('#contenu p').css('font-style', 'normal');
    $('#contenu p').css('text-decoration', 'none');
  }
});
```

Lorsque le contenu de la liste déroulante `#texte` change :

```
$('#texte').change(function() {
```

... l'attribut `valeur` de l'entrée sélectionnée par l'utilisateur est mémorisé dans la variable `te` :

```
var te = $('#texte option:selected').val();
```

Si l'entrée « Gras » a été sélectionnée, la propriété `font-weight` est initialisée à `bold` :

```
if (te == 'Gras') $('#contenu p').css('font-weight', 'bold');
```

Si l'entrée « Italique » a été sélectionnée, la propriété `font-style` est initialisée à `italic` :

```
if (te == 'Italique') $('#contenu p').css('font-style', 'italic
    ');
```

Si l'entrée « Souligné » a été sélectionnée, la propriété `text-decoration` est initialisée à `underline` :

```
if (te == 'Souligne') $('#contenu p').css('text-decoration', '
    underline');
```

Enfin, si l'entrée « Normal » a été sélectionnée, il faut réinitialiser les propriétés `font-weight`, `font-style` et `text-decoration` :

```
if (te == 'Normal') {
  $('#contenu p').css('font-weight', 'normal');
  $('#contenu p').css('font-style', 'normal');
  $('#contenu p').css('text-decoration', 'none');
}
```

Police

Si vous avez passé avec succès les deux étapes précédentes, la modification de la police utilisée dans la première balise `<div>` sera un vrai jeu d'enfant. Un simple coup d'œil au code HTML permet de constater que l'attribut `value` des différents `<select>` contient le nom de la police à utiliser :

```
<select id="police">
  <option value="Times New Roman">Times New Roman</option>
  <option value="Courier New">Courier New</option>
  <option value="Arial">Arial</option>
</select>
```

Il suffira donc de récupérer ce nom et de l'affecter à la propriété `font-family` de la première balise `<div>`. Voici les quelques lignes de code jQuery utilisées :

```
$('#police').change(function() {
  var ff = '"' + $('#police option:selected').val() + '"';
  $('#contenu p').css('font-family', ff);
});
```

Lorsque l'utilisateur sélectionne une valeur dans la liste déroulante `#police` :

```
$('#police').change(function() {
```

... la valeur de l'attribut de la balise <option> sélectionnée est mémorisée dans la variable ff :

```
var ff = '"' + $('#police option:selected').val() + '"';
```

Pour modifier la police utilisée dans les paragraphes de la première balise <div>, il suffit d'affecter cette valeur à la propriété CSS font-family de toutes les balises <p> :

```
$('#contenu p').css('font-family', ff);
```

C'est aussi simple que cela !

Police de la première phrase

Enfin quelque chose de plus difficile ! Quoique... Ici, seule la police de la première phrase doit être modifiée. Si vous avez buté sur cette problématique, prenez le temps de réfléchir à ce qui la différencie de la précédente...

Vous avez trouvé ? C'est le sélecteur qui va faire toute la différence. Observez bien le premier paragraphe. Il contient une (et une seule) phrase. Sélectionner la première phrase va donc revenir à sélectionner le premier paragraphe ! Voici le code utilisé :

```
$('#police-prem-phrase').change(function() {
  var ppp = $('#police-prem-phrase option:selected').val();
  $('#contenu p:first').css('font-family', ppp);
});
```

Lorsqu'une valeur est sélectionnée dans la liste déroulante #police-prem-phrase :

```
$('#police-prem-phrase').change(function() {
```

... la valeur de l'attribut value de la balise <option> sélectionnée est mémorisée dans la variable ppp :

```
var ppp = $('#police-prem-phrase option:selected').val();
```

Cette valeur est affectée à la propriété CSS font-family du premier paragraphe de la première balise #contenu :

```
$('#contenu p:first').css('font-family', ppp);
```

Premier caractère des phrases

À mon avis, cette problématique a dû vous occuper un certain temps. J'espère que vous avez survécu à l'épreuve. Quelle idée, me direz-vous, mettre en gras la première lettre de chaque phrase ! Si vous vous rappelez ce qui a été dit sur la séparation des éléments contenus dans une chaîne, vous êtes sur la bonne voie. Que diriez-vous de partager le contenu des paragraphes sur les caractères « . », ou, en d'autres termes, à la fin de chaque phrase ? Il vous suffira ensuite d'appliquer un traitement particulier au premier caractère des différentes valeurs ainsi isolées et... le tour sera joué. Voici le code que j'ai utilisé :

```
$('#prem-car-phrases').change(function() {
  var pcp = $('#prem-car-phrases option:selected').val();
  if (pcp == 'Gras') {
    $('p').each(function() {
      var tableau = $(this).text().split('. ');
      if (tableau.length == 1) {}
      else {
        var tableau2 = $.map(tableau, function(el, ind) {
          if (el[0] != null) return '<b>' + (el[0]) + '</b>' +
              el.substring(1) + '. ';
        });
        $(this).html(tableau2.join(''));
      }
    });
  }

  if (pcp == 'Normal') {
    $('p').each(function() {
      var unPar = $(this).html();
      if (unPar.indexOf('<img') == -1)
        $(this).text($(this).text());
    });
  }

});
```

Ne soyez pas impressionnés par le nombre d'instructions : je vais tout vous expliquer !

Lorsque l'utilisateur sélectionne une valeur dans la liste déroulante `#prem-car-phrases` :

```
$('#prem-car-phrases').change(function() {
```

... cette valeur est mémorisée dans la variable `pcp` :

```
var pcp = $('#prem-car-phrases option:selected').val();
```

Si l'utilisateur a sélectionné la valeur « Gras » :

```
if (pcp == 'Gras') {
```

... on applique un traitement à chaque paragraphe du document :

```
$('p').each(function() {
```

La première étape du traitement va consister à diviser les phrases dans un tableau en utilisant la fonction `split()` :

```
var tableau = $(this).text().split('. ');
```

Si le paragraphe ne comporte aucune phrase, le tableau contient un seul élément. Sa longueur est donc égale à 1. Dans ce cas, aucun traitement ne doit être effectué puisque le paragraphe ne contient aucune phrase :

```
if (tableau.length == 1) {}
```

Dans le cas contraire, la fonction `map()` est appliquée au tableau pour mettre en gras le premier caractère de chaque phrase. Le résultat de la fonction `map()` est stocké dans la variable `tableau2` :

```
else {
  var tableau2 = $.map(tableau, function(el, ind) {
```

Si la valeur examinée n'est pas nulle, il s'agit d'une phrase qui doit être traitée. Dans ce cas, le premier caractère est entouré des balises <b> et </b> et du reste de la phrase diminué du premier caractère. Enfin, un point et une espace sont ajoutés à la fin de la phrase, puisqu'ils avaient été supprimés par la méthode `split()` à l'étape précédente :

```
if (el[0] != null) return '<b>' + (el[0]) + '</b>' + el.
    substring(1) + '. ';
```

Les éléments contenus dans `tableau2` sont alors rassemblés et la chaîne HTML obtenue remplace le paragraphe qui était sélectionné :

```
$(this).html(tableau2.join(''));
```

Vous êtes toujours là ? Je l'espère, car seule la moitié du traitement a été effectuée. Il faut encore écrire quelques lignes de code pour réagir à la sélection de la valeur « Normal » dans la liste déroulante `#prem-car-phrases`. Je vous rassure tout de suite : le code à écrire est bien plus simple à comprendre que celui qui vient d'être écrit.

Lorsque la valeur « Normal » est sélectionnée dans la liste déroulante :

```
if (pcp == 'Normal') {
```

... un traitement est appliqué à tous les paragraphes du document :

```
$('p').each(function() {
```

Dans un premier temps, le code HTML du paragraphe est mémorisé dans la variable `unPar` :

```
var unPar = $(this).html();
```

Si ce code ne contient pas une balise <img> :

```
if (unPar.indexOf('<img') == -1)
```

... cela signifie qu'il contient du texte dans lequel le premier caractère de chaque phrase a pu être mis en gras par l'utilisateur. Un traitement particulier doit donc lui être appliqué. Nous allons utiliser une astuce de programmation : en affectant au paragraphe sa version texte (et non HTML), toutes les balises HTML qu'il pourrait contenir sont supprimées :

```
$(this).text($(this).text());
```

Mot en rouge

Il se peut que cette mise en forme vous ait également posé quelques problèmes. Cependant, si vous avez suivi ce que je viens de dire, tout vous semblera bien plus simple. Je vous mets sur la voie : pour séparer les mots du premier paragraphe, la fonction `split()` semble tout indiquée...

Voici le code que j'ai utilisé :

```
$('#couleurMot').click(function() {
  var mot = $('#mot').val();
  var tableau = $('p:first').text().split(' ');
  var tableau2 = $.map(tableau, function(el, ind) {
    if (ind+1 == mot) return ('<font color="red">' + el + '</font>')
    else return(el);
    });
    $('p:first').html(tableau2.join(' '));
});
```

Lorsque le bouton `#couleurMot` est cliqué :

```
$('#couleurMot').click(function() {
```

... le nombre tapé dans la zone de texte `#mot` est mémorisé dans la variable `mot` :

```
var mot = $('#mot').val();
```

Les mots sont séparés entre eux par des espaces. C'est donc une espace que nous utiliserons comme séparateur dans la fonction `split()`. Le résultat de la séparation est stocké dans la variable `tableau` :

```
var tableau = $('p:first').text().split(' ');
```

Il ne reste plus qu'à appliquer un traitement spécial au mot désigné par l'utilisateur en utilisant la méthode `map()`. Le résultat est stocké dans la variable `tableau2` :

```
var tableau2 = $.map(tableau, function(el, ind) {
```

Lorsque l'index de l'élément est égal à la valeur entrée dans la zone de texte `#mot` (à un près puisque le décompte se fait à partir de 0), le mot est entouré par une balise `<font>` dans laquelle l'attribut `color` est initialisé à « red » :

```
if (ind+1 == mot) return ('<font color="red">' + el + '</font>')
```

S'il s'agit d'un autre mot, aucun traitement ne lui est appliqué :

```
else return(el);
```

Enfin, le premier paragraphe est remplacé par le contenu de la variable `tableau2`, après avoir assemblé ses éléments via la fonction `join()` :

```
$('p:first').html(tableau2.join(' '));
```

Vous voyez qu'il n'y avait rien de compliqué dans ce traitement.

Bordure des images

La bordure des images est définie avec la propriété CSS `border`. Selon la valeur sélectionnée dans la liste déroulante `#bordure-images`, une bordure simple, double ou aucune bordure est appliquée à l'image contenue dans la première balise `<div>`. Voici le code utilisé :

```
$('#bordure-images').change(function() {
  var bi = $('#bordure-images option:selected').val();
  if (bi == 'Rien') $('img').css('border', '2px solid white');
  if (bi == 'Simple') $('img').css('border', '2px solid red');
  if (bi == 'Double') $('img').css('border', '5px double red');
});
```

Lorsque l'utilisateur sélectionne une valeur dans la liste déroulante `#bordure-images` :

```
$('#bordure-images').change(function() {
```

... cette valeur est mémorisée dans la variable `bi` :

```
var bi = $('#bordure-images option:selected').val();
```

Si la valeur « Rien » a été sélectionnée, une bordure blanche épaisse de 2 pixels est affichée autour de l'image. Si elle existait, la bordure précédente est effacée, car la bordure blanche s'affiche sur un arrière-plan de couleur blanche :

```
if (bi == 'Rien') $('img').css('border', '2px solid white');
```

Le principe est le même pour les deux autres valeurs :

```
if (bi == 'Simple') $('img').css('border', '2px solid red');
if (bi == 'Double') $('img').css('border', '5px double red');
```

Remise à zéro du formulaire

Pour remettre à zéro le formulaire, vous avez peut-être écrit de nombreuses lignes de code jQuery pour parvenir à un résultat certes correct, mais qui aurait pu s'écrire en une seule ligne! Si vous vous demandez quelle instruction j'ai bien pu utiliser, je dois bien avouer que j'ai eu recours à une astuce : tout le contenu du document est remis à zéro si on rafraîchit la page. Il suffit donc d'utiliser une instruction qui provoque le rafraîchissement de la page lorsque le bouton `#raz` est cliqué :

```
$('#raz').click(function() {
  location.reload();
});
```

Le code jQuery complet

Voici le code jQuery dans son intégralité, afin que vous ayez une vue d'ensemble :

```
$(function() {
  // Couleur de fond
  $('#couleur-fond').change(function() {
    var cf = $('#couleur-fond option:selected').val();
    $('#contenu').css('background-color', cf);
  });

  // Texte
  $('#texte').change(function() {
    var te = $('#texte option:selected').val();
    if (te == 'Normal') {
      $('#contenu p').css('font-weight', 'normal');
      $('#contenu p').css('font-style', 'normal');
      $('#contenu p').css('text-decoration', 'none');
    }
    if (te == 'Gras') $('#contenu p').css('font-weight', 'bold'
      );
    if (te == 'Italique') $('#contenu p').css('font-style', '
      italic');
    if (te == 'Souligne') $('#contenu p').css('text-decoration'
      , 'underline');
  });

  // Police
  $('#police').change(function() {
    var ff = '"' + $('#police option:selected').val() + '"';
    $('#contenu p').css('font-family', ff);
  });

  // Police 1e phrase
  $('#police-prem-phrase').change(function() {
    var ppp = $('#police-prem-phrase option:selected').val();
    $('#contenu p:first').css('font-family', ppp);
  });

  // Premier caractère des phrases
  $('#prem-car-phrases').change(function() {
    var pcp = $('#prem-car-phrases option:selected').val();

    if (pcp == 'Normal') {
      $('p').each(function() {
        var unPar = $(this).html();
        if (unPar.indexOf('<img') == -1)
          $(this).text($(this).text());
      });
    }

    if (pcp == 'Gras') {
      $('p').each(function() {
        var tableau = $(this).text().split('. ');
```

```
        if (tableau.length == 1) {}
        else {
          var tableau2 = $.map(tableau, function(el, ind) {
            if (el[0] != null) return '<b>' + (el[0]) + '</b>' + el.substring(1) + '. ';
          });
        $(this).html(tableau2.join(''));
        }
      });
    }
  });

  // Mot en rouge
  $('#couleurMot').click(function() {
    var mot = $('#mot').val();
    var tableau = $('p:first').text().split(' ');
    var tableau2 = $.map(tableau, function(el, ind) {
      if (ind+1 == mot) return ('<font color="red">' + el + '</font>')
      else return(el);
    });
    $('p:first').html(tableau2.join(' '));
  });

  // Bordure des images
  $('#bordure-images').change(function() {
    var bi = $('#bordure-images option:selected').val();
    if (bi == 'Rien') $('img').css('border', '2px solid white');
    if (bi == 'Simple') $('img').css('border', '2px solid red');
    if (bi == 'Double') $('img').css('border', '5px double red');
  });

  // RAZ du formulaire
  $('#raz').click(function() {
     location.reload();
  });
});
```

▷ Essayer ce code
Code web : 497657

Chapitre 15

Un jeu en jQuery

Difficulté :

Vous étiez nombreux à attendre un chapitre consacré à la réalisation de jeux en jQuery. Eh bien, vous y êtes ! Vous allez apprendre à :

- Afficher un décor en mouvement pour donner l'illusion d'un déplacement ;
- Déplacer des objets sur l'écran en utilisant les touches fléchées du clavier ;
- Gérer plusieurs couches graphiques ;
- Détecter des collisions ;
- Ajouter des sons.

Prêts ? Allons-y !

Le document de base

Avant d'aller plus loin, je vais vous montrer à quoi va ressembler le jeu. Regardez la figure 15.1 pour en avoir un petit aperçu.

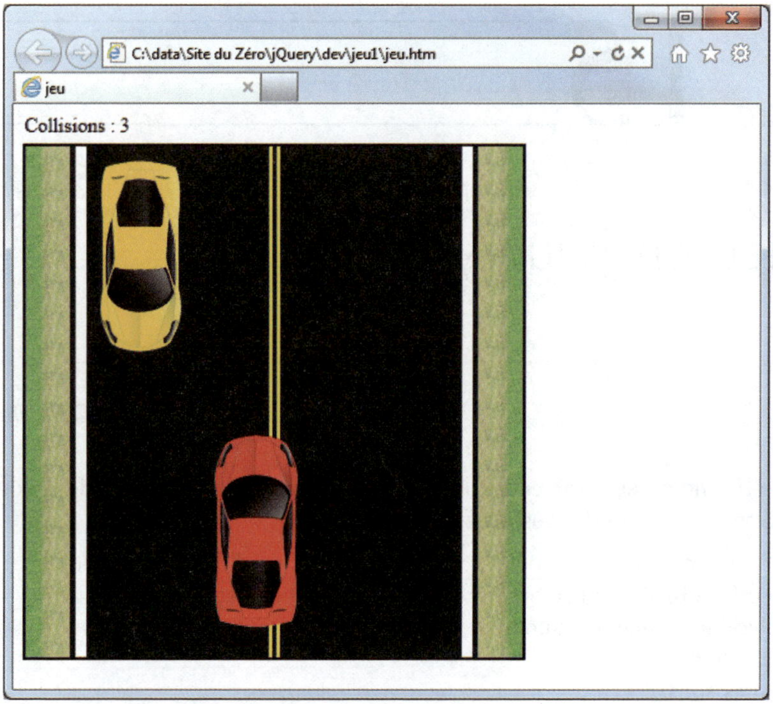

FIGURE 15.1 – Le jeu dans sa version finale

La route défile du bas vers le haut. Le joueur pilote la voiture jaune et doit éviter les voitures rouges qui apparaissent aléatoirement sur l'écran. La voiture jaune se dirige avec les touches `Droite` et `Gauche` du clavier. La zone de jeu n'est autre qu'une balise `<div>` dans laquelle on place les différents éléments graphiques :

- Deux portions de route `#fond1` et `#fond2`, toutes deux de classe `.fond` ;
- La voiture `#voiture` ;
- La voiture rouge `#vr`.

Je vous propose de télécharger les images que j'ai utilisées (figure 15.2, mais vous pouvez bien évidemment prendre vos propres images.

▷ Télécharger les ressources
Code web : 700315

Des informations textuelles sont affichées au-dessus de l'aire de jeu à l'aide d'une balise `<span>`. Voici le code HTML utilisé :

```
Collisions : <span id="info">0</span>
<div id="jeu">
```

FIGURE 15.2 – Les images utilisées pour ce jeu

```
  <img id="fond1" class="fond" src="route.png">
  <img id="fond2" class="fond" src="route.png">
  <img id="vj" src="vj.png"> <!-- La voiture jaune -->
  <img id="vr" src="vr.png"> <!-- La voiture rouge -->
</div>
```

Ces éléments sont mis en forme à l'aide de quelques instructions CSS. L'aire de jeu `#jeu` est dimensionnée à 400 × 400 pixels. Elle est entourée d'une bordure noire continue épaisse de 2 pixels. Étant donné que deux images vont être affichées l'une en dessous de l'autre, sa propriété `overflow` est initialisée à `hidden` pour dissimuler les barres de défilement. Le positionnement à l'intérieur de l'aire de jeu se fait de façon relative.

```
#jeu{
  width: 400px;
  height: 400px;
  border: 2px black solid;
  overflow: hidden;
  position: relative;
}
```

Les images qui représentent la route sont positionnées de façon relative et leur `z-index` est initialisé à 10. Quant aux images des voitures, elles sont positionnées de façon absolue et leur `z-index` est initialisé avec d'autres valeurs. Vous comprendrez pourquoi en lisant la suite.

```
.fond{
  margin-bottom:-5px;
  z-index: 10;
  position: relative;
}
#vj{
  z-index: 100;
  position: absolute;
```

```
  top: 10px;
  left: 48px;
}
#vr{
  z-index: 80;
  position: absolute;
  top: -200px;
  left: 0px;
}
```

Dans les chapitres précédents, nous avons déjà croisé la propriété CSS `z-index`. Je vais quand même rappeler que cette propriété permet d'empiler plusieurs éléments les uns sur les autres. L'élément qui est le plus en avant-plan est celui qui a un `z-index` le plus élevé. Inversement, l'élément qui est le plus en arrière-plan est celui qui a un `z-index` le plus faible, comme le montre la figure 15.3.

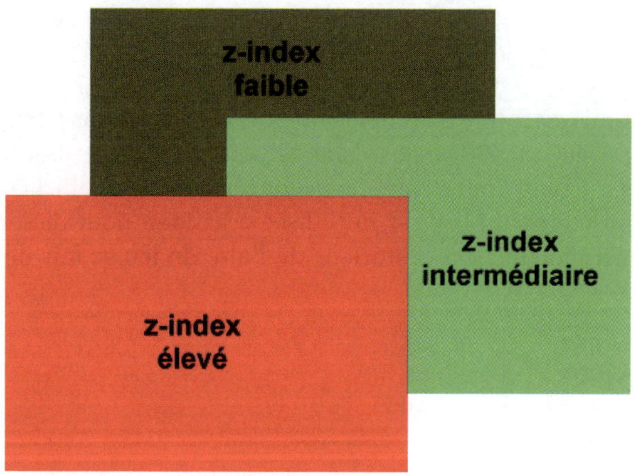

FIGURE 15.3 – Les éléments s'empilent en fonction de leur propriété `z-index`

Dans le code sur lequel nous sommes en train de travailler, la route a un `z-index` égal à 10, la voiture rouge un `z-index` égal à 80 et la voiture jaune un `z-index` égal à 100. La voiture jaune sera donc en avant-plan, la route en arrière-plan et la voiture rouge sera affichée au-dessus de la route, mais en dessous de la voiture jaune si vous ne savez pas l'éviter.

Ça y est : la structure et la mise en forme du document sont maintenant en place ! Il ne reste plus (!) qu'à écrire quelques lignes de jQuery pour mettre tout cela en mouvement.

Gérer les déplacements

Créer un décor en mouvement

La route doit défiler du bas vers le haut de l'aire de jeu. Avez-vous une idée de la technique à utiliser ? La méthode `animate()`, bien entendu !

D'accord, la méthode `animate()` va me permettre de déplacer la route vers le haut, mais comment faire en sorte que l'affichage boucle sur lui-même afin que la route se déroule vers le haut sans jamais s'arrêter ?

Deux astuces vont mener à ce résultat :

1. En insérant l'appel à la méthode `animate()` dans une fonction et en réexécutant cette fonction via la fonction de rappel de la méthode `animate()`, on obtient une boucle sans fin.
2. En redonnant la position initiale aux images de classe `.fond` dans la fonction de rappel de la méthode `animate()`, un nouveau déplacement vers le haut peut être initié.

Voici le code utilisé :

```
function deplace()
{
  $('.fond').animate({top: '-=360'}, 1000, 'linear', function()
      {
  $('.fond').css('top',0);
  deplace();
});
```

Dans ce code, les deux images de la route sont déplacées de façon linéaire vers le haut de 360 pixels en 1000 millisecondes. Lorsque ce déplacement est terminé, la fonction de rappel est exécutée. Les images sont replacées à leur position d'origine et la fonction `deplace()` est à nouveau exécutée.

Pourquoi avoir utilisé deux images ?

La méthode `animate()` déplace de 360 pixels vers le haut la première image. En ajoutant une deuxième image identique à sa suite, on évite qu'une zone blanche n'apparaisse dans la partie inférieure de l'aire de jeu, comme à la figure 15.4.

Il suffit d'exécuter la fonction `deplace()` pour que la route se déplace sans fin vers le haut. Mais si vous ne l'activez pas une première fois, rien ne se passera sur l'écran. Vous devez donc insérer l'instruction `deplace();` un peu avant la balise `</script>`.

FIGURE 15.4 – La deuxième image assure la continuité de la route

Afficher et déplacer la voiture rouge

La voiture rouge doit se déplacer de bas en haut et apparaître aléatoirement. Voici le code utilisé :

```
function deplace()
{
  $('#vr').animate({top: '-=600'}, 2500, 'linear', function(){
    var vrX = Math.floor(Math.random()*194)+70;
    var vrY = 400;
    $('#vr').css('top',vrY);
    $('#vr').css('left',vrX);
  });
  // Ici se trouve l'appel à la méthode animate()
  // pour animer la route
};
```

N'ayez pas peur de ce code. Il n'y a rien de sorcier là-dedans !

La première instruction déplace linéairement la voiture rouge vers le haut de 600 pixels en 2500 millisecondes. C'est le même principe que pour déplacer la route, sauf qu'ici on déplace la voiture de 600 pixels vers le haut afin qu'elle disparaisse complètement de l'écran. Faites le test avec une valeur plus petite que 400, vous comprendrez. On modifie également le temps de défilement : l'image a plus de chemin à parcourir, il faut donc laisser le temps au joueur d'éviter la voiture. Lorsque le déplacement est terminé, une nouvelle voiture rouge doit être affichée. Pour cela, on tire aléatoirement un nombre compris entre 70 et 194+70, soit 264. Ce nombre est mémorisé dans la variable `vrX`. Il correspond à l'abscisse (la coordonnée horizontale) de la voiture rouge lorsqu'elle sera affichée pour la première fois. Cette abscisse doit se trouver sur la route. Les valeurs 70 et 264 ont été obtenues en utilisant un logiciel graphique. Regardez la figure 15.5, vous comprendrez sans doute mieux.

Déplacer la voiture jaune

La voiture jaune se déplace horizontalement, avec les touches `Gauche` et `Droite` du clavier. Il suffit donc de capturer l'appui sur ces touches et d'effectuer le traitement nécessaire. Pour cela, nous appliquerons la méthode événementielle `keydown()` au document :

```
$(document).keydown(function(e){
```

Les touches `Gauche` et `Droite` ont pour code ASCII 37 et 39. Il suffit donc de tester la valeur de `e.which` pour savoir quelle touche a été pressée. S'il s'agit de la touche `Droite`, et si la voiture n'est pas trop à droite, celle-ci est déplacée de 30 pixels grâce à la propriété CSS `left` :

```
if (e.which == 39)
{
  vjX = parseInt($('#vj').css('left'));
```

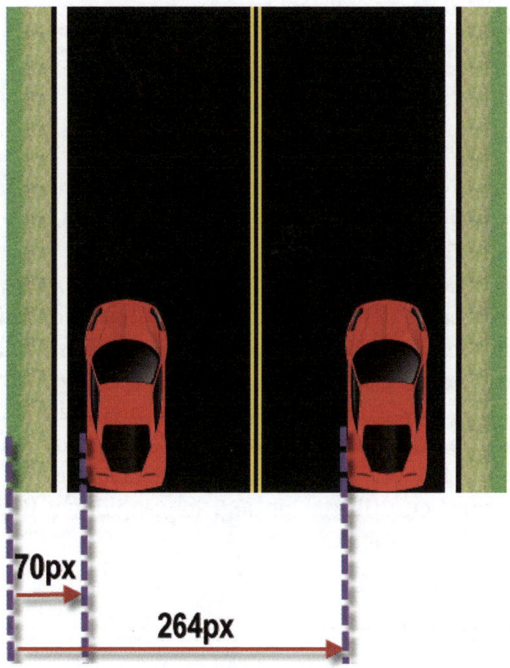

FIGURE 15.5 – Les abscisses minimale et maximale d'affichage de la voiture rouge

```
  if (vjX < 280)
    $('#vj').css('left', vjX+30);
}
```

Si la touche Gauche est pressée, et si la voiture n'est pas trop à gauche, celle-ci est déplacée de 30 pixels grâce à la propriété CSS `left` :

```
if (e.which == 37)
{
  vjX = parseInt($('#vj').css('left'));
  if (vjX > 70)
    $('#vj').css('left', vjX-30);
}
```

Simple et efficace !

Détecter les collisions

Comment savoir si les voitures sont entrées en collision ? En comparant leurs coordonnées respectives tout simplement. Voici le code utilisé :

```
1  function collision()
2  {
3    vjX = parseInt($('#vj').css('left'));
4    vrX = parseInt($('#vr').css('left'));
5    vjY = 10;
6    vrY = parseInt($('#vr').css('top'));
7    if (((vrX > vjX) && (vrX < (vjX+66)) && (vrY > (vjY+120)) &&
         (vrY < (vjY+150)) &&(ok == 1))
8    || ((vrX2 > vjX) && (vrX2 < (vjX+66)) && (vrY > (vjY+120)) &&
          (vrY < (vjY+150)) && (ok == 1)))
9    {
10     collision = parseInt($('#info').text()) + 1;
11     $('#info').text(collision);
12     ok = 0;
13   }
14 }
```

Les premières lignes placent les coordonnées de la voiture jaune dans les variables `vjX` et `vjY` et celles de la voiture rouge dans les variables `vrX` et `vrY`. Les lignes 7 et 8 représentent le test de collision. La première ligne traite des collisions sur le côté gauche, comme à la figure 15.6.

Elle compare les coordonnées des deux voitures en supposant que la voiture rouge est plus à droite que la voiture jaune sur l'aire de jeu. Si la voiture rouge entre en collision par la gauche, le test est vérifié et les lignes 10 à 12 s'exécutent. De la même manière, la deuxième ligne compare les coordonnées des deux voitures en supposant que la voiture rouge est plus à gauche que la voiture jaune sur l'aire de jeu. Si la voiture rouge entre en collision par la droite, le test est vérifié et les lignes 10 à 12 s'exécutent.

FIGURE 15.6 – Une collision à gauche s'est produite

À quoi correspond la variable ok dans les deux tests de collision et dans les instructions exécutées en cas de collision ?

Sans cette variable, en cas de collision, plusieurs collisions seraient détectées au fur et à mesure que la voiture rouge se déplace vers le haut. Pour que la variable ok remplisse sa fonction, vous devez l'initialiser à 1 au tout début du code ainsi qu'en fin de déplacement de chaque voiture rouge :

```
$(function() {
  var ok = 1;
  ...
```

... et :

```
function deplace()
{
  $('#vr').animate({top: '-=600'}, 2500, 'linear', function(){
  var vrX = Math.floor(Math.random()*194)+70;
  var vrY = 400;
  $('#vr').css('top',vrY);
  $('#vr').css('left',vrX);
  ok = 1;
});
...
```

Lorsqu'une collision se produit, le nombre de collisions est incrémenté de 1 dans la balise `<span id="info">`. Pour que cette fonction soit exécutée à intervalles réguliers (ici, toutes les 20 millisecondes), nous utilisons la fonction `setInterval()` :

```
setInterval(collision, 20);
```

Ajouter des sons

Que diriez-vous d'ajouter un effet sonore à chaque collision ? Ceci est encore une fois d'une simplicité désarmante, à condition d'utiliser un navigateur récent, compatible avec le langage HTML5. Commencez par insérer une balise `<audio>` dans le document :

```
<audio preload="auto" id="son">
  <source src="beep.mp3" type="audio/mp3">
  <source src="beep.ogg" type="audio/ogg">
</audio>
```

Comme vous pouvez le voir, on utilise deux formats de son : MP3 et OGG. Ceci afin d'assurer la compatibilité du code avec la plupart des navigateurs du marché. Chaque navigateur utilisera le type de fichier qu'il sait lire. Par exemple, Internet Explorer choisira le fichier MP3, Firefox et Google Chrome le fichier OGG. Si vous avez téléchargé les ressources, vous trouverez un son aux deux formats.

Pour jouer le son, utilisez l'instruction jQuery suivante :

```
$('#son')[0].play();
```

Si vous placez cette instruction dans la fonction `collision()`, juste après le `if` qui teste si une collision s'est produite, l'effet sonore se produira à chaque fois que les voitures entrent en collision :

```
if (((vrX > vjX) && (vrX < (vjX+66)) && (vrY > vjY) && (vrY < (
    vjY+150)) && (ok == 1))
|| ((vjX > vrX) && (vjX < (vrX+66)) && (vrY > vjY) && (vrY < (
    vjY+150)) && (ok == 1)))
{
  $('#son')[0].play();
  ...
```

Le code complet

Je vous propose de tester le rendu final. De plus, voici le code complet de l'application. Amusez-vous bien !

▷ Essayer le code
Code web : 741814

```
<!DOCTYPE html>
<html>
<head>
  <meta charset="utf-8">
  <title>jeu</title>
```

```
    <style type="text/css">
      #jeu{
        width: 400px;
        height: 400px;
        border: 2px black solid;
        overflow: hidden;
        position: relative;
      }
      .fond{
        margin-bottom:-5px;
        z-index: 10;
        position: relative;
      }
      #voiture{
        z-index: 100;
        position: absolute;
        top: 10px;
        left: 48px;
      }
      #vr{
        z-index: 80;
        position: absolute;
        top: -200px;
        left: 0px;
      }
    </style>
  </head>

  <body>
    Collisions : <span id="info">0</span>
    <div id="jeu">
      <img id="fond1" class="fond" src="route.png">
      <img id="fond2" class="fond" src="route.png">
      <img id="voiture" src="vj.png">
      <img id="vr" src="vr.png">
    </div>
    <audio preload="auto" id="son"><source src="beep.mp3" type="
       audio/mp3"><source src="beep.ogg" type="audio/ogg"></audio
       >

    <script src="http://ajax.googleapis.com/ajax/libs/jquery/1/
       jquery.min.js"></script>
    <script>
      $(function() {
        var ok = 1;
        function deplace()
        {
          $('#vr').animate({top: '-=600'}, 2500, 'linear',
              function(){
            var vrX = Math.floor(Math.random()*194)+70;
```

```
          var vrY = 400;
          $('#vr').css('top',vrY);
          $('#vr').css('left',vrX);
          ok = 1;
        });
        $('.fond').animate({top: '-=360'}, 1000, 'linear',
            function(){
          $('.fond').css('top',0);
          deplace();
        });
      };

      $(document).keydown(function(e){
        if (e.which == 39)
        {
          vjX = parseInt($('#voiture').css('left'));
          if (vjX < 280)
          $('#voiture').css('left', vjX+30);
        }
        if (e.which == 37)
        {
          vjX = parseInt($('#voiture').css('left'));
          if (vjX > 70)
            $('#voiture').css('left', vjX 30);
        }
      });

      function collision()
      {
        vjX = parseInt($('#voiture').css('left'));
        vrX = parseInt($('#vr').css('left'));
        vjY = 10;
        vrY = parseInt($('#vr').css('top'));
        if (((vrX > vjX) && (vrX < (vjX+66)) && (vrY > vjY) &&
            (vrY < (vjY+150)) && (ok == 1))
        || ((vjX > vrX) && (vjX < (vrX+66)) && (vrY > vjY) && (
            vrY < (vjY+150)) && (ok == 1)))
        {
          $('#son')[0].play();
          collision = parseInt($('#info').text()) + 1;
          $('#info').text(collision);
          ok = 0;
        }
      }
      deplace();
      setInterval(collision, 20);
    });
  </script>
</body>
</html>
```

Chapitre 16

TP : Un jeu de collecte spatiale

Difficulté :

Pour terminer cette partie, je vous propose de réaliser un jeu en jQuery. Votre mission, si vous l'acceptez, va consister à diriger un vaisseau spatial au pavé numérique et à collecter des éléments qui apparaissent de façon aléatoire sur l'écran. Mais attention, il y a deux types d'éléments : les bons (des vaches) et les mauvais (des voitures *Men In Black*). Les premiers ajoutent 5 points à votre score, alors que les seconds en enlèvent 5.

Instructions pour réaliser le TP

Avant de commencer, je vous propose de regarder la figure 16.1 pour voir à quoi ressemblera le jeu.

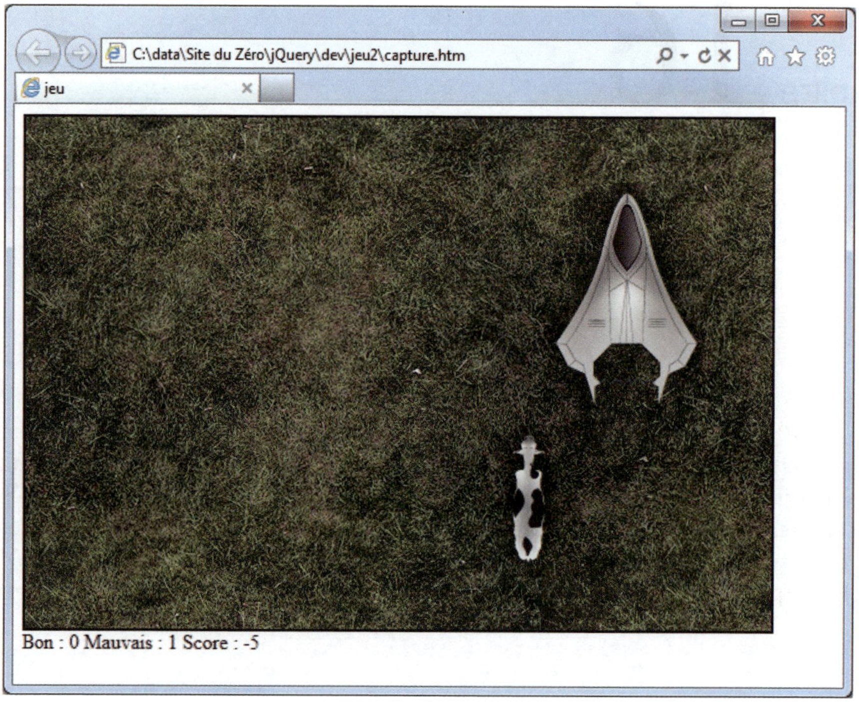

FIGURE 16.1 – Le jeu une fois terminé

Les huit touches fléchées du pavé numérique permettront de diriger le vaisseau. Et vous verrez que ce n'est pas un luxe : la partie se joue très vite et le déplacement en diagonale est un vrai plus.

Pour vous faire réfléchir un peu plus, je vous demande d'ajouter une musique de fond au jeu. Celle-ci devra démarrer dès l'ouverture de la page et boucler sans fin. Vous pouvez utiliser n'importe quelle musique aux formats MP3 et OGG. Pour ma part, j'ai utilisé la musique `BabyPleaseDontGo.mp3`, téléchargée gratuitement sur le site `publicdomain4u.com`.

▷ Télécharger la musique
Code web : 579058

Vous devriez être capables d'écrire tout le code sans aucun conseil de ma part. Je vais cependant vous fournir les fichiers dont vous aurez besoin et, au passage, vous donner deux ou trois conseils qui vous aideront à partir d'un bon pied.

La figure 16.2 représente les images utilisées pour ce jeu.

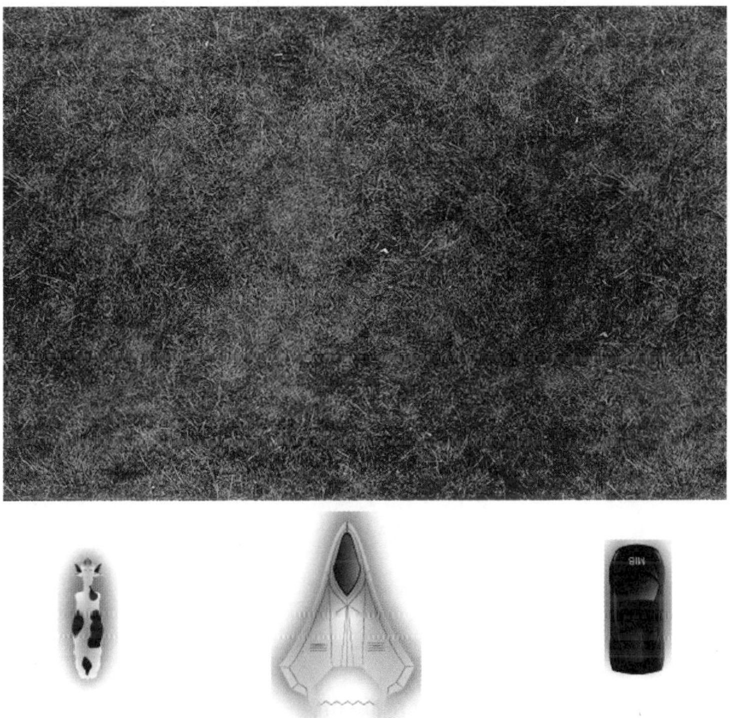

FIGURE 16.2 – Les images du jeu

▷ Télécharger les images
Code web : 911508

Le tableau suivant donne les codes ASCII des touches du pavé numérique. Il vous sera utile lorsque vous écrirez la procédure événementielle `keydown()` :

Touche	Code ASCII
Droite	39
Gauche	37
Bas	40
Haut	38
Diagonale haut et gauche	36
Diagonale haut et droite	33
Diagonale bas et gauche	35
Diagonale bas et droite	34

Dans le chapitre précédent, vous avez appris à jouer un son lorsqu'une collision se produit. Pour jouer une musique de fond, vous utiliserez le même principe, mais ici vous activerez la musique dès l'ouverture de la page en affectant la valeur `autoplay` à l'attribut `autoplay` de la balise `<audio>`. De même, vous affecterez la valeur `loop` à l'attribut `loop` de la balise `<audio>` pour que la musique boucle sur elle-même :

```
<audio preload="auto" id="musiqueFond" autoplay="autoplay" loop
    ="loop">
  <source src="BabyPleaseDontGo.mp3" type="audio/mp3">
  <source src="BabyPleaseDontGo.mp3" type="audio/ogg">
</audio>
```

Et maintenant, la balle est dans votre camp. À vos claviers, et amusez-vous bien !

Correction

J'espère que tout s'est bien passé. Pour faciliter la correction, nous allons procéder par étapes successives. Assurez-vous que vous avez passé chaque étape avec succès et, en cas de doute, comparez le code de la correction avec votre propre code. Comme toujours en programmation, il n'y a pas une solution mais plusieurs qui donnent lieu à plusieurs codes, parfois très différents. Si votre code ne ressemble pas du tout au mien mais fonctionne, ce n'est pas grave. Cela signifie simplement que vous êtes partis dans une autre direction. Ce qui compte avant tout, c'est qu'il fonctionne.

Structure HTML et mise en forme CSS

La première étape consiste à mettre en place l'ossature HTML du document. Voici le code que j'ai utilisé :

```
<!DOCTYPE html>
```

```
<html>
<head>
  <meta charset="utf-8">
  <title>jeu</title>
  <style type="text/css">
    #jeu
    {
      width: 600px;
      height: 400px;
      border: 2px black solid;
      background: url('fond.png');
    }
    #soucoupe{
      z-index: 200;
      position: absolute;
      top: 20px;
      left: 70px;
    }
    #bon{
      z-index: 100;
      position: absolute;
      display: none;
    }
    #mauvais{
      z-index: 100;
      position: absolute;
      display: none;
    }
  </style>
</head>

<body>
  <div id="jeu">
    <img id="soucoupe" src="soucoupe.png">
    <img id="bon" src="bon.png">
    <img id="mauvais" src="mauvais.png">
  </div>
  Bon : <span id="info1">0</span> Mauvais : <span id="info2">0</span> Score : <span id="info3">0</span>
  <audio preload="auto" id="musiqueFond" autoplay="autoplay" loop="loop">
    <source src="BabyPleaseDontGo.mp3" type="audio/mp3">
    <source src="BabyPleaseDontGo.ogg" type="audio/ogg">
  </audio>

  <script src="jquery.js"></script>
  <script>
    // Insérez le code jQuery ici
  </script>
</body>
```

```
</html>
```

Comme vous pouvez le voir, il n'y a rien d'exceptionnel dans ces lignes. L'aire de jeu correspond à la balise `<div id="jeu">`. Cette balise héberge trois images : l'arrière-plan (`soucoupe.png`), l'élément à collecter (`bon.png`) et l'élément qui ne doit pas être collecté (`mauvais.png`).

Trois informations sont affichées en dessous de l'aire de jeu :

1. Le nombre de bons objets collectés (`#info1`) ;
2. Le nombre de mauvais objets collectés (`#info2`) ;
3. Le score du joueur (`#info3`).

Enfin, une balise `<audio>` est utilisée pour la musique de fond.

Le code CSS n'offre aucune difficulté. L'aire de jeu est dimensionnée, encadrée et une image y est affichée en arrière-plan. La propriété `z-index` de la soucoupe volante est initialisée à 200 afin qu'elle soit toujours affichée en avant-plan. Les images d'identifiants `#bon` et `#mauvais` ont un `z-index` égal à 100. Elles s'afficheront donc entre l'image d'arrière-plan et la soucoupe volante. Elles sont positionnées de façon absolue et leur propriété `display` est initialisée à `none` afin d'être invisibles à l'ouverture de la page.

Déplacement du vaisseau

Cette deuxième étape va donner vie aux touches du pavé numérique. Dans quelques minutes, vous pourrez déplacer le vaisseau où bon vous semble.

Voici le code utilisé :

```
$(document).keydown(function(e){
  if (e.which == 39) // Vers la droite
  {
    posX = parseInt($('#soucoupe').css('left'));
    if (posX < 470)
      $('#soucoupe').css('left', posX+30);
  }
  if (e.which == 37) // Vers la gauche
  {
    posX = parseInt($('#soucoupe').css('left'));
    if (posX > 20)
      $('#soucoupe').css('left', posX-30);
  }
  if (e.which == 40) // Vers le bas
  {
    posY = parseInt($('#soucoupe').css('top'));
    if (posY < 230)
      $('#soucoupe').css('top', posY+30);
  }
  if (e.which == 38) // Vers le haut
  {
```

```
      posY = parseInt($('#soucoupe').css('top'));
      if (posY > 20)
        $('#soucoupe').css('top', posY-30);
    }
    if (e.which == 36) // Vers le haut et la gauche
    {
      posX = parseInt($('#soucoupe').css('left'));
      posY = parseInt($('#soucoupe').css('top'));
      if ((posY > 20) && (posX > 20))
        $('#soucoupe').css('left', posX-30).css('top', posY-30);
    }
    if (e.which == 33) // Vers le haut et la droite
    {
      posX = parseInt($('#soucoupe').css('left'));
      posY = parseInt($('#soucoupe').css('top'));
      if ((posY > 20) && (posX < 470))
        $('#soucoupe').css('left', posX+30).css('top', posY-30);
    }
    if (e.which == 35) // Vers le bas et la gauche
    {
      posX = parseInt($('#soucoupe').css('left'));
      posY = parseInt($('#soucoupe').css('top'));
      if ((posX > 20) && (posY < 230))
        $('#soucoupe').css('left', posX-30).css('top', posY+30);
    }
    if (e.which == 34) // Vers le bas et la droite
    {
      posX = parseInt($('#soucoupe').css('left'));
      posY = parseInt($('#soucoupe').css('top'));
      if ((posY < 230) && (posX < 470))
        $('#soucoupe').css('left', posX+30).css('top', posY+30);
    }
  });
```

Ne vous laissez pas impressionner par le nombre d'instructions contenues dans la méthode `keydown()`. Si vous y regardez d'un peu plus près, vous verrez qu'elle contient huit blocs de code consacrés au traitement des huit touches du pavé numérique. Prenons par exemple le code traitant de la touche 9 du pavé numérique. Cette touche doit déplacer le vaisseau en diagonale, vers le haut et la droite.

```
if (e.which == 33) // Vers le haut et la droite
{
  posX = parseInt($('#soucoupe').css('left'));
  posY = parseInt($('#soucoupe').css('top'));
  if ((posY > 20) && (posX < 470))
    $('#soucoupe').css('left', posX+30).css('top', posY-30);
}
```

Les deux premières instructions initialisent les variables `posX` et `posY` avec les coordonnées de la soucoupe. Si ces coordonnées le permettent, le déplacement est effectué. Ici, la soucoupe ne doit pas être trop haut (`posY > 20`) ni trop à droite (`posX < 470`). Le déplacement s'effectue en modifiant les propriétés CSS `left` et `top`.

Une fois ces instructions saisies, vous pouvez vérifier que la soucoupe est guidée avec les touches fléchées du pavé numérique.

Rien ne se passe. Est-ce que j'ai oublié quelque chose ?

Si la soucoupe reste immobile, vérifiez que la touche `Verr Num` n'est pas active. Si vous utilisez un ordinateur portable, il se peut que les touches fléchées soient absentes du clavier. Dans ce cas, vous devrez choisir d'autres touches. Reportez-vous à la section traitant de la gestion événementielle du clavier (page 121) pour avoir la liste des codes ASCII des touches du clavier.

Affichage des éléments `#bon` et `#mauvais`

Les images `#bon` et `#mauvais` doivent être affichées périodiquement à des positions choisies aléatoirement. Pour cela, vous devez mettre en place une fonction qui s'exécutera à intervalles réguliers. Voici le code de cette fonction :

```
function afficheElements()
{
  var elemX = Math.floor(Math.random()*500)+20;
  var elemY = Math.floor(Math.random()*300)+20;
  var elemType = Math.floor(Math.random()*2);
  if (elemType == 0)
  {
    $('#bon').css('top',elemY).css('left',elemX);
    $('#bon').show();
    $('#mauvais').css('display','none');
  }
  else
  {
    $('#mauvais').css('top',elemY).css('left',elemX);
    $('#mauvais').show();
    $('#bon').css('display','none');
  }
}
```

Les trois premières instructions utilisent la fonction `Math.random()` pour tirer des nombres aléatoires. Le premier correspond à l'abscisse de l'élément qui va s'afficher. Il est compris entre 0 et 519. Le deuxième correspond à l'ordonnée de l'élément qui va s'afficher. Il est compris entre 0 et 319. Enfin, le troisième détermine le type de l'élément qui sera affiché. Si `elemType` vaut 0, l'élément `#bon` est affiché aux coordonnées (`elemX`, `elemY`), puis l'élément `#mauvais` est dissimulé :

```
if (elemType == 0)
```

```
{
  $('#bon').css('top',elemY).css('left',elemX);
  $('#bon').show();
  $('#mauvais').css('display','none');
}
```

Inversement, si `elemType` est différent de 0, l'élément `#mauvais` est affiché aux coordonnées (`elemX`, `elemY`), puis l'élément `#bon` est dissimulé :

```
else
{
  $('#mauvais').css('top',elemY).css('left',elemX);
  $('#mauvais').show();
  $('#bon').css('display','none');
}
```

N'oubliez pas d'utiliser la méthode `setInterval()` pour appeler de façon répétitive la fonction `afficheElements()`. Ici, la période entre deux exécutions est fixée à 2 secondes :

```
setInterval(afficheElements, 2000);
```

Gestion des collisions

Le programme est presque terminé : il ne reste plus qu'à gérer les collisions entre le vaisseau et les éléments `#bon` et `#mauvais`. Définissez pour cela la fonction `collisions()`.

```
function collisions()
{
  posX = parseInt($('#soucoupe').css('left'));
  posY = parseInt($('#soucoupe').css('top'));
  if ($('#bon').css('display') == 'none')
  {
    elemType = 'mauvais';
    elemX = parseInt($('#mauvais').css('left'));
    elemY = parseInt($('#mauvais').css('top'));
  }
  else
     {
    elemType = 'bon';
    elemX = parseInt($('#bon').css('left'));
    elemY = parseInt($('#bon').css('top'));
  }
  if ((elemX>posX-20) && (elemX<(posX+125-50+20)) && (elemY>
     posY-20) && (elemY<(posY+177-116+20)) && (stopDetection ==
      0))
  {
    if (elemType=='bon')
    {
      var nbBon = parseInt($('#info1').text())+1;
```

```
      $('#info1').text(nbBon);
      var score = parseInt($('#info3').text())+5;
      $('#info3').text(score);
      $('#bon').css('display', 'none');
    }
    else
    {
      var nbMauvais = parseInt($('#info2').text())+1;
      $('#info2').text(nbMauvais);
      var score = parseInt($('#info3').text())-5;
      $('#info3').text(score);
      $('#mauvais').css('display', 'none');
    }
  }
}
```

Les deux premières instructions mémorisent les coordonnées de la soucoupe dans les variables `posX` et `posY` :

```
posX = parseInt($('#soucoupe').css('left'));
posY = parseInt($('#soucoupe').css('top'));
```

L'instruction `if` suivante détermine les coordonnées de l'élément (`#bon` ou `#mauvais`) affiché et les stocke dans les variables `elemX` et `elemY`. Si l'élément `#bon` n'est pas affiché :

```
if ($('#bon').css('display') == 'none')
```

... cela signifie que l'élément `#mauvais` est affiché. La chaîne « mauvais » est stockée dans la variable `elemType` et les coordonnées de l'élément `#mauvais` le sont dans les variables `elemX` et `elemY` :

```
elemType = 'mauvais';
elemX = parseInt($('#mauvais').css('left'));
elemY = parseInt($('#mauvais').css('top'));
```

Dans le cas contraire, l'élément `#bon` est affiché. La chaîne « bon » est stockée dans la variable `elemType` et les coordonnées de l'élément `#bon` le sont dans les variables `elemX` et `elemY` :

```
elemType = 'bon';
elemX = parseInt($('#bon').css('left'));
elemY = parseInt($('#bon').css('top'));
```

Il ne reste plus qu'à tester si la soucoupe et l'élément affiché aux coordonnées (`elemX`, `elemY`) se chevauchent :

```
if ((elemX>posX-20) && (elemX<(posX+125-50+20)) && (elemY>posY
    -20) && (elemY<(posY+177-116+20)))
```

Pourquoi avoir écrit posX+125-50+20 et posY+177-116+20 ?

C'est vrai qu'il aurait été plus simple d'écrire posX+95 et posY+81. Si j'ai indiqué trois nombres à la suite de posX et de posY, c'est uniquement dans un but pédagogique : le vaisseau a une largeur de 125 pixels et les éléments à collecter une largeur d'environ 50 pixels. En vérifiant que l'abscisse de l'élément est supérieure à celle du vaisseau et inférieure à celle du vaisseau + la largeur du vaisseau - la largeur de l'élément, on s'assure que l'élément est entièrement couvert par le vaisseau.

Il en va de même en ce qui concerne les deux derniers tests : en vérifiant que l'ordonnée de l'élément est supérieure à celle du vaisseau et inférieure à celle du vaisseau + la hauteur du vaisseau - la hauteur de l'élément, on s'assure que l'élément est entièrement couvert par le vaisseau.

Les 20 pixels ajoutés à posX et posY donnent une marge de sécurité autour du vaisseau afin que la collision soit plus facile à détecter. De la même façon, on enlève 20 pixels dans le premier et le troisième test pour faciliter la détection des collisions. Sans cet artifice, il faudrait que les éléments soient entièrement masqués par le vaisseau pour qu'une collision se produise.

Les lignes suivantes mettent à jour les balises <span> #info1, #info2 et #info3 en fonction de la nature de l'élément qui est entré en collision avec le vaisseau. S'il s'agit de l'élément #bon :

```
if (elemType=='bon')
```

... le nombre d'éléments #bon capturés est incrémenté de 1, le score est incrémenté de 5 et l'élément #bon est dissimulé :

```
var nbBon = parseInt($('#info1').text())+1;
$('#info1').text(nbBon);
var score = parseInt($('#info3').text())+5;
$('#info3').text(score);
$('#bon').css('display', 'none');
```

S'il s'agit de l'élément #mauvais, le nombre d'éléments #mauvais capturé est incrémenté de 1, le score est décrémenté de 5 et l'élément #mauvais est dissimulé :

```
else
{
  var nbMauvais = parseInt($('#info2').text())+1;
  $('#info2').text(nbMauvais);
  var score = parseInt($('#info3').text())-5;
  $('#info3').text(score);
  $('#mauvais').css('display', 'none');
}
```

Pour terminer, activez cette fonction à intervalles réguliers. Par exemple toutes les 200 millisecondes avec la fonction setInterval() :

```
setInterval(collisions, 200);
```

Je vous sens impatients de tester ce code. Allez-y !

Tout fonctionne correctement si ce n'est un léger problème avec la détection des collisions. Étant donné que la fonction `collisions()` est exécutée toutes les 200 millisecondes, le programme détecte parfois plusieurs collisions alors qu'une seule s'est produite. Ce qui provoque l'augmentation ou la diminution excessive du nombre de `#bon` ou de `#mauvais` capturés. Bien entendu, ce problème se propage jusqu'au score qui peut s'envoler ou diminuer bien plus rapidement que ce qu'il devrait !

Pour résoudre ce problème, nous allons définir la variable globale `stopDetection` que nous initialiserons à 0 juste après la disponibilité du DOM :

```
$(function() {
  var stopDetection = 0;
  ...
```

Pourquoi utiliser une variable globale ?

La variable `stopDetection` est dite « globale » car elle n'est pas liée à une méthode ou à une fonction donnée. Sa portée sera donc globale dans tout le code JavaScript.

Lorsqu'une collision est détectée, la valeur 1 est stockée dans la variable `stopDetection` pour indiquer qu'il ne faut plus détecter de collisions. Parallèlement, pour qu'une collision soit effective, la variable `stopCollision` doit être égale à 0. Le code de la fonction `collisions()` devient donc le suivant :

```
if ((elemX>posX) && (elemX<(posX+233)) && (elemY>posY) && (
    elemY<(posY+127)) && (stopDetection == 0))
{
  $('#son')[0].play();
  stopDetection = 1;
```

Il ne reste plus qu'à mettre à 0 la variable `stopDetection` lorsqu'un nouvel élément est affiché :

```
function afficheElements()
{
  stopDetection = 0;
  ...
```

Ça y est, le code est entièrement opérationnel. J'espère que sa mise au point ne vous a posé aucun problème. N'hésitez pas à modifier ou ajouter des choses (des sons par exemple). Ce qui serait bien, c'est de permettre au joueur de mettre la musique en pause ou en lecture.

▷ Essayer le jeu
Code web : 764240

```
<!DOCTYPE html>
<html>
<head>
  <meta charset="utf-8">
  <title>jeu</title>
  <style type="text/css">
    #jeu{
      width: 600px;
      height: 400px;
      border: 2px black solid;
      background: url('fond.png');
    }
    #soucoupe{
      z-index: 200;
      position: absolute;
      top: 20px;
      left: 70px;
    }
    #bon{
      z-index: 100;
      position: absolute;
      display: none;
    }
    #mauvais{
      z-index: 100;
      position: absolute;
      display: none;
    }
  </style>
</head>

<body>
  <div id="jeu">
    <img id="soucoupe" src="soucoupe.png">
    <img id="bon" src="bon.png">
    <img id="mauvais" src="mauvais.png">
  </div>
  Bon : <span id="info1">0</span> Mauvais : <span id="info2"
     >0</span> Score : <span id="info3">0</span>
  <audio preload="auto" id="musiqueFond" autoplay="autoplay"
     loop="loop"><source src="BabyPleaseDontGo.mp3" type="audio
     /mp3"><source src="BabyPleaseDontGo.ogg" type="audio/ogg"
     ></audio>

  <script src="jquery.js"></script>
  <script>
    $(function() {
      var stopDetection = 0;
      $(document).keydown(function(e){
      if (e.which == 39) // Vers la droite
```

```
      {
        posX = parseInt($('#soucoupe').css('left'));
          if (posX < 470)
            $('#soucoupe').css('left', posX+30);
        }
        if (e.which == 37) // Vers la gauche
        {
          posX = parseInt($('#soucoupe').css('left'));
          if (posX > 20)
            $('#soucoupe').css('left', posX-30);
        }
        if (e.which == 40) // Vers le bas
        {
          posY = parseInt($('#soucoupe').css('top'));
          if (posY < 230)
            $('#soucoupe').css('top', posY+30);
        }
        if (e.which == 38) // Vers le haut
        {
          posY = parseInt($('#soucoupe').css('top'));
          if (posY > 20)
            $('#soucoupe').css('top', posY-30);
        }
        if (e.which == 36) // Vers le haut et la gauche
        {
          posX = parseInt($('#soucoupe').css('left'));
          posY = parseInt($('#soucoupe').css('top'));
          if ((posY > 20) && (posX > 20))
            $('#soucoupe').css('left', posX-30).css('top', posY-30);
        }
        if (e.which == 33) // Vers le haut et la droite
        {
          posX = parseInt($('#soucoupe').css('left'));
          posY = parseInt($('#soucoupe').css('top'));
          if ((posY > 20) && (posX < 470))
            $('#soucoupe').css('left', posX+30).css('top', posY-30);
        }
        if (e.which == 35) // Vers le bas et la gauche
        {
          posX = parseInt($('#soucoupe').css('left'));
          posY = parseInt($('#soucoupe').css('top'));
          if ((posX > 20) && (posY < 230))
            $('#soucoupe').css('left', posX-30).css('top', posY+30);
        }
        if (e.which == 34) // Vers le bas et la droite
        {
          posX = parseInt($('#soucoupe').css('left'));
```

```
        posY = parseInt($('#soucoupe').css('top'));
        if ((posY < 230) && (posX < 470))
          $('#soucoupe').css('left', posX+30).css('top', posY
              +30);
      }
    });

    function afficheElements()
    {
      stopDetection = 0;
      var elemX = Math.floor(Math.random()*500)+20;
      var elemY = Math.floor(Math.random()*300)+20;
      var elemType = Math.floor(Math.random()*2);
      if (elemType == 0)
      {
        $('#bon').css('top',elemY).css('left',elemX);
        $('#bon').show();
        $('#mauvais').css('display','none');
      }
      else
      {
        $('#mauvais').css('top',elemY).css('left',elemX);
        $('#mauvais').show();
        $('#bon').css('display','none');
      }
    }

    function collisions()
    {
      posX = parseInt($('#soucoupe').css('left'));
      posY = parseInt($('#soucoupe').css('top'));
      if ($('#bon').css('display') == 'none')
      {
        elemType = 'mauvais';
        elemX = parseInt($('#mauvais').css('left'));
        elemY = parseInt($('#mauvais').css('top'));
      }
      else
      {
        elemType = 'bon';
        elemX = parseInt($('#bon').css('left'));
        elemY = parseInt($('#bon').css('top'));
      }
      if ((elemX>posX-20) && (elemX<(posX+125-50+20)) && (
          elemY>posY-20) && (elemY<(posY+177-116+20)) && (
          stopDetection == 0))
      {
        stopDetection = 1;
        if (elemType=='bon')
        {
```

```
                var nbBon = parseInt($('#info1').text())+1;
                $('#info1').text(nbBon);
                var score = parseInt($('#info3').text())+5;
                $('#info3').text(score);
                $('#bon').css('display', 'none');
              }
              else
              {
                var nbMauvais = parseInt($('#info2').text())+1;
                $('#info2').text(nbMauvais);
                var score = parseInt($('#info3').text())-5;
                $('#info3').text(score);
                $('#mauvais').css('display', 'none');
              }
            }
          }

          setInterval(afficheElements, 2000);
          setInterval(collisions, 200);
        });
      </script>
    </body>
    </html>
```

Quatrième partie

jQuery et AJAX

Chapitre 17

Premiers pas avec AJAX

Difficulté :

Ce chapitre va aborder un sujet qui fait souvent peur aux programmeurs Web : AJAX. Vous allez voir à quel point jQuery facilite les échanges de données AJAX et il y a fort à parier que vous utiliserez sans aucune appréhension tout ce qui sera écrit dans ce chapitre pour obtenir des pages Web dynamiques, vraiment réactives et qui soulageront dans de grandes mesures les échanges avec le serveur.

Qu'est-ce qu'AJAX ?

Lorsque vous naviguez de page en page sur un site Web traditionnel (entendez par là non-AJAX), les actions de l'internaute se traduisent par les actions suivantes :

1. Envoi d'une requête au serveur afin d'obtenir une nouvelle page.
2. Calcul de la nouvelle page par le serveur et envoi des données HTML/CSS correspondantes.
3. Affichage de ces données dans le navigateur.

Cette technique fonctionne très bien dans la plupart des cas, mais parfois seule une partie de la page nécessite d'être mise à jour. C'est là qu'intervient AJAX :

1. Dans un premier temps, envoi d'une requête au serveur afin d'obtenir les données qui seront affichées dans une partie bien précise de la page actuelle.
2. Calcul des données demandées par le serveur et envoi de ces données au navigateur au format XML.
3. Réception des données envoyées par le programme (on dit aussi moteur) AJAX qui les a demandées et affichage dans un endroit bien précis de la page actuelle sans toucher au reste de la page.

La figure 17.1 résume ces deux modes de fonctionnement.

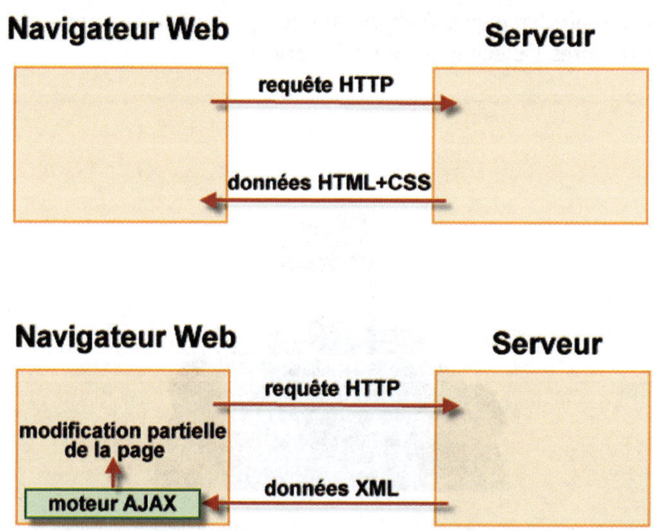

FIGURE 17.1 – Les deux modes de fonctionnement d'un site Web : client-serveur et AJAX

Si, dans la plupart des cas, un fonctionnement traditionnel est entièrement satisfaisant, les performances d'affichage peuvent être grandement améliorées dans certains cas particuliers, comme par exemple l'affichage de données mises à jour à intervalles réguliers (cours d'actions en bourse par exemple), la sauvegarde des données pendant la saisie dans un formulaire, la mise à jour et/ou la vérification dynamique des champs d'un formulaire en fonction des données saisies par l'utilisateur, la saisie prédictive (comme le fait Google en proposant des réponses lorsque vous commencez à taper quelques caractères dans la case de recherche), etc.

Mais au fait, savez-vous ce que signifie le terme AJAX ? Que tous les joyeux drilles qui ont fait un rapprochement avec la lessive de même nom se rassurent, ces deux termes, quoique homonymes, n'ont aucun rapport entre eux. AJAX est l'acronyme d'*Asynchronous JavaScript and XML*. Tous ces termes se comprennent aisément : le langage JavaScript est utilisé pour demander des données au serveur. Ces données lui sont retournées de façon asynchrone sous une forme XML.

Serveur Web local et serveur Web distant

Vous savez maintenant ce que signifie le terme AJAX et ce qu'il pourra vous apporter dans vos développements Web. Vous êtes donc prêts à écrire vos premières lignes. Et pourtant, nous n'allons pas commencer tout de suite...

Jusqu'ici, tous les développements en jQuery se faisaient en local, sur votre ordinateur, et il suffisait d'afficher la page HTML dans un navigateur Web pour tester son fonctionnement. En effet, tout se passait au niveau client, c'est-à-dire dans le navigateur : aucun aller-retour avec un serveur Web n'était nécessaire. Au risque de vous décevoir, pour que les échanges AJAX fonctionnent, vous devrez utiliser un serveur. Deux possibilités s'offrent à vous. Vous pouvez :

1. Installer un serveur Web sur votre ordinateur.
2. Poster vos pages sur un serveur Web distant.

Installation et utilisation d'un serveur Apache

Si vous faites du PHP, il est plus que probable que vous ayez déjà un serveur Apache sur votre machine. En effet, des logiciels comme WAMP, MAMP, XAMPP, etc. en possèdent déjà un. Si un serveur Apache est déjà installé sur votre ordinateur, vous pouvez sauter cette étape.

L'installation d'un serveur Apache sur votre ordinateur n'a rien de sorcier : elle consiste à télécharger et exécuter un fichier. Rendez-vous sur le site officiel d'Apache et téléchargez la dernière version en date du fichier Apache. Une fois téléchargé, double-cliquez sur ce fichier pour installer le serveur Apache. Vous devriez rapidement arriver à la fenêtre visible à la figure 17.2.

▷ Site officiel d'Apache
Code web : 714866

Quelques précisions sur le paramétrage de cette boîte de dialogue :

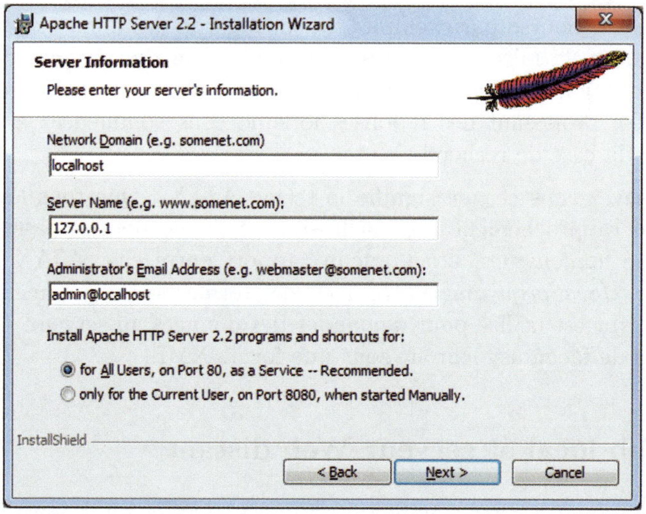

FIGURE 17.2 – Les informations concernant le serveur ont été complétées

- « localhost » fait référence à l'ordinateur local ;
- « 127.0.0.1 » correspond à l'adresse IP interne de l'ordinateur ;
- « admin@localhost » est l'adresse de l'administrateur du serveur Web. En l'occurrence, vous.
- « for All Users, on Port 80, as a Service » installe Apache pour tous les comptes d'utilisateurs en utilisant le port 80, c'est-à-dire le port de communication utilisé par défaut pour communiquer avec un serveur Web.

Cliquez sur `Next`, choisissez une installation typique. Cliquez sur `Next` et choisissez le dossier d'installation. Enfin, cliquez sur `Install` pour procéder à l'installation. Quelques instants plus tard, le serveur Web est installé sur votre ordinateur et il peut être utilisé. Pour vous en convaincre, ouvrez votre navigateur Web, tapez `http://localhost` dans la barre d'adresse et appuyez sur la touche `Entrée`. Vous devriez obtenir quelque chose ressemblant à la figure 17.3.

Peut-être avez-vous remarqué la présence d'une nouvelle icône dans la zone de notifications, comme le montre la figure 17.4. Il s'agit du moniteur Apache. Vous l'utiliserez pour démarrer, arrêter et redémarrer le service Apache.

Maintenant que le serveur Web est opérationnel, il va falloir placer vos fichiers HTML à un endroit bien précis. Le dossier de travail utilisé par défaut par Apache est le sous-dossier `htdocs` du dossier dans lequel Apache a été installé : `C:/Program Files/Apache Software Foundation/Apache2.2/htdocs` si vous avez conservé le chemin proposé dans l'assistant d'installation.

Si, pour une raison ou pour une autre, vous voulez utiliser un autre dossier, ouvrez le fichier `C:/Program Files/Apache Software Foundation/Apache2.2/conf/httpd.conf` dans un éditeur de texte quelconque, recherchez le terme « DocumentRoot » et remplacez le chemin proposé par défaut par un autre chemin qui vous convient mieux.

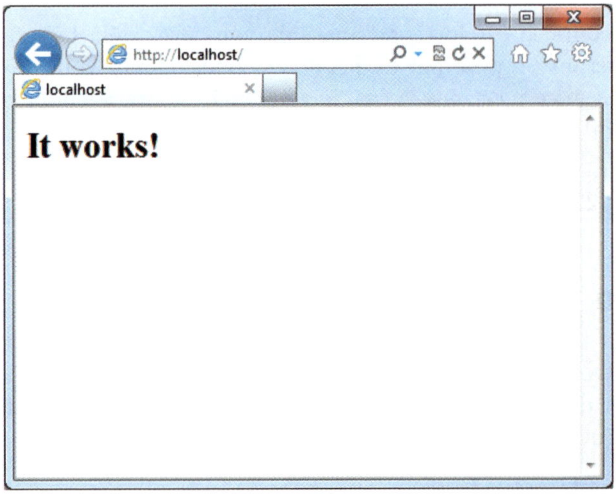

FIGURE 17.3 – Le serveur Web est opérationnel

FIGURE 17.4 – Démarrage, arrêt et redémarrage du service Apache en quelques clics de souris

Maintenant pour tester vos pages présentes dans le dossier Apache, il vous suffit d'ouvrir votre navigateur et de vous rendre sur la page `http://localhost/nom_du_fichier.html`.

Utilisation d'un serveur distant

Si vous lisez ce cours, il est fort probable que vous ayez déjà hébergé des sites Web sur un serveur distant proposé par un hébergeur quelconque. Vous devriez donc savoir comment faire. Et si ce n'est pas le cas, je vous invite à lire le chapitre dédié du cours de HTML5 de Mathieu Nebra.

▷ Lire le chapitre
Code web : 562218

Charger un fichier

Je vais vous montrer comment charger des informations stockées sur le serveur et mettre à jour un élément de la page actuelle (et juste cet élément) avec ces informations. Pour cela, nous allons utiliser la méthode `load()`, dont voici la syntaxe :

```
$('sel').load('nom_page', function() {
  //une ou plusieurs instructions
});
```

... où :

- `sel` est un sélecteur jQuery quelconque qui permet d'identifier l'élément (ou les éléments) à mettre à jour ;
- `nom_page` est le nom d'une page Web quelconque dont le contenu sera utilisé pour effectuer la mise à jour ;
- Si elle est précisée, la fonction de rappel est, comme toujours, exécutée lorsque la méthode a été exécutée, c'est-à-dire lorsque l'élément (ou les éléments) a (ont) été mis à jour.

Passons tout de suite à la pratique. Dans ce premier exemple, un document affiche deux boutons de commande et quatre balises `<div>`. Trois d'entre elles contiennent du texte et une contient une image. Le premier bouton va mettre à jour le contenu de la première balise `<div>` et le deuxième le contenu de la deuxième. Et ce, bien entendu, sans toucher au reste du document. Voici le code utilisé :

```
<style type="text/css">
  div { width: 400px; height: 300px; float: left; margin: 5px;
      }
  #premier { background-color: #F6E497; }
  #troisieme { background-color: #CAF1EC; }
  #quatrieme { background-color: #F1DBCA; }
</style>

<button id="majPremier">Mise à jour première zone</button>
```

```
<button id="majDeuxieme">Mise à jour deuxième zone</button><br /><br />
<div id="premier">
  Lorem ipsum dolor sit amet, consectetur adipisicing elit, sed do eiusmod tempor incididunt ut labore et dolore magna aliqua. Ut enim ad minim veniam, quis nostrud exercitation ullamco laboris nisi ut aliquip ex ea commodo consequat.
</div>

<div id="deuxieme">
  <img src="image1.jpg">
</div>

<div id="troisieme">
  Duis aute irure dolor in reprehenderit in voluptate velit esse cillum dolore eu fugiat nulla pariatur. Excepteur sint occaecat cupidatat non proident, sunt in culpa qui officia deserunt mollit anim id est laborum.
</div>

<div id="quatrieme">
  Sed ut perspiciatis unde omnis iste natus error sit voluptatem accusantium doloremque laudantium, totam rem aperiam, eaque ipsa quae ab illo inventore veritatis et quasi architecto beatae vitae dicta sunt explicabo.
</div>

<script src="jquery.js"></script>
<script>
  $(function() {
    $('#majPremier').click(function() {
      $('#premier').load('maj1.html', function() {
        alert('La première zone a été mise à jour');
      });
    });

    $('#majDeuxieme').click(function() {
      $('#deuxieme').load('maj2.html', function() {
        alert('La deuxième zone a été mise à jour');
      });
    });
  });
</script>
```

Examinons le code jQuery. Lorsque le premier bouton est cliqué, la balise d'identifiant `#premier` (en d'autres termes, la première balise `<div>`) est mise à jour avec le contenu du document `maj1.html` :

```
$('#premier').load('maj1.html', function() {
```

La fonction de rappel de la méthode `load()` est utilisée pour indiquer la fin de la mise à jour :

```
alert('La première zone a été mise à jour');
```

Voici le code contenu dans le fichier `maj1.html` :

```
<!DOCTYPE html>
<html>
  <head>
    <meta charset="UTF-8">
  </head>

  <body>
    Ut enim ad minima veniam, quis nostrum exercitationem ullam
        corporis suscipit laboriosam, nisi ut aliquid ex ea
        commodi consequatur? Quis autem vel eum iure
        reprehenderit qui in ea voluptate velit esse quam nihil
        molestiae consequatur, vel illum qui dolorem eum fugiat
        quo voluptas nulla pariatur?
  </body>
</html>
```

Le texte compris entre les balises `<body>` et `</body>` sera utilisé pour mettre à jour la première balise `<div>` de notre document. Le texte original « Lorem ipsum dolor sit amet... » deviendra donc « Ut enim ad minima veniam... ».

Lorsque le deuxième bouton est cliqué, la même technique met à jour le contenu de la deuxième balise `<div>`, avec le document `maj2.html` :

```
<!DOCTYPE html>
<html>
  <head>
    <meta charset="UTF-8">
  </head>

  <body>
    <img src="image2.jpg">
  </body>
</html>
```

▷ Essayer ce code
Code web : 330735

Charger une partie d'un fichier

En modifiant légèrement la syntaxe de la méthode `load()`, il est possible d'utiliser une partie seulement des données auxquelles donne accès la requête AJAX. Pour cela, il suffit de faire suivre le nom du fichier par une espace et par un sélecteur jQuery :

```
$('sel').load('nom_page sel2', function() {
  //Une ou plusieurs instructions
});
```

... où :

- sel est un sélecteur jQuery quelconque qui permet d'identifier l'élément (ou les éléments) à mettre à jour ;
- nom_page est le nom d'une page Web quelconque dont le contenu sera utilisé pour effectuer la mise à jour ;
- sel2 est un sélecteur jQuery quelconque, sans le signe $ ni les parenthèses, qui permettra d'isoler certaines données dans la page nom_page ;
- Si elle est précisée, la fonction de rappel est, comme toujours, exécutée lorsque la méthode a été exécutée, c'est-à-dire lorsque l'élément (ou les éléments) a (ont) été mis à jour.

À titre d'exemple, j'ai regroupé les données de mise à jour qui se trouvaient dans les fichiers maj1.html et maj2.html de l'exemple précédent, je les ai placées dans le fichier maj.html et je leur ai affecté un identifiant pour qu'elles soient plus faciles à isoler en jQuery :

```
<!DOCTYPE html>
<html>
  <head>
    <meta charset="UTF-8">
  </head>

  <body>
    <div id="modif1">
      Ut enim ad minima veniam, quis nostrum exercitationem
          ullam corporis suscipit laboriosam, nisi ut aliquid ex
           ea commodi consequatur? Quis autem vel eum iure
          reprehenderit qui in ea voluptate velit esse quam
          nihil molestiae consequatur, vel illum qui dolorem eum
           fugiat quo voluptas nulla pariatur?
    </div>
    <img id="modif2" src="paysage2.jpg">
  </body>
</html>
```

Ainsi, le texte à utiliser pour mettre à jour la première balise est facilement identifiable par l'identifiant #modif1, et l'image à utiliser pour mettre à jour la deuxième balise est facilement identifiable par l'identifiant #modif2. Voici comment doivent être modifiées les deux méthodes événementielles de l'exemple précédent pour n'utiliser qu'une partie du fichier lors de la mise à jour :

```
$('#majPremier').click(function() {
  $('#premier').load('maj.html #modif1', function() {
    alert('La première zone a été mise à jour');
  });
});
```

```

$('#majDeuxieme').click(function() {
  $('#deuxieme').load('maj.html #modif2', function() {
    alert('La deuxième zone a été mise à jour');
  });
});
```

Passer des paramètres à un programme PHP

Je ne pouvais pas faire l'impasse sur les possibilités de passage de paramètres de la méthode `load()`. Cette technique est particulièrement adaptée si vous programmez en PHP. En utilisant jQuery pour créer des adresses URL contenant un ou plusieurs paramètres (`http://site.fr/page.php?id=10&p=2`), vous pourrez interroger une base de données en PHP et retourner des informations qui dépendent des paramètres passés dans l'URL.

Première forme de la méthode `load()`

Pour passer des paramètres à la suite de l'adresse URL avec la méthode `load()`, voici la syntaxe à utiliser :

```
$('sel').load(url,param);
```

… où :

- `sel` est un sélecteur jQuery quelconque qui permet d'identifier l'élément (ou les éléments) à mettre à jour ;
- `url` est le nom de la page PHP qui sera utilisée pour faire la mise à jour ;
- `param` est une chaîne qui contient un ou plusieurs couples paramètres/valeurs. Par exemple, si `param` vaut « id=5, p=14 » et `url` vaut `http://site.fr/page.php`, la page utilisée pour la mise à jour sera `http://site.fr/page.php?id=5&p=14`.

Et maintenant, je vous propose de voir comment utiliser cette version de la méthode `load()` sur un cas concret. Que diriez-vous d'afficher des proverbes chinois en utilisant quelques lignes de jQuery associées à un programme écrit en PHP ? Voici le code HTML/jQuery utilisé :

```
<!DOCTYPE html>
<html>
  <head>
    <meta charset="UTF-8">
    <title>Ajax - Load</title>
  </head>

  <body>
    <input type="text" id="ref">
    <button id="action">Afficher</button><br />
```

```
    <div id="r">Entrez un nombre compris entre 1 et 10 pour afficher un proverbe chinois</div>

    <script src="jquery.js"></script>
    <script>
      $(function() {
        $('#action').click(function() {
          var param = 'l=' + $('#ref').val();
          $('#r').load('http://www.proverbes.php',param);
        });
      });
      </script>
  </body>
</html>
```

Lorsque le bouton est cliqué, le contenu de la zone de texte est lu avec la méthode jQuery `val()` appliquée à la zone de texte `#ref`. La valeur ainsi obtenue est mémorisée dans la variable `param`, précédée du texte « l= » :

```
var param = 'l=' + $('#ref').val();
```

Par exemple, si vous tapez « 5 » dans la zone de texte, la variable `param` contiendra la chaîne « l=5 » après l'exécution de cette instruction.

La ligne suivante passe le paramètre que vous avez saisi au programme `proverbes.php` et met à jour la balise `<div id="r">` en conséquence :

```
$('#r').load('proverbes.php',param);
```

Il ne vous manque plus que le traitement PHP. Je vais vous le donner, mais je ne vais pas l'expliquer, ce n'est pas vraiment le but de ce cours. Sans plus attendre...

```
<?php
$proverbe = array(
  "On ne rassasie pas un chameau en le nourrissant à la cuillère.",
  "Connaître son ignorance est la meilleure part de la connaissance.",
  "Une maison en paille où l'on rit, vaut mieux qu'un palais où l'on pleure.",
  "Le vrai voyageur ne sait pas où il va.",
  "Point n'est besoin d'élever la voix quand on a raison.",
  "Un ami c'est une route, un ennemi c'est un mur.",
  "Un peu de parfum demeure toujours sur la main qui te donne des roses.",
  "Si élevé que soit l'arbre, ses feuilles tombent toujours à terre.",
  "Si ce que tu as à dire n'est pas plus beau que le silence, tais toi.",
  "Trois coupes de vin font saisir une doctrine profonde."
);

```

```
$l=$_GET["l"];
if (($l != "") && ($l>0) && ($l<11))
{
  echo "<u>Proverbe chinois N° ".$l."</u><br><br>";
  echo "<b>".$proverbe[$l-1]."</b>";
}
else
  echo "<font color=red>Entrez un nombre compris entre 1 et 10 !</font>";
?>
```

▷ Essayer ce code
Code web : 639863

Seulement attention, comme je vous le disais précédemment, le PHP doit être placé sur un serveur, local ou distant. Pour que votre page fonctionne, placez les deux fichiers sur un serveur.

Il est impossible d'afficher des informations provenant d'un autre site. Votre traitement PHP doit donc être sur le même hébergement que votre code jQuery, sans ça rien ne fonctionnera.

Deuxième forme de la méthode `load()`

Il est également possible de passer un objet en deuxième argument de la méthode `load()`. Par exemple, vous pourriez passer deux couples paramètres/valeurs en utilisant l'instruction suivante :

```
$('sel').load('http://www.site.com/page.php',{ id:50, nom: 'durand'});
```

Mais attention, dans ce cas, les valeurs sont passées par une requête HTTP `POST`. Elles devront donc être récupérées de la sorte par le programme PHP.

Requête HTTP `POST` ? Mais qu'est-ce que tout ce charabia ?

À chaque manipulation de l'utilisateur, le navigateur envoie une requête au serveur contenant une référence à une page Web (`http://www.site.com/page.php?id=1&p=2` par exemple). Le serveur effectue les calculs nécessaires et renvoie le résultat au navigateur sous forme d'une page Web. Les requêtes peuvent être de type `GET` (apparentes dans l'adresse URL) ou `POST` (absentes de l'adresse URL). Selon la méthode utilisée, les instructions permettant de récupérer les données côté serveur seront différentes.

Requêtes GET et POST

La fonction `get()`

En parallèle de la méthode `load()`, vous pouvez utiliser la fonction jQuery `get()` pour obtenir des données envoyées par le serveur en utilisant une requête HTTP `GET`. Voici la syntaxe de cette fonction :

```
$.get(adresse, données, function() {
  // Une ou plusieurs instructions
});
```

... où :

- `adresse` est le nom d'une page Web quelconque dont le contenu sera récupéré par la fonction `get()` ;
- `données` représente les données à passer à la page Web par une requête HTTP `GET` ;
- Si elle est précisée, la fonction de rappel est, comme toujours, exécutée lorsque la méthode a été exécutée, c'est-à-dire lorsque l'élément (ou les éléments) a (ont) été mis à jour.

Passons à la pratique. À l'aide de la fonction `get()`, nous allons modifier le code précédent pour récupérer le code HTML retourné par une page PHP et l'afficher dans une boîte de message. Voici les instructions utilisées :

```
<!DOCTYPE html>
<html>
  <head>
    <meta charset="UTF-8">
    <title>Ajax - Get</title>
  </head>

  <body>
    <button id="action">Lancer la requête HTTP GET</button><br
       />

    <script src="jquery.js"></script>
    <script>
      $(function() {
        $('#action').click(function() {
          $.get('proverbes.php?l=9', function(data) {
            alert(data);
          });
        });
      });
    </script>
  </body>
</html>
```

▷ Essayer ce code
Code web : 236871

Le corps du document comporte un simple bouton de commande qui déclenchera l'exécution de la méthode `get()`. Lorsque ce bouton est cliqué, la fonction `get()` est exécutée. Le premier paramètre de la fonction contient l'adresse de la page à exécuter (ici, une page PHP). Le deuxième correspond à la fonction de rappel grâce à laquelle les données retournées par la page PHP seront récupérées :

```
$.get('proverbes.php?l=9', function(data) {
```

Le paramètre `data` ayant été passé en argument de la fonction de rappel, il suffit de l'utiliser pour récupérer les données affichées par la page PHP. Ces données sont alors affichées dans une boîte de message avec la fonction `alert()`.

La figure 17.5 vous montre le résultat.

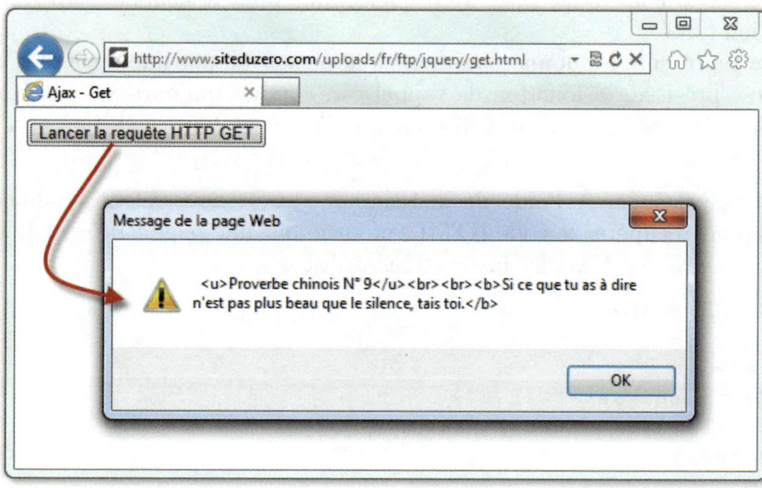

FIGURE 17.5 – Récupération des données PHP et affichage

La fonction `post()`

La fonction `post()` est toute indiquée si vous voulez envoyer des données de grande taille et/ou sensibles (entendez par là qui contiennent des mots de passe ou d'autres données du même type) au serveur. Par exemple, vous utiliserez la fonction `post()` pour envoyer des données saisies dans un formulaire, qui doivent être stockées dans la base de données du site. Voici le type d'instruction que vous pourriez utiliser :

```
$.post('traiteFormulaire.php', { nom: 'Pierre34', heure: '2pm',
    post='Un peu de texte récupéré dans un formulaire HTML et
   destiné à être posté dans un forum.' },
   function(data) {
     alert(data);
   });
```

Ici, le programme `traiteFormulaire.php` est exécuté. Les données saisies dans le formulaire lui sont transmises, et les éléments affichés par le programme PHP sont affichés dans une boîte de message.

Faire patienter l'utilisateur avec une animation

Certaines requêtes AJAX peuvent demander quelques secondes pour s'exécuter. Pour faire patienter la personne qui en est à l'origine, il est courant d'utiliser une image GIF animée, comme celle présentée à la figure 17.6.

FIGURE 17.6 – L'image indique au visiteur qu'il doit attendre quelques secondes

> Si vous désirez une image différente, je vous conseille de vous rendre sur le site `http://ajaxload.info` pour obtenir une image GIF en parfait accord avec la charte graphique de votre site.

Pour gérer l'affichage de cette image, il suffit d'y faire référence lorsque la requête AJAX est déclenchée, puis de l'effacer lorsque l'exécution de la requête AJAX est terminée.

À titre d'exemple, voici comment a été modifié le code de l'exemple précédent pour afficher une image d'attente entre le début et la fin de la requête AJAX :

```
<!DOCTYPE html>
<html>
  <head>
    <meta charset="UTF-8">
    <title>Ajax - Load</title>
  </head>

  <body>
    <input type="text" id="ref">
    <button id="action">Afficher</button><br />
    <div id="r">Entrez un nombre compris entre 1 et 10 pour
        afficher un proverbe chinois</div>

    <script src="jquery.js"></script>
    <script>
      $(function() {
        $('#action').click(function() {
          $('#r').html('<img src="http://www.mediaforma.com/sdz
              /jquery/ajax-loader.gif">');
          var param = 'l=' + $('#ref').val();
          $('#r').load('http://www.mediaforma.com/sdz/jquery/
              data.php',param);
        });
      });
```

```
22         </script>
23     </body>
24 </html>
```

Qu'est-ce qui a changé, d'après vous ? Le code HTML est strictement identique. C'est du côté jQuery qu'il faut chercher les différences, ou plutôt la différence, puisqu'une seule instruction a été ajoutée, ligne 17 :

```
$('#r').html('<img src="http://www.mediaforma.com/sdz/jquery/
    ajax-loader.gif">');
```

Lorsque le bouton est cliqué par l'utilisateur, cette ligne affiche l'animation dans la balise `<div>`. Les lignes 18 et 19 lancent une requête AJAX qui met à jour le contenu de la balise `<div>` et donc efface l'image GIF animée.

En résumé

- Pour mettre à jour une zone du document avec une page Web (écrite en HTML ou en PHP par exemple), le plus simple consiste à utiliser la méthode `load()`, en précisant le nom de la page entre les parenthèses, éventuellement suivi d'une fonction de rappel. Si elle est précisée, cette fonction sera appelée lorsque les données auront été chargées.
- En modifiant légèrement la syntaxe de la méthode `load()`, il est possible d'utiliser une partie seulement des données auxquelles donne accès la requête AJAX. Pour cela, il suffit de faire suivre le nom du fichier par une espace et par un sélecteur jQuery, sans le signe $, sans les parenthèses et sans les apostrophes.
- Un ou plusieurs couples paramètres/valeurs peuvent être passés à la méthode `load()`. Indiquez-les sous la forme d'une chaîne dans le deuxième paramètre de la fonction.
- Plusieurs fonctions jQuery vont vous permettre d'aller plus loin avec vos requêtes AJAX. Vous pouvez en particulier envoyer des requêtes HTTP `GET` et `POST` au serveur avec les fonctions `$.get()` et `$.post()`, charger et exécuter un script JavaScript avec la fonction `$.getScript()` et des données JSON avec la fonction `$.getJSON()`.

Chapitre 18

Plus loin avec AJAX

Difficulté :

Arrivés à ce point dans la lecture du cours, vous savez mettre à jour une partie d'une page Web en utilisant la méthode `load()`. Nous allons maintenant nous intéresser à des fonctions jQuery complémentaires.

Les méthodes se différencient des fonctions, car elles s'appliquent à des éléments obtenus à travers un sélecteur jQuery. Dans `$('sélecteur').meth(paramètres);`, `meth` est une méthode, alors que dans `$.fonc(paramètres);`, `fonc` est une fonction.

Charger un script et des données JSON

Charger un script

La fonction `getScript()` permet de charger (de façon asynchrone) puis d'exécuter un fichier JavaScript. Dans sa syntaxe la plus simple, il suffit de préciser l'adresse URL du fichier à charger :

```
$.getScript('adresse');
```

Dans la deuxième syntaxe, une fonction de retour est précisée en deuxième paramètre de la fonction. Cette fonction est exécutée lorsque le code JavaScript a été chargé et exécuté :

```
$.getScript('adresse', function() {
  // Une ou plusieurs instructions
});
```

Charger des données codées en JSON

JSON (*JavaScript Object Notation*) est un format de données textuel qui permet de représenter des informations structurées. Voici un exemple de données au format JSON :

```
{
  'menu': 'Fichier',
  'commande': [
      {
          'nomCde': 'Nouveau',
          'action':'CreateDoc'
      },
      {
          'nomCde': 'Ouvrir',
          'action': 'OpenDoc'
      },
      {
          'nomCde': 'Enregistrer sous',
          'action': 'SaveAs'
      }
      {
          'nomCde': 'Fermer',
          'action': 'CloseDoc'
      }
    ]
}
```

Comme vous pouvez le déduire en examinant ce code, un fichier JSON est composé d'un ensemble de paires `'nom':'valeur'` organisées de façon hiérarchique. Ici par exemple, les noms `menu` et `commande` se trouvent au même niveau hiérarchique. Quant aux noms `nomCde` et `action`, il s'agit des enfants du nom `commande`.

Dans vos vies de programmeurs jQuery, vous serez peut-être amenés à manipuler des données au format JSON. Pour cela, vous chargerez le fichier de données JSON avec la fonction `$.getJSON()`, puis vous travaillerez sur les différentes données qui le composent en utilisant la fonction de rappel.

Pour bien comprendre comment accéder aux données d'un fichier codé en JSON, nous allons raisonner sur un exemple simple qui comporte quatre paires `'nom':'valeur'` de même niveau :

```
{
  "nom": "Pierre Durand",
  "age": "27",
  "ville": "Paris",
  "domaine": "HTML5, CSS3, JavaScript"
}
```

Et voici le code HTML/jQuery utilisé pour manipuler ces données :

```
<button id="charger">Charger et traiter les données</button>
<div id="r">Cliquez sur « Charger et traiter les données » pour lancer la lecture et le traitement des données JSON</div>

<script src="jquery.js"></script>
<script>
  $(function() {
    $('#charger').click(function() {
        $.getJSON('fichier.json', function(donnees) {
        $('#r').html('<p><b>Nom</b> : ' + donnees.nom + '</p>');
        $('#r').append('<p><b>Age</b> : ' + donnees.age + '</p>');
        $('#r').append('<p><b>Ville</b> : ' + donnees.ville + '</p>');
        $('#r').append('<p><b>Domaine de compétences</b> : ' + donnees.domaine + '</p>');
      });
    });
  });
</script>
```

Lorsque le bouton est cliqué, la fonction `getJSON()` est exécutée pour charger le fichier de données `fichier.json` :

```
$.getJSON('fichier.json', function(donnees) {
```

Le deuxième paramètre de la fonction `getJSON()` correspond à la fonction de rappel. Cette fonction est exécutée lorsque le fichier de données a été entièrement chargé. Remarquez le mot `donnees` passé comme paramètre de la fonction de rappel. C'est par son intermédiaire que les données JSON seront accessibles.

Dans un premier temps, la valeur correspondant au nom (`donnees.nom`) est extraite du fichier de données et placée sous une forme HTML (`html()`) dans la balise `<div>`

#r. Comme nous passons par la méthode html() pour remplir la balise <div>, il est possible d'utiliser des attributs de mise en forme. Ici, le mot « Nom » est mis en gras avec la balise HTML <b> :

```
$('#r').html('<p><b>Nom</b> : ' + donnees.nom + '</p>');
```

La donnée age (donnees.age) est alors extraite du fichier de données et placée à la suite du nom, dans un nouveau paragraphe. Ici aussi, le nom du champ est mis en gras en utilisant la balise HTML <b>.

Deux instructions similaires extraient les données ville et domaine du fichier de données JSON et les affichent à la suite du nom et de l'âge :

```
$('#r').append('<p><b>Ville</b> : ' + donnees.ville + '</p>');
$('#r').append('<p><b>Domaine de compétences</b> : ' + donnees.
    domaine + '</p>');
```

La figure 18.1 représente le rendu de ce code dans un navigateur.

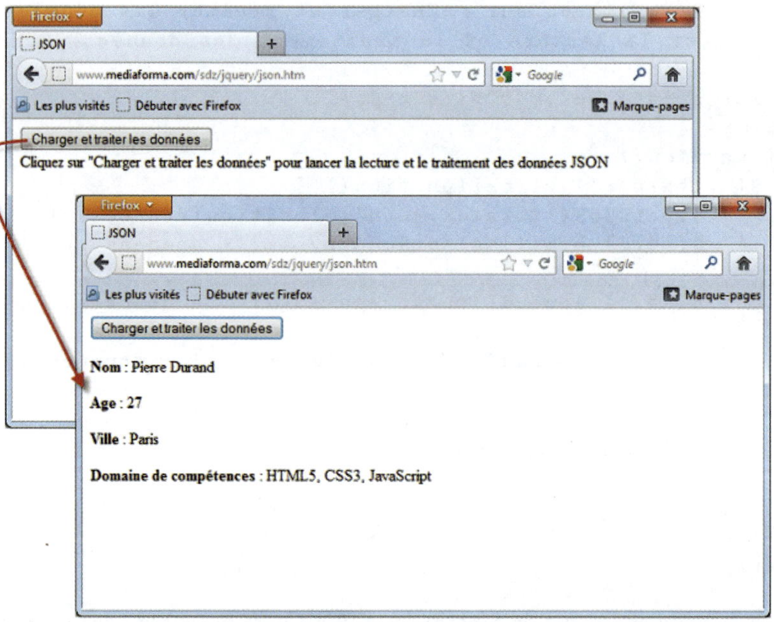

FIGURE 18.1 – Récupération des données dans le fichier JSON

La fonction ajax()

J'ai gardé le meilleur pour la fin : la fonction $.ajax() ! Tout comme les méthodes et fonctions AJAX étudiées jusqu'ici, $.ajax() permet d'envoyer des requêtes HTTP AJAX à un serveur Web. Ce qui la différencie de ses « collègues », c'est la finesse des paramètres qui peuvent lui être communiqués. N'ayez crainte, je vais tout vous expliquer et vous jugerez en toute connaissance de cause si oui ou non vous avez besoin de cette fonction. Deux syntaxes sont possibles :

```
$.ajax(adresse, {options});

$.ajax({options});
```

... où `adresse` est l'adresse à laquelle la requête doit être envoyée, et `options` correspond à une ou plusieurs des options suivantes :

- `type` : type de la requête, `GET` ou `POST` (`GET` par défaut).
- `url` : adresse à laquelle la requête doit être envoyée.
- `data` : données à envoyer au serveur.
- `dataType` : type des données qui doivent être retournées par le serveur : `xml`, `html`, `script`, `json`, `text`.
- `success` : fonction à appeler si la requête aboutit.
- `error` : fonction à appeler si la requête n'aboutit pas.
- `timeout` : délai maximum (en millisecondes) pour que la requête soit exécutée. Si ce délai est dépassé, la fonction spécifiée dans le paramètre `error` sera exécutée.

Beaucoup d'autres options peuvent être utilisées. Pour en avoir une liste exhaustive, consultez la documentation officielle.

▷ La documentation officielle
Code web : 767757

Que diriez-vous de passer à la pratique pour voir comment utiliser cette fonction ? Je vous propose de reprendre l'exemple du chapitre précédent et de remplacer la fonction `$.get()` par `$.ajax()`. Voici le code utilisé :

```
<!DOCTYPE html>
<html>
  <head>
    <meta charset="UTF-8">
    <title>Ajax - La fonction ajax()</title>
  </head>

  <body>
    <button id="action">Lancer la requête AJAX</button><br />

    <script src="jquery.js"></script>
    <script>
      $(function() {
        $('#action').click(function() {
          $.ajax({
            type: 'GET',
            url: 'proverbes.php?l=7',
            timeout: 3000,
            success: function(data) {
              alert(data); },
            error: function() {
```

```
                    alert('La requête n\'a pas abouti'); }
                });
            });
        });
        </script>
    </body>
</html>
```

Le corps du document contient un bouton de commande qui sera utilisé pour exécuter la requête AJAX. Lorsque ce bouton est cliqué, la fonction `$.ajax()` est lancée pour exécuter la requête AJAX. Cette requête est de type `GET` (ce paramètre aurait pu être omis, puisqu'il s'agit de la valeur par défaut). La page invoquée est définie dans le paramètre `url` et le délai maximal d'exécution l'est dans le paramètre `timeout`. Ici, un délai de 3000 millisecondes est accordé au programme PHP pour fournir ce qui lui est demandé.

Si la requête aboutit, les données renvoyées par le programme PHP sont affichées dans une boîte de message. Dans le cas contraire, un message d'erreur est affiché. La figure 18.2 est un exemple d'exécution de cette page.

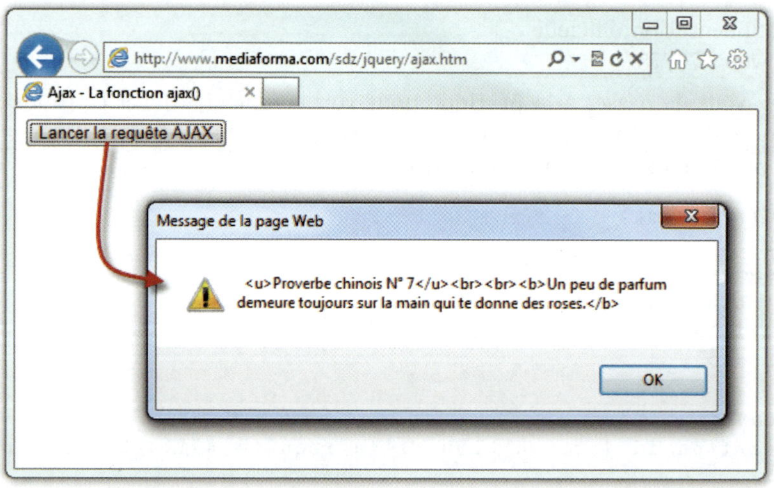

FIGURE 18.2 – Exécution de la fonction `$.ajax()` pour récupérer des données sur le serveur

Que pensez-vous de la fonction `$.ajax()` ? Personnellement, j'ai tendance à lui préférer la méthode `load()` et les fonctions `$.get()`, `$.post()`, `$.getScript()` et `$.getJSON()`. Mais ce n'est qu'une affaire de goût ! Peut-être préférerez-vous vous concentrer sur une seule fonction pour toutes vos requêtes AJAX plutôt que d'apprendre à utiliser plusieurs méthodes et fonctions.

Événements associés à une requête AJAX

Dans la section précédente, vous avez appris à utiliser la fonction `success()` pour exécuter du code lorsqu'une requête AJAX a abouti, et la fonction `error()` pour exécuter du code lorsqu'une requête AJAX n'a pas abouti. Dans cette section, vous allez découvrir une autre technique permettant d'exécuter du code à différentes étapes de l'exécution d'une requête AJAX. Cette technique repose sur la mise en place de méthodes de gestion événementielle. Le tableau suivant donne un aperçu des méthodes utilisables :

Méthode	**Événement**
`$(’sel’).ajaxSend(function(ev, req, options))`	Requête sur le point d'être envoyée
`$(’sel’).ajaxStart(function())`	Début d'exécution de la requête
`$(’sel’).ajaxStop(function())`	Fin de la requête
`$(’sel’).ajaxSuccess(function(ev, req, options))`	La requête a abouti
`$(’sel’).ajaxComplete(function(ev, req, options))`	La requête est terminée
`$(’sel’).ajaxError(function(ev, req, options, erreur))`	La requête n'a pas abouti

... où :

- `ev` représente l'événement ;
- `req` représente la requête ;
- `options` contient les paramètres passés à la requête ;
- `erreur` est le nom de l'erreur détectée par jQuery.

Voici un peu de code pour vous aider à comprendre comment utiliser ces méthodes événementielles et dans quel ordre elles sont exécutées :

```
<button id="action">Lancer la requête AJAX</button><br /><br />
<div id="donnees" style="background-color: yellow"></div><br />
<div id="message"></div>

<script src="jquery.js"></script>
<script>
  $(function() {
    $('#action').click(function() {
      $('#message').ajaxStart(function() {
        $(this).html('Méthode ajaxStart exécutée<br>');
      });
      $('#message').ajaxSend(function(ev, req, options){
        $(this).append('Méthode ajaxSend exécutée, ');
        $(this).append('nom du fichier : ' + options.url + '<br>');
      });
```

```
      $('#message').ajaxStop(function(){
        $(this).append('Méthode ajaxStop exécutée<br>');
      });
      $('#message').ajaxSuccess(function(ev, req, options){
        $(this).append('Méthode ajaxSuccess exécutée<br>');
      });
      $('#message').ajaxComplete(function(ev, req, options){
        $(this).append('Méthode ajaxComplete exécutée<br>');
      });
      $('#message').ajaxError(function(ev, req, options, erreur
        ){
        $(this).append('Méthode ajaxError exécutée, ');
        $(this).append('erreur : ' + erreur + '<br>');
      });
      $('#donnees').load('affiche.htm');
    });
  });
</script>
```

Lorsque le bouton `#action` est cliqué, plusieurs méthodes de gestion événementielle sont mises en place. Par exemple, la méthode `ajaxStart()` capture l'événement « début d'exécution de la requête ». Cette méthode est appliquée à la balise `<div>` `#message` :

```
$('#message').ajaxStart(function() {
```

Lorsque cet événement est déclenché, un texte est affiché dans la balise `<div>` `#message` :

```
$(this).html('Méthode ajaxStart exécutée<br>');
```

Les autres méthodes de gestion événementielle sont comparables. Notez simplement l'affichage du nom du fichier dans la méthode `ajaxSend()` :

```
$(this).append('nom du fichier : ' + options.url + '<br>');
```

Et l'affichage du message d'erreur dans la méthode `ajaxError()` :

```
$(this).append('erreur : ' + erreur + '<br>');
```

Une fois les méthodes de gestion événementielle définies, le contenu du document `affiche.htm` est chargé et inséré dans la balise `<div id="donnees">` :

```
$('#donnees').load('affiche.htm');
```

Le document `affiche.htm` est élémentaire : il se contente d'afficher un peu de texte dans le document :

```
<!DOCTYPE html>
<html>
  <head>
    <meta charset="UTF-8">
    <title>Affichage d'un simple texte</title>
  </head>

```

```
  <body>
    Ce texte est affiché par la page affiche.htm
  </body>
</html>
```

▷ Essayer ce code
Code web : 569829

Vous devriez obtenir quelque chose ressemblant à la figure 18.3.

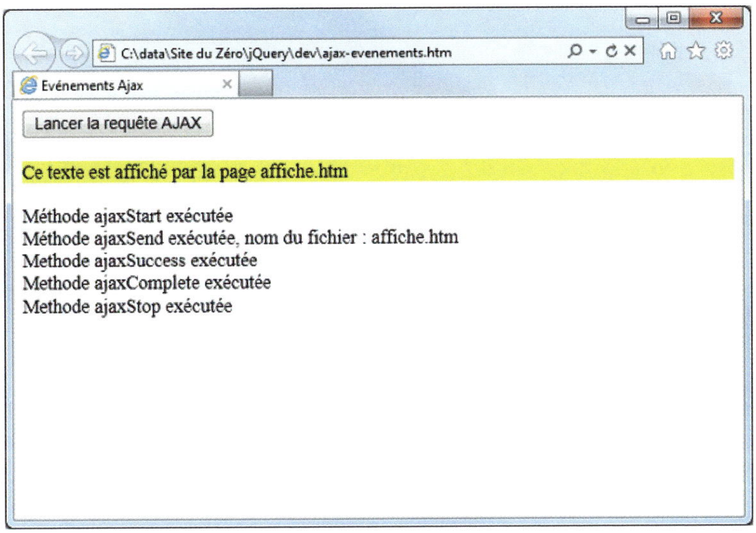

FIGURE 18.3 – Cette exécution montre l'ordre dans lequel sont levés les événements en rapport avec la requête AJAX

Essayons de modifier le nom du fichier pour faire référence à un fichier inexistant :

```
$('#donnees').load('inexistant.htm');
```

Un clic sur le bouton de commande déclenche l'exécution d'événements légèrement différents, comme le montre la figure 18.4.

En résumé

- Plusieurs fonctions jQuery vont vous permettre d'aller plus loin avec vos requêtes AJAX. Vous pouvez en particulier envoyer des requêtes HTTP `GET` et `POST` au serveur avec les fonctions `$.get()` et `$.post()`, charger et exécuter un script JavaScript avec la fonction `$.getScript()` et des données JSON avec la fonction `$.getJSON()`.
- La fonction `$.ajax()` pourra vous être utile si vous voulez paramétrer finement vos requêtes AJAX. Elle permet de définir plusieurs fonctions de rappel pour réagir à différents événements liés à la requête.

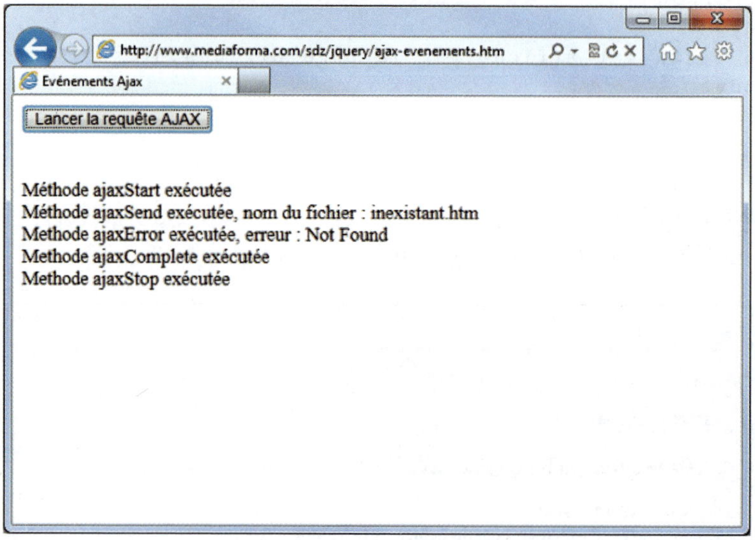

FIGURE 18.4 – Le fichier `inexistant.htm` n'a pas été trouvé, ce qui a déclenché l'événement `ajaxError`

- Enfin, vous pouvez mettre en place des méthodes de gestion événementielle pour capturer les événements : `ajaxSend()`, `ajaxStart()`, `ajaxStop()`, `ajaxSuccess()`, `ajaxComplete()` et `ajaxError()`.

Chapitre 19

TP : Un tchat en jQuery

Difficulté :

Je vous propose un projet ambitieux : l'écriture d'un tchat en jQuery. Si vous pensez que vous n'y arriverez jamais, relisez les titres des chapitres que vous avez lus jusqu'ici et prenez un peu de recul. Laissez aller votre imagination et demandez-vous ce qu'est un programme de tchat, ce qu'il implique et ce que vous devrez mettre en place en jQuery.

Une fois que vous aurez pris ce temps de réflexion, poursuivez la lecture et je vous donnerai toutes les instructions pour que vous arriviez à écrire ce programme.

Instructions pour réaliser le TP

Qui n'a jamais discuté en direct avec ses proches en utilisant une application de tchat ? Ce genre de programme permet de saisir de courts messages textuels qui seront affichés chez toutes les personnes qui suivent la conversation. Si une d'entre elles envoie une réponse, elle sera également affichée chez toutes les personnes qui suivent la conversation. Le principe du tchat étant posé, vous trouverez à l'image 19.1 un exemple d'exécution du programme de tchat que vous allez développer.

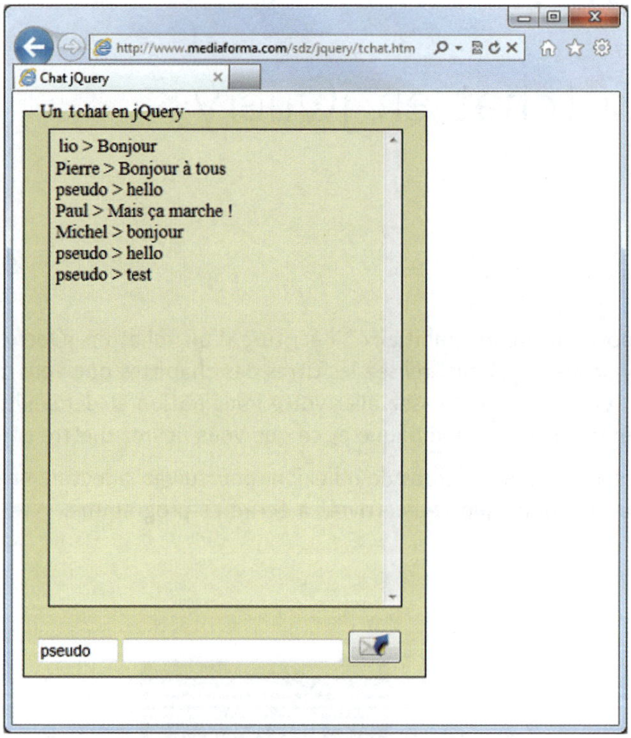

FIGURE 19.1 – D'une simplicité désarmante, ce programme est également très efficace

Voici quelques remarques pour partir du bon pied :

- Vous pouvez tester ce programme localement, en utilisant un serveur Apache, mais je vous conseille de le déposer sur un serveur Web afin que tous vos amis puissent l'utiliser.
- Lorsqu'un internaute envoie un message, les données du formulaire doivent être envoyées au programme `tchat.php`. Ce programme met à jour le fichier `ac.htm` que vous utiliserez pour rafraîchir le contenu de la zone de conversation.
- Le rafraîchissement de la conversation devra se faire toutes les 4 secondes. Vous pouvez diminuer cette période, mais le serveur sur lequel sera placé le programme risque de ne pas apprécier si de nombreuses personnes lancent une conversation.

Le code PHP

Ce tchat fonctionne grâce à un code PHP que je vais vous donner afin que vous puissiez tester votre application au fur et à mesure. Si vous n'y comprenez rien, ce n'est pas très grave, l'important est que cela fonctionne. Et pour ceux qui savent développer en PHP, n'hésitez pas à améliorer le script.

```
<?php
$nom = $_POST['nom']; //On récupère le pseudo et on le stocke
    dans une variable
$message = $_POST['message']; //On fait de même avec le
    message
$ligne = $nom.' > '.$message.'<br>'; //Le message est créé
$leFichier = file('ac.htm'); //On lit le fichier ac.htm et on
    stocke la réponse dans une variable (de type tableau)
array_unshift($leFichier, $ligne); //On ajoute le texte calcul
    é dans la ligne précédente au début du tableau
file_put_contents('ac.htm', $leFichier); //On écrit le contenu
     du tableau $leFichier dans le fichier ac.htm
?>
```

Je crois que j'ai tout dit. Alors, c'est à vous de jouer. Progressez pas à pas. N'écrivez pas trop d'instructions à la fois et surtout faites des tests le plus fréquemment possible pour valider ce que vous aurez écrit.

Correction

Je vais maintenant vous donner ma correction. Je dis bien *ma* correction et pas *la* correction. Il existe en effet plusieurs façons de résoudre le problème. Si vous êtes partis sur une tout autre technique et si cela fonctionne, je vous félicite. Par contre, si vous êtes partis sur une autre technique et que vous n'arrivez pas à obtenir le résultat escompté, je suis sûr que vous trouverez dans cette correction des éléments qui vous feront progresser jusqu'à *votre* solution…

Écriture du code HTML et CSS

Je ne vais pas m'attarder sur ce point, ce n'est pas vraiment le but de ce cours ni de ce TP. Voici le code HTML et CSS de la page du tchat, à vous de l'adapter au besoin :

```
<!DOCTYPE html>
<html>
  <head>
    <meta charset="UTF-8">
    <title>Tchat jQuery</title>
      <style type="text/css">
      #conversation {
        width: 300px;
```

```
        height: 400px;
        border: black 1px solid;
        background-color: #efecca;
        overflow-x: hidden;
        overflow-y: scroll;
        padding: 5px;
        margin-left: 10px;
      }
      fieldset {
        width: 330px;
        background-color: #e6e2af;
        border: black 1px solid;
      }
    </style>
  </head>

  <body>
   <fieldset>
     <legend>Un tchat en jQuery</legend>
      <div id="conversation"></div><br />
      <form action="#" method="post">
        <input type="text" id="nom" value="pseudo" size="6">
        <input type="text" id="message" size="27">
        <button type="button" id="envoyer" title="Envoyer"><img
             src="envoyer.gif"></button>
      </form>
    </fieldset>
  </body>
</html>
```

Écriture du code jQuery

Il ne reste plus qu'à donner vie à cette page en y insérant des instructions jQuery. Insérez le code suivant après la balise </fieldset> :

```
<script src="http://ajax.googleapis.com/ajax/libs/jquery/1/
    jquery.min.js"></script>
<script>
  $(function() {
    afficheConversation();
    $('#envoyer').click(function() {
        var nom = $('#nom').val();
        var message = $('#message').val();
        $.post('tchat.php', {'nom':nom, 'message': message },
            function() {
          afficheConversation;
        });
    });

```

```
13      function afficheConversation() {
14        $('#conversation').load('ac.htm');
15        $('#message').val('');
16        $('#message').focus();
17      }
18      setInterval(afficheConversation, 4000);
19    });
20  </script>
```

Quoi ? C'est tout ? Ces quelques lignes vont faire fonctionner le tchat ?

Eh bien... oui ! Rappelez-vous de la devise de jQuery : « *Write less, do more* », ce qui signifie « Écrivez moins pour faire plus ». Une fois de plus, jQuery montre sa puissance à travers ces quelques lignes de code.

Ligne 1, remarquez la référence à la version minimisée de jQuery sur le CDN Google. Le code jQuery occupe les lignes 3 à 19. Lorsque le DOM est disponible (`$(function() {`), la méthode `afficheConversation()` est appelée. Elle est définie entre les lignes 14 et 16. Cette méthode se contente d'afficher le contenu du fichier `ac.htm` dans la balise `<div id="conversation">` :

```
$('#conversation').load('ac.htm');
```

Cette simple instruction est responsable de tout ce qui est affiché dans la balise `<div>`. Merci jQuery !

Les lignes 5 à 11 représentent la méthode de gestion événementielle des clics sur le bouton de commande. Lorsque le bouton est cliqué, le contenu des zones de texte d'identifiants `#nom` et `#message` est stocké dans les variables `nom` et `message` :

```
var nom = $('#nom').val();
var message = $('#message').val();
```

L'instruction suivante utilise la fonction jQuery `post()` pour poster ces données au programme `tchat.php`. Lorsque les données ont été envoyées, la fonction de retour `afficheConversation()` est exécutée, ce qui provoque l'affichage du message qui vient d'être posté dans la zone de conversation :

```
$.post('tchat.php', {'nom':nom, 'message': message }, function
    () {
  afficheConversation;
```

Pour faciliter la vie de l'utilisateur, l'instruction suivante supprime le contenu de la zone de texte `#message`, mais garde celui de la zone de texte `#pseudo`. Il est en effet probable qu'il veuille poursuivre la conversation en gardant le même pseudo mais pas le message qu'il vient de taper. Pour lui éviter d'avoir à effacer la zone de saisie du message à chaque fois qu'il veut intervenir, une instruction jQuery est suffisante :

```
$('#message').val('');
```

La troisième instruction de la fonction `afficheConversation()` donne le focus à la zone de saisie du message. Il suffit donc à l'utilisateur de saisir un message et de cliquer sur le bouton de commande pour l'envoyer :

```
$('#message').focus();
```

Il ne reste plus qu'une instruction pour terminer le TP. Elle est très importante, car c'est elle qui va exécuter à intervalles réguliers la méthode `afficheConversation()` et ainsi mettre à jour la zone de conversation lorsque d'autres personnes que vous posteront un message. Bien entendu, cette instruction fait appel à la fonction JavaScript `setInterval()` en précisant le nom de la fonction à exécuter, sans parenthèses ni guillemets, le délai entre deux exécutions étant exprimé en millisecondes :

```
setInterval(afficheConversation, 4000);
```

Certains se demandent peut-être pourquoi la fonction `afficheConversation()` est invoquée à deux reprises (lignes 4 et 9), alors que la fonction `setInterval()` l'exécute régulièrement toutes les 4 secondes. Ces deux appels ne sont là que pour le confort de l'utilisateur :

- Ligne 4, la zone de conversation est remplie dès la disponibilité du DOM ;
- Ligne 9, la zone de conversation est mise à jour juste après que le message a été posté.

J'espère que vous avez apprécié ce TP. Il ne tient qu'à vous de l'améliorer. Vous pourriez par exemple :

- Permettre aux tchatteurs d'utiliser un avatar graphique ;
- Autoriser des messages sur plusieurs lignes ;
- Améliorer la mise en forme des messages postés en affectant une couleur d'arrière-plan différente un message sur deux ;
- Définir plusieurs groupes de conversation (ici toutes les personnes qui affichent la page `tchat.htm` partagent le même espace de conversation).

Il ne s'agit là que de quelques suggestions, et il y a fort à parier que vous trouverez sans peine plusieurs autres améliorations à ce programme.

Cinquième partie

Les plugins jQuery

Chapitre 20

Trouver et utiliser un plugin

Difficulté :

La bibliothèque jQuery a été écrite de telle sorte qu'il est très simple de l'étendre en installant des modules additionnels, connus sous le nom d'extensions ou de plugins. De nombreux sites Web se sont spécialisés dans les plugins jQuery.

Dans ce chapitre, je vais vous indiquer deux sites internet répertoriant ces fameux plugins. Je vous montrerai enfin comment les utiliser.

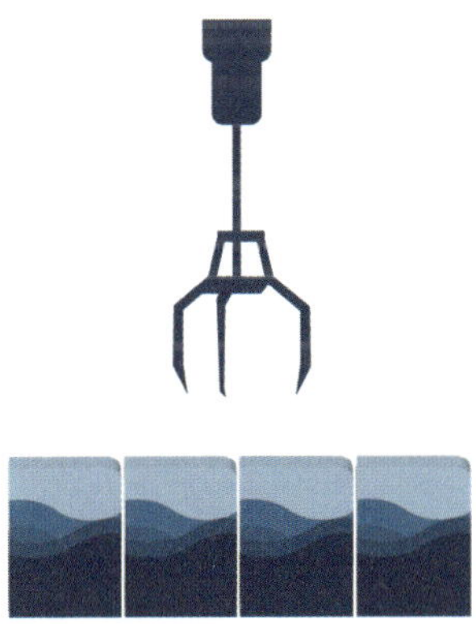

Trouver et utiliser un plugin jQuery

Trouver un plugin

Pour vous faire gagner du temps, je vais limiter (du moins dans un premier temps) vos recherches à deux sites : `The Ultimate jQuery List` et `jQuery Plugins`. Tous deux très bien faits, ils donnent accès à de très nombreux plugins classés par catégories.

▷ `The Ultimate jQuery List`
Code web : 692654

▷ `jQuery Plugins`
Code web : 556042

Il vous suffit donc d'aller dans une catégorie et de regarder les plugins proposés. Sur `The Ultimate jQuery List`, cliquez sur un plugin pour en avoir une description. Si le plugin vous intéresse, rendez-vous sur le site Web dédié afin de le télécharger ; la plupart du temps, la documentation du plugin s'y trouve également. Vous trouverez également souvent une démonstration, ce qui est toujours intéressant pour se décider.

Utiliser un plugin

Vous allez voir qu'utiliser un plugin est la plupart du temps un jeu d'enfant. Nous allons utiliser le plugin « Websanova Color Picker », proposé sur le site `The Ultimate jQuery List`. Rendez-vous donc sur ce site, allez dans la catégorie « Color Pickers » et cliquez sur `Websanova Color Picker`, puis sur `Visit Website`. Une fois sur le site en question, téléchargez le plugin (il s'agit d'un fichier compressé, choisissez donc le format qui vous convient).

Décompressez l'archive et copiez la version minimisée des fichiers JavaScript et CSS dans le dossier dans lequel vous faites vos développements jQuery. Vous êtes maintenant prêts à utiliser le plugin. Il ne vous reste plus qu'à consulter la documentation. Dans notre cas, elle se trouve en ligne. La figure 20.1 vous montre à quoi elle ressemble.

Il ne reste plus qu'à faire référence au plugin en utilisant une balise `<script>`, au code CSS en utilisant une balise `<link>` dans l'en-tête, et à appliquer les consignes données dans la documentation. Voici un exemple d'utilisation de ce plugin :

```
<!DOCTYPE html>
<html>
  <head>
    <meta charset="UTF-8">
    <title>Websanova Color Picker</title>
    <link rel="Stylesheet" type="text/css" href="wColorPicker
        .1.2.min.css" />
  </head>
  <body>
    <div id="wcp1">
      <input id="wcp-input" type="text"/><br />
    </div>
```

FIGURE 20.1 – La documentation en ligne du plugin « Websanova Color Picker »

```

    <script src="jquery.js"></script>
    <script src="wColorPicker.1.2.min.js"></script>
    <script>
      $(function() {
        $("#wcp1").wColorPicker({
            initColor: '#ccf',
            onSelect: function(color){
              $('body').css('background', color);
            },
            onMouseover: function(color){
              $('#wcp-input').css('background', color).val(color);
            }
        });
      });
    </script>
  </body>
</html>
```

Le code jQuery est directement tiré de la documentation du plugin. Dans cet exemple, la couleur d'arrière-plan de la zone de texte `#wcp-input` est modifiée lorsque la souris se trouve au-dessus d'une des couleurs du nuancier et la couleur correspondante est affichée dans la zone de texte :

```
onMouseover: function(color){
  $('#wcp-input').css('background', color).val(color);
}
```

Quand l'utilisateur clique sur une des couleurs du nuancier, la couleur d'arrière-plan de la page est mise à jour en conséquence :

```
onSelect: function(color){
  $('body').css('background', color);
}
```

La figure 20.2 montre le résultat.

Et c'est tout ?

Oui, c'est la démarche à utiliser pour interfacer un plugin jQuery quelconque. Si la documentation est bien faite et si vous comprenez un peu l'anglais technique, vous ne devriez avoir aucun mal à utiliser tous les plugins possibles et imaginables.

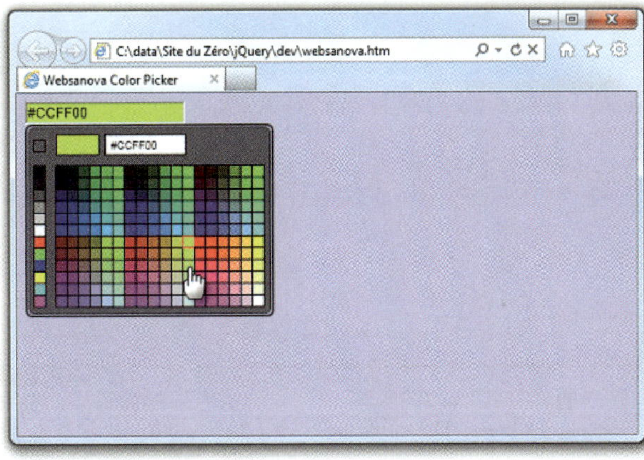

FIGURE 20.2 – Le plugin est opérationnel

Quelques exemples de plugins

Cette section s'intéresse à quelques plugins dignes d'intérêt et vous montre comment les utiliser en jQuery. Il existe de très nombreux plugins, et il fallait faire un choix. Si vous ne trouvez pas le plugin de vos rêves dans cette section, cette lecture devrait vous donner les bases pour savoir comment l'utiliser...

Parseur RSS/Atom

De nombreux sites Web proposent des flux de données au format RSS et/ou Atom. En utilisant un parseur, vous pouvez récupérer ces flux de données et les intégrer à votre site. Je vous propose d'utiliser le plugin « jFeed » qui excelle dans ce domaine.

Rendez-vous sur la page de téléchargement du plugin et cliquez sur `Click here to download`. Décompressez le fichier `zrssfeed-116` et placez les fichiers `example.html`, `jquery.rssfeed.js` et `jquery.zrssfeed.css` dans le dossier dans lequel vous faites vos développements jQuery.

▷ Télécharger le plugin
Code web : 555059

Nous allons maintenant parser un des flux RSS proposés par le site `lemonde.fr`. Rendez-vous sur la page `http://www.lemonde.fr/rss`, choisissez un des flux proposés, cliquez du bouton droit sur l'icône XML correspondante et sélectionnez `Copier le raccourci` dans le menu contextuel, comme le montre la figure 20.3.

Ouvrez le fichier `example.html` et modifiez le flux que vous voulez parser en collant l'adresse du flux copié précédemment. Au besoin, modifiez la référence au fichier jQuery ainsi qu'au fichier `jquery.zrssfeed.js`. Il ne vous reste plus qu'à exécuter ce fichier dans votre navigateur pour afficher les sujets contenus dans le flux du site `lemonde.fr`.

FIGURE 20.3 – L'adresse du flux « À la une » se trouve dans le presse-papiers

À la figure 20.4 par exemple, ce sont les flux « À la une » qui s'affichent.

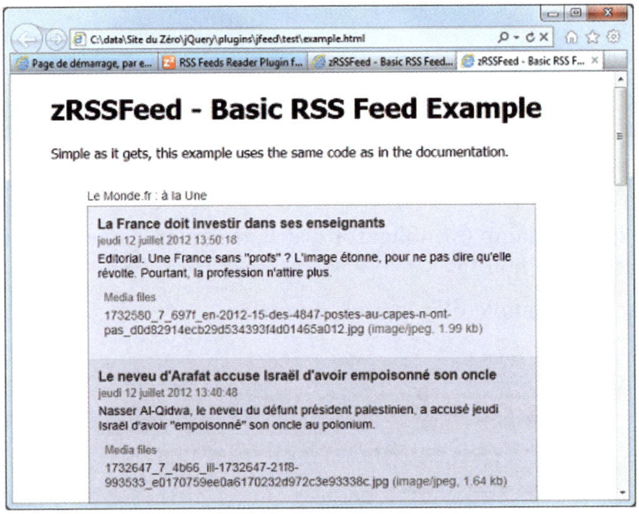

FIGURE 20.4 – Le flux « À la une » du site `lemonde.fr` a été parsé

Validation de formulaires

Vous voulez valider un formulaire avec jQuery ? Aucun problème, si ce n'est le temps passé à imaginer toutes les saisies possibles et à différencier celles qui sont valides de celles qui ne le sont pas. Une autre solution s'offre à vous : utiliser le plugin « Validate ». Si vous avez choisi la première solution, retroussez vos manches, je vous souhaite bon courage. Si vous avez choisi la deuxième solution, vous pouvez poursuivre la lecture.

Téléchargez le plugin « Validate » et copiez les fichiers nécessaires (`demo > example.html` et `jquery.validate.js`) dans votre espace de travail. Au besoin, modifiez le fichier `example.html` afin que les références aux fichiers externes soient bonnes.

▷ Télécharger le plugin
Code web : 113223

Pour utiliser le plugin « Validate », il suffit d'exécuter la méthode `validate()` lorsque le DOM est disponible :

```
<script>
  $(document).ready(function() {
    $("#commentForm").validate();
  });
</script>
```

Pour définir le type de validation souhaité sur un champ du formulaire, affectez-lui la classe correspondante :

- `required` : champs requis ;

- `email` : adresse e-mail ;
- `url` : adresse URL ;
- `date` : date ;
- `number` : nombre ;
- `creditcard` : numéro de carte bancaire.

Si vous regardez le fichier `example.html`, vous devriez voir la ligne suivante :

```
<input id="cemail" name="email" class="required email" />
```

Ce code signifie que le champ est obligatoire et doit contenir une adresse e-mail. Plutôt facile à mettre en place, non ?

La figure 20.5 est un exemple d'exécution du script.

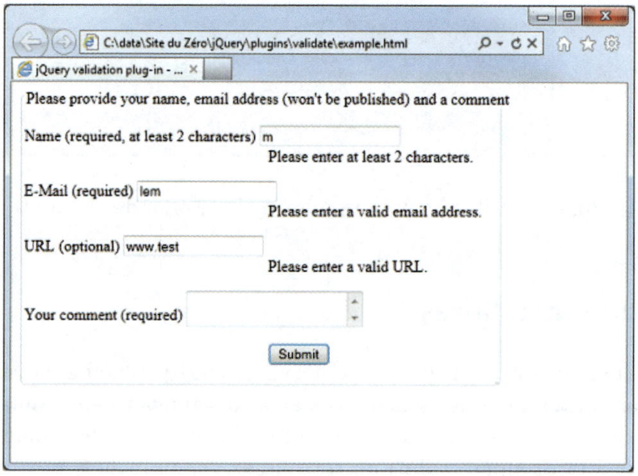

FIGURE 20.5 – Des messages d'erreur sont affichés sous les zones de texte lorsque les informations entrées ne sont pas valides

Les messages d'erreur sont affichés en anglais, mais peut-être les voudriez-vous en français. Pour cela, vous devez franciser le fichier `jquery.validate.js`. Tous les messages d'erreur sont regroupés entre les lignes 268 et 284. À vous de les modifier comme vous l'entendez. Vous ne devriez avoir aucun mal à adapter les fichiers `example.html` et `jquery.validate.js` pour valider vos propres formulaires, avec des messages d'erreur en français s'il vous plaît !

Un menu déroulant à un ou plusieurs niveaux

Il est souvent nécessaire de mettre en place un menu déroulant dans un site. Plutôt que de tout concevoir « à la main », je vous propose d'utiliser un plugin. Seules quelques lignes de code HTML seront nécessaires. Rendez-vous sur la page de téléchargement grâce au code web suivant et téléchargez le plugin. Décompressez ce fichier et double-cliquez sur le fichier `index.html` pour obtenir le résultat de la figure 20.6.

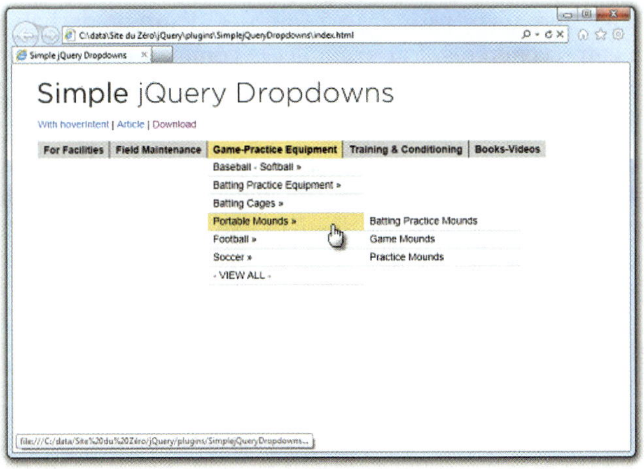

FIGURE 20.6 – Un menu déroulant en quelques lignes de code HTML avec le plugin « Simple jQuery Dropdowns »

▷ Télécharger le plugin
Code web : 139335

Voyons ce qui se cache dans cette page. Le plugin utilisé est `jquery.dropdownPlain.js`. Le simple fait d'exécuter ce script vous dédouane de tout autre code jQuery ! Pour construire votre menu, il vous suffira de définir une liste `<ul><li></li></ul>` à un ou plusieurs niveaux. Examinons les premiers éléments de la liste définie dans le fichier `index.html` :

```
<ul class="dropdown">
  <li><a href="#">For Facilities</a>
    <ul class="sub_menu">
       <li><a href="#">Artificial Turf</a></li>
       <li>
        <a href="#">Batting Cages</a>
        <ul>
          <li><a href="#">Indoor</a></li>
          <li><a href="#">Outdoor</a></li>
        </ul>
       </li>
       <li><a href="#">Benches &amp; Bleachers</a></li>
       <li><a href="#">Communication Devices</a></li>
       <li><a href="#">Dugouts</a></li>
       <li><a href="#">Fencing &amp; Windscreen</a></li>
       etc.
```

La première ligne crée une liste de classe `dropdown`. Cette classe correspond aux commandes principales du menu. La balise `<li>` suivante définit le titre du premier menu. Vient ensuite une balise `<ul>` de classe `sub_menu`. Cette balise contient toutes les commandes attachées au premier menu. Pour créer des commandes de menu secondaires, il suffit d'imbriquer une autre liste `<ul>` composée d'autant de balises `<li>` que de commandes de menu secondaires. Par exemple, la commande « Batting Cages » donne accès aux commandes de menu secondaires « Indoor » et « Outdoor ». Rien de plus compliqué !

Si vous devez mettre en place un menu sur un de vos sites Web, ce plugin devrait vous faciliter grandement la tâche. Pensez simplement à insérer les fichiers `style.css` et `jquery.dropdownPlain.js` dans les dossiers `css` et `js` de votre site (ou d'adapter selon vos besoins), et le tour sera joué !

Cartographie

Que diriez-vous d'afficher sur votre site Web une carte géographique centrée sur un point particulier ? C'est ce que je vous propose de faire avec le plugin « gMap », qui interface le système de cartographie Google Maps. Rendez-vous sur la page de téléchargement du plugin grâce au code web suivant et téléchargez la dernière version compressée du plugin.

▷ Télécharger le plugin
Code web : 674896

Voyons comment afficher une carte du monde. Créez un nouveau document HTML et insérez une balise `<div>` dans le corps du document. Donnez à cette balise la dimension que vous voulez lui voir occuper dans la page et affectez la valeur `hidden` à son attribut `overflow` :

```
<div id="map1" style="width: 800px; height: 600px; border: 1px
    solid #777; overflow: hidden;"></div>
```

Pour accéder à toute la puissance de Google Maps, utilisez trois balises `<script>` pour faire référence à la bibliothèque jQuery, à l'API de Google Maps et au plugin `jquery.gmap-1.1.0-min.js` :

```
<script type="text/javascript" src="jquery.js"></script>
<script type="text/javascript" src="http://maps.google.com/maps
    ?file=api&amp;v=2&amp;sensor=false&amp;key=ABQIAA[.]
    tpz0ZCeuw&amp;hl=fr"></script>
<script type="text/javascript" src="jquery.gmap-1.1.0-min.js"
    ></script>
```

Pour afficher la carte du monde dans la balise `<div id="map1">`, il vous suffit de lui appliquer la méthode `gMap()` dès que le DOM est disponible :

```
<script>
  $(function() {
    $('#map1').gMap();
  });
</script>
```

La figure 20.7 vous montre le résultat.

Plusieurs paramètres peuvent être passés à la méthode `gMap()`. Entre autres :

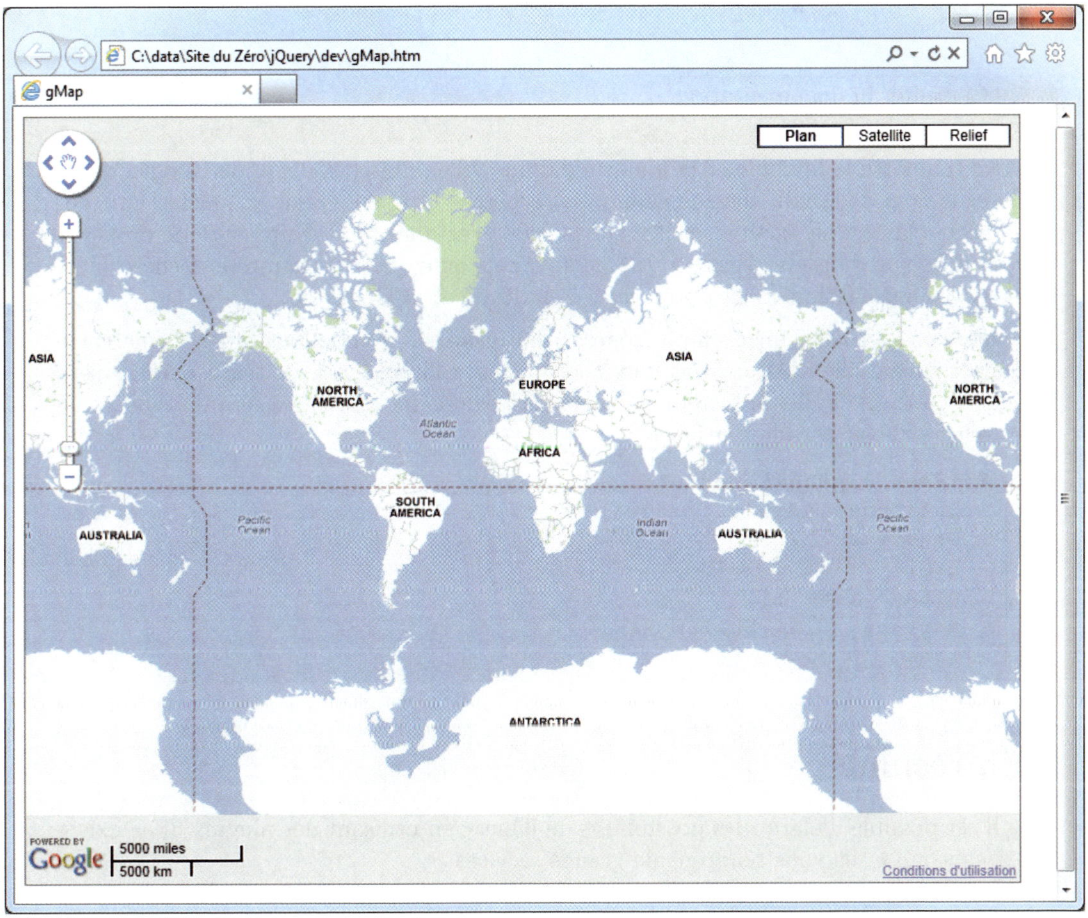

FIGURE 20.7 – Une seule instruction permet d'afficher une carte

- La latitude et la longitude : propriétés `latitude` et `longitude` ;
- Des informations sur le centre de l'affichage : propriété `address` ;
- Le facteur de zoom : propriété `zoom` (entre 1 et 19) ;
- Le type de la carte : propriété `maptype` (`G_NORMAL_MAP`, `G_SATELLITE_MAP`, `G_HYBRID_MAP`, `G_DEFAULT_MAP_TYPES`, `G_PHYSICAL_MAP`).

Pour avoir la liste complète des paramètres qui peuvent être passés à la méthode `gMap()`, consultez la documentation en ligne.

▷ Consulter la documentation
Code web : 645664

Pour connaître la latitude et la longitude d'une ville, allez sur le site de Google Maps, tapez le nom de la ville dans le champ de recherche et appuyez sur la touche `Entrée` de votre clavier. La carte se centre sur la ville avec une icône. Faites un clic droit sur cette icône et choisissez `Plus d'infos sur cet endroit`. Le champ de recherche est alors mis automatiquement à jour avec la latitude et la longitude.

Pour terminer, voici un exemple concret d'utilisation. Nous allons afficher une carte centrée sur la ville d'Albi, située aux coordonnées (43.92, 2.14). Le texte « Albi » sera affiché dans une bulle, le facteur de zoom sera égal à 10 et la carte sera de type « vue en relief ». Voici le code à utiliser :

```
$("#map").gMap({ markers: [{
  latitude: 43.92,
  longitude: 2.14,
  html: "Albi",
  popup: true }],
  maptype: G_SATELLITE_MAP,
  zoom: 10 });
```

En résumé

- Il est possible d'élargir les possibilités de jQuery en utilisant des plugins. Il en existe beaucoup et ils vous rendront de grands services.
- Pour faire référence à un plugin, il suffit de l'appeler en utilisant une balise `<script>`.
- Une fois le plugin référencé, vous pouvez l'appeler comme n'importe quelle autre méthode jQuery. Par exemple : `$('#monId').monPlugin(10, 'rouge')`.

Chapitre 21

jQuery UI

Difficulté :

Si jQuery offre de très nombreuses méthodes pour gérer le DOM, les propriétés CSS, AJAX et la gestion événementielle, jQuery UI le complète parfaitement en offrant des méthodes additionnelles appliquées à la réalisation de l'interface utilisateur (« UI », dans « jQuery UI », signifie « *user interface* », soit « interface utilisateur » en français). jQuery UI est en quelque sorte un vaste assemblage de plugins accessibles à travers un seul fichier JavaScript.

De quoi est capable jQuery UI ?

Pour avoir un aperçu des possibilités offertes par jQuery UI, rendez-vous sur le site officiel http ://jqueryui.com/demos et testez les différentes fonctionnalités proposées.

▷ Le site officiel de jQuery UI
Code web : 656875

Dans la suite de ce chapitre, je vais vous montrer comment utiliser les méthodes qui m'ont paru les plus intéressantes dans jQuery UI. Pour utiliser cette bibliothèque, il vous suffit d'y faire référence avec une balise `<script>` qui pointe vers le CDN Google.

▷ Version non minimisée
Code web : 449678

▷ Version minimisée
Code web : 218726

Pour améliorer le rendu, la mise en forme des éléments manipulés par jQuery UI peut s'appuyer sur un thème CSS, auquel vous ferez référence via une balise `<link>`, dans l'en-tête du document. Tous les thèmes sont accessibles sur une page du CDN de Google.

▷ Voir tous les thèmes
Code web : 594439

Ce chapitre n'est qu'une introduction à jQuery UI. Si vous voulez en savoir plus, je vous conseille de lire le cours « Découvrez la puissance de jQuery UI » rédigé par Sainior sur le Site du Zéro.

▷ Lire le cours jQuery UI
Code web : 301820

Déplacer et redimensionner des éléments

Déplacement

La méthode `draggable()` permet à n'importe quel élément du DOM d'être librement déplacé dans la page. Supposons qu'une page Web soit composée des éléments suivants :

```
<style>
div{
  width: 150px;
  height: 150px;
  padding: 0.5em;
  border: 1px black solid;
}
</style>

<span>Déplacez les images et le div comme vous l'entendez</span
   ><br /><br />
```

```
<img src="miniPaysage1.jpg">
<img src="miniPaysage2.jpg">
<img src="miniPaysage3.jpg">
<div>Déplacez-moi</div>
```

Après avoir fait référence aux bibliothèques jQuery et jQuery UI, il suffit d'une instruction jQuery pour rendre mobiles toutes les balises `<img>` et `<div>` :

```
$(function() {
  $('img,div').draggable();
});
```

La figure 21.1 vous montre un exemple d'exécution de ce code, avant et après le déplacement des images et de la balise `<div>`.

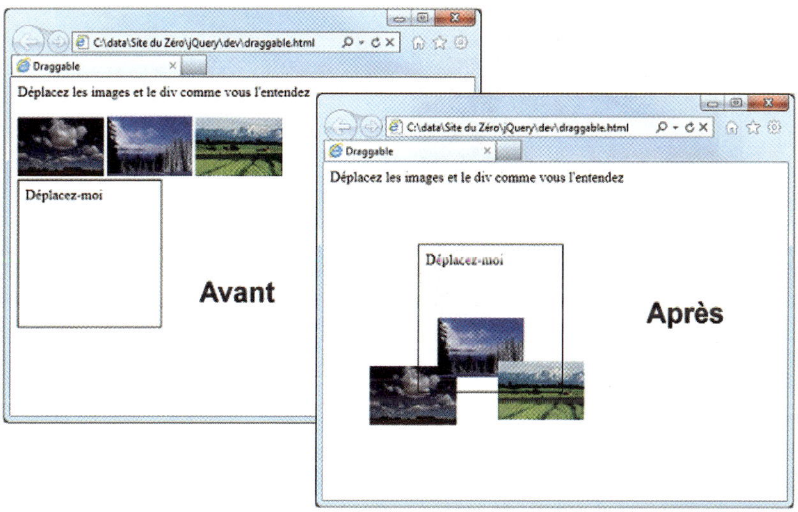

FIGURE 21.1 – Les trois images et la balise `<div>` peuvent être déplacées où bon vous semble

Redimensionnement

La méthode `resizable()` permet de redimensionner un objet quelconque. Bien qu'elle soit utilisable sur tous les objets du DOM, vous l'utiliserez surtout pour permettre à l'utilisateur de redimensionner des images. Une fois encore, jQuery UI brille par sa simplicité : pour rendre un élément redimensionnable, appliquez-lui simplement la méthode `resizable()`.

```
<link rel="stylesheet" href="http://ajax.googleapis.com/ajax/libs/jqueryui/1.8.12/themes/base/jquery-ui.css">

<img id="redim" src="visage.jpg">
```

```

<script src="http://code.jquery.com/jquery.min.js"></script>
<script src="http://ajax.googleapis.com/ajax/libs/jqueryui/1.8/jquery-ui.min.js"></script>
<script>
  $(function() {
    $("#redim").resizable();
  });
</script>
```

La figure 21.2 vous montre le résultat obtenu.

FIGURE 21.2 – L'image peut être redimensionnée en agissant sur les bords droit et inférieur, et sur l'angle inférieur droit

Un accordéon

Imaginez un empilement de balises `<div>` dont le contenu d'une seule est visible à la fois et vous aurez une idée assez précise de ce que peut produire la méthode `accordion()`. Pour mettre en œuvre cette méthode, commencez par définir une balise `<div>` conteneur composée de plusieurs balises de titre `<h3>` associées à des balises `<div>` dans lesquelles vous placerez le contenu à afficher. Regardez le code suivant, ce devrait être beaucoup plus clair.

```
<div id="accordeon">
  <h3><a href="#">Titre du bloc 1</a></h3>
  <div>Contenu du bloc 1</div>
```

```
  <h3><a href="#">Titre du bloc 2</a></h3>
  <div>Contenu du bloc 2</div>
  etc.
</div>
```

Faites référence à un fichier CSS `jquery-ui.css` sur le CDN Google, puis exécutez la méthode jQuery `accordion()` sur le `<div>` conteneur, comme dans le code suivant.

```
<html>
  $(document).ready(function() {
    $("#accordeon").accordion();
  });
</html>
```

▷ Essayer ce code
Code web : 871592

La figure 21.3 vous montre le résultat.

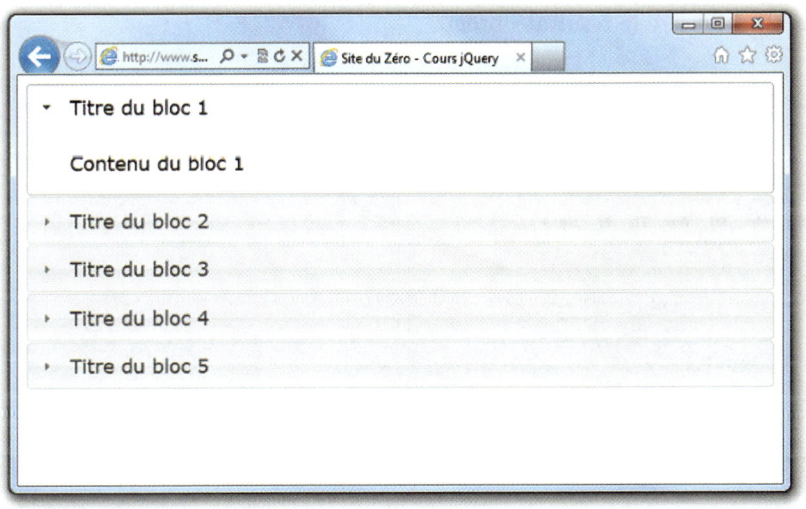

FIGURE 21.3 – Une seule balise `<div>` s'affiche

> N'hésitez pas à tester les thèmes disponibles pour changer radicalement le rendu de l'accordéon.

Sélection de date

La méthode `datepicker()` transforme une simple zone de texte `<input type="text">` en un calendrier dans lequel l'utilisateur peut choisir une date. La date choisie est alors copiée dans la zone de texte. Pour utiliser cette méthode, il suffit de l'appliquer à une zone de texte quelconque, après avoir fait référence à un thème et aux bibliothèques jQuery et jQuery UI :

```
<link rel="stylesheet" href="http://ajax.googleapis.com/ajax/libs/jqueryui/1.8.12/themes/base/jquery-ui.css">

Date <input type="text" id="datepicker">

<script src="http://code.jquery.com/jquery.min.js"></script>
<script src="http://ajax.googleapis.com/ajax/libs/jqueryui/1.8/jquery-ui.min.js"></script>

<script>
  $(function() {
    $( "#datepicker").datepicker();
  });
</script>
```

La figure 21.4 illustre le résultat obtenu.

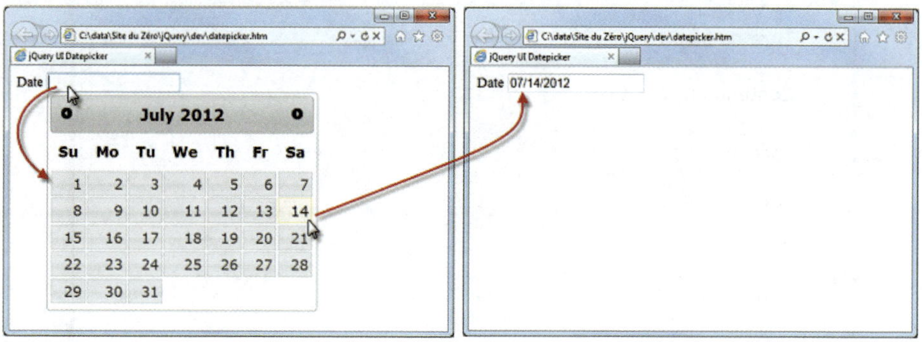

FIGURE 21.4 – La zone de texte a été transformée en un datepicker en une ligne de code

Qu'en dites-vous ? Plutôt sympathique, non ? Mais que diriez-vous d'avoir un calendrier français ? Ce serait mieux, non ? Pour cela, vous allez initialiser le tableau `$.datepicker.regional['fr']` comme ceci :

```
$.datepicker.regional['fr'] = {
  closeText: 'Fermer',
  prevText: 'Précédent',
  nextText: 'Suivant',
  currentText: 'Aujourd\'hui',
  monthNames: ['Janvier','Février','Mars','Avril','Mai','Juin','Juillet','Août','Septembre','Octobre','Novembre','Décembre'],
  monthNamesShort: ['Janv.','Févr.','Mars','Avril','Mai','Juin','Juil.','Août','Sept.','Oct.','Nov.','Déc.'],
```

```
    dayNames: ['Dimanche','Lundi','Mardi','Mercredi','Jeudi','Vendredi','Samedi'],
    dayNamesShort: ['Dim.','Lun.','Mar.','Mer.','Jeu.','Ven.','Sam.'],
    dayNamesMin: ['D','L','M','M','J','V','S'],
    weekHeader: 'Sem.',
    dateFormat: 'dd/mm/yy',
    firstDay: 1,
    isRTL: false,
    showMonthAfterYear: false,
    yearSuffix: ''};
```

Puis indiquer que vous voulez utiliser ces données dans la méthode `datepicker()` :

```
$.datepicker.setDefaults($.datepicker.regional['fr']);
```

Ces instructions doivent être placées juste au-dessus de l'appel à la méthode `datepicker()`. Vous voilà avec un calendrier en français !

Des boîtes de dialogue

La méthode `dialog()` permet de créer des boîtes de dialogue de bien meilleur aspect que celles affichées avec la fonction JavaScript `alert()`. Voici comment la mettre en œuvre :

1. Créez une balise `<div>`.
2. Définissez le titre de la boîte de dialogue dans son attribut `title`.
3. Appliquez la méthode `dialog()` à la balise `<div>`.

L'instruction suivante crée une instance de la boîte de dialogue et l'ouvre :

```
$('sel').dialog();
```

Si la boîte de dialogue doit être ouverte et fermée plusieurs fois, vous utiliserez d'autres instructions :

```
$('sel').dialog({ autoOpen: false; }); //Crée une instance de la boîte de dialogue sans l'ouvrir
$('sel').dialog('open'); // Ouvre la boîte de dialogue
$('sel').dialog('close'); // Ferme la boîte de dialogue
```

Voici quelques autres options utilisables dans les paramètres de la méthode `dialog()` :

Voici un exemple basique dans lequel une balise `<div>` est transformée en une boîte de dialogue non modale, centrée et dont les dimensions sont celles par défaut :

```
<link rel="stylesheet" href="http://ajax.googleapis.com/ajax/libs/jqueryui/1.8.12/themes/base/jquery-ui.css">

```

Options	Signification
`height` et `width`	Hauteur et largeur de la boîte de dialogue à l'ouverture.
modal	Initialisé à `true`, rend la boîte de dialogue modale (c'est-à-dire interdit l'accès à la page). La valeur par défaut est `false`.
position	Position de la boîte de dialogue sur la page (elle est centrée par défaut).
zindex	Z-index de la boîte de dialogue (1000 par défaut).
buttons	Un ou plusieurs boutons affichés dans la boîte de dialogue.

```
Sed ut perspiciatis unde omnis iste natus error sit voluptatem accusantium
...
fugiat quo voluptas nulla pariatur?
<div id="dialog" title="Boîte de dialogue de base">
  Cette boîte de dialogue peut être redimensionnée, déplacée et fermée.
</div>

<script src="http://code.jquery.com/jquery.min.js"></script>
<script src="http://ajax.googleapis.com/ajax/libs/jqueryui/1.8/jquery-ui.min.js"></script>
<script>
  $(function() {
    $( "#dialog" ).dialog();
  });
</script>
```

La figure 21.5 montre le résultat obtenu.

Supposons maintenant que vous vouliez créer une boîte de dialogue modale comportant deux boutons (`Oui` et `Non`) et positionnée en (100, 100). Voici le code à utiliser :

```
<script>
  $(function() {
    $( "#dialog" ).dialog({
      modal: true,
      buttons: {
        "Oui": function() {
          $('body').css('background', 'yellow');
          $( this ).dialog( "close" );
        },
        "Non": function() {
          $( this ).dialog( "close" );
        }
      }
    });
  });
</script>
```

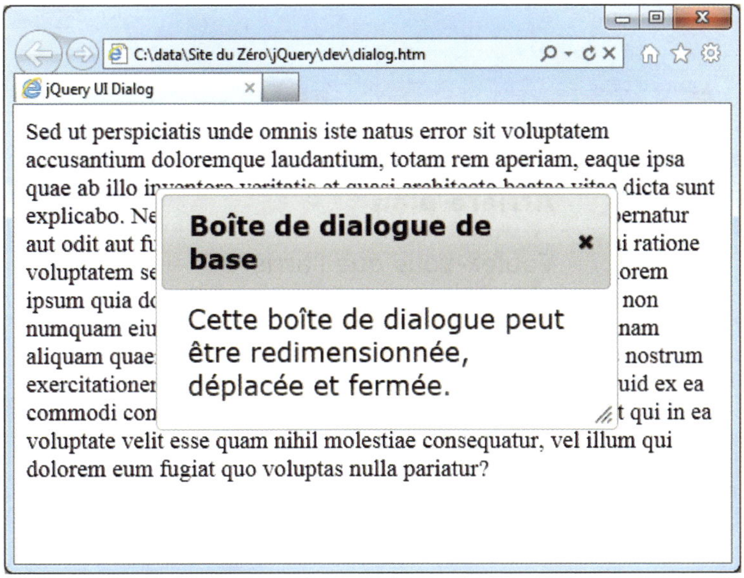

FIGURE 21.5 – Une boîte de dialogue de base

La figure 21.6 montre le résultat obtenu. Comme vous le voyez, la page est grisée et inaccessible. Lorsque l'utilisateur clique sur le bouton `Oui`, l'arrière-plan de la page devient jaune, puis la boîte de dialogue se ferme. Lorsqu'il clique sur le bouton `Non`, l'arrière-plan reste inchangé et la boîte de dialogue se ferme. Ce qu'il faut surtout retenir, c'est que vous pouvez définir des fonctions.

Afficher des onglets

En utilisant des onglets, vous pouvez afficher un grand nombre d'informations dans un espace réduit. Pour visualiser l'ensemble de ces informations, il vous suffit de basculer d'onglet en onglet.

Pour définir des onglets, vous devez imbriquer plusieurs `<div>` enfants (une par onglet) dans une `<div>` parent. L'identifiant et l'intitulé des différents onglets sont définis dans une liste à puces insérée dans la balise `<div>` parent. Voici la structure HTML à utiliser :

```
<div id="onglets">
  <ul>
    <li><a href="#onglet-1">Titre onglet 1</a></li>
    <li><a href="#onglet-2">Titre onglet 2</a></li>
    <li><a href="#onglet-3">Titre onglet 3</a></li>
  </ul>
  <div id="onglet-1">
    <!--contenu -->
  </div>
```

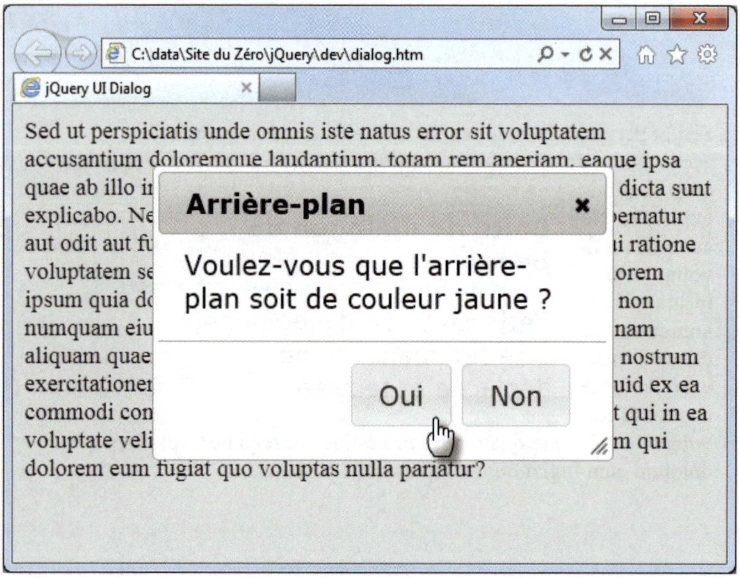

FIGURE 21.6 – Une boîte de dialogue modale avec deux boutons

```
  <div id="onglet-2">
    <!--contenu -->
  </div>
  <div id="onglet-3">
    <!--contenu -->
  </div>
</div>
```

Une fois ces instructions mises en place, appliquez la méthode `tabs()` à la balise `<div>` parent (ici `#onglets`) :

```
<script>
  $(function() {
    $('#onglets').tabs();
  });
</script>
```

jQuery UI se charge alors du reste. Regardez la figure 21.7 pour en être convaincus.

Le contenu des différents onglets peut également être obtenu en AJAX. Pour cela, précisez l'adresse URL des pages à afficher dans l'attribut `href` des différents onglets. Ici par exemple, le premier onglet est obtenu à partir de la balise `<div>` enfant `#onglet-1`, le deuxième à partir de la page distante `page2.htm` et le troisième à partir du programme PHP `page3.php` :

```
<ul>
  <li><a href="#onglet-1">Titre onglet 1</a></li>
```

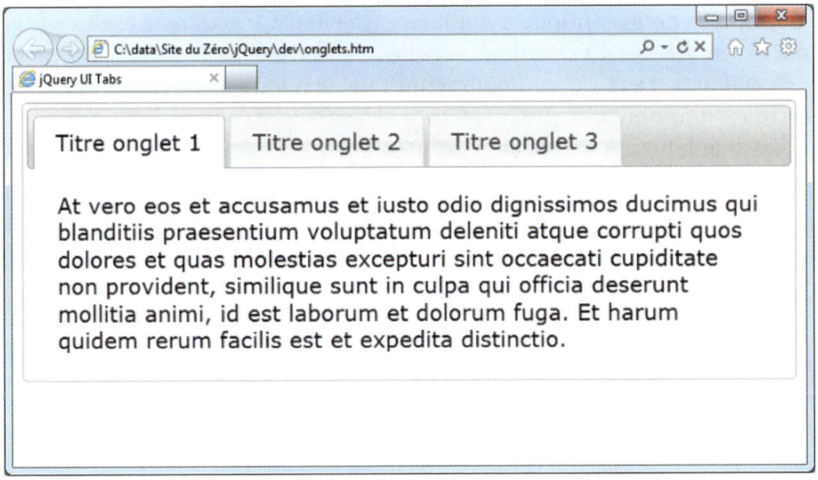

FIGURE 21.7 – La définition d'onglets est un vrai jeu d'enfant avec jQuery UI

```
  <li><a href="http://www.site.com/page2.htm">Titre onglet 2</a
      ></li>
  <li><a href=" http://www.site.com/page3.php">Titre onglet 3</
      a></li>
</ul>
```

Animation : une impression de déjà-vu

Je vais ici vous parler des méthodes `show()`, `hide()` et `toggle()`. Nous les avons déjà étudiées, vous ne devriez normalement avoir aucune difficulté à les utiliser. Si je reviens sur ces méthodes, c'est parce que jQuery UI étend ces méthodes et vous permet d'aller beaucoup plus loin...

Avant de continuer, je précise pour tous ceux qui auraient la mémoire courte que la méthode `show()` anime un élément en le faisant apparaître, la méthode `hide()` anime un élément en le faisant disparaître et la méthode `toggle()` anime un élément en le faisant apparaître ou disparaître, en fonction de l'état de l'élément lorsqu'elle est exécutée. Tout cela reste valide lorsque l'on utilise les méthodes jQuery UI.

Voici la syntaxe à utiliser :

```
show(effet, options, vitesse, retour);
hide(effet, options, vitesse, retour);
toggle(effet, options, vitesse, retour);
```

... où :

- `effet` est l'un des effets suivants : `blind`, `clip`, `drop`, `explode`, `fold`, `puff`, `slide`, `scale`, `size` et `pulsate`.

- `options` représente les options à appliquer à l'effet. Ce paramètre est optionnel.
- `vitesse` est la vitesse d'exécution de l'effet : `slow`, `normal` (valeur par défaut équivalente à 400 ms), `fast` ou un nombre qui représente une durée en millisecondes. Ce paramètre est optionnel.
- `retour` est une fonction de retour, exécutée lorsque l'effet est terminé. Ce paramètre est optionnel.

Voici un exemple pratique d'utilisation de la méthode jQuery UI `show()` avec l'effet `explode` :

```
<style type="text/css">
  #contenu
  {
    width: 240px;
    height: 135px;
    border: 1px gray solid;
    background-color: #aaeae1;
  }
  #contenu h3
  {
    margin: 0;
    padding: 0.4em;
    text-align: center;
    background-color: #777;
  }
</style>

  <div id="contenu" style="width: 400px;">
    <h3>Un titre</h3>
    At vero eos et accusamus et iusto odio dignissimos ducimus
        qui blanditiis praesentium voluptatum deleniti atque
        corrupti quos dolores et quas molestias excepturi sint
        occaecati cupiditate non provident, similique sunt in
        culpa qui officia deserunt mollitia animi, id est
        laborum et dolorum fuga.
  </div>

  <script src="http://code.jquery.com/jquery.min.js"></script>
  <script src="http://ajax.googleapis.com/ajax/libs/jqueryui
      /1.8/jquery-ui.min.js"></script>
  <script>
    $(function() {
    $('#contenu').show('explode');
    });
  </script>
```

▷ Essayer ce code
Code web : 802404

Le code CSS n'est là que pour donner un peu de consistance à la balise `<div> #contenu`. Cette dernière contient un titre `<h3>` et un peu de texte. Le code jQuery applique l'effet `explode` à la balise `<div id="contenu">` via la méthode `show()`.

Je vous conseille de tester les autres effets et les méthodes `hide()` et `toggle()` pour vous rendre compte des possibilités offertes. Si vous voulez plus d'informations sur les options relatives aux différents effets, consultez la documentation.

▷ Lire la documentation
Code web : 143832

Pour appliquer un effet à un élément sans le faire apparaître ou disparaître, passez par la méthode `effect()`, en utilisant la même syntaxe que pour les méthodes `show()`, `hide()` et `toggle()`.

Animation de couleurs

Dans la troisième partie du cours, vous avez appris à animer des éléments avec la méthode `animate()`. jQuery UI étend cette méthode : vous pourrez désormais animer la couleur des éléments ! Les propriétés sur lesquelles vous pouvez agir sont les suivantes :

- `backgroundColor`
- `borderBottomColor`
- `borderLeftColor`
- `borderRightColor`
- `borderTopColor`
- `color`
- `outlineColor`

La syntaxe de la méthode `animate()` ne change pas :

```
$('sel').animate({ prop1: val1, prop2: val2, prop3: val3, etc.
    }, durée, modèle, function() {
  //Une ou plusieurs instructions
});
```

... où :

- `sel` est un sélecteur jQuery ;
- `prop1`, `prop2`, `prop3` sont des propriétés CSS et `val1`, `val2`, `val3` les valeurs associées ;
- `durée` est la durée de l'animation ;
- `modèle` est le modèle de progression de l'animation ;
- `function()` contient une ou plusieurs instructions qui seront exécutées lorsque l'animation sera terminée.

Pour illustrer l'animation de couleurs, nous allons modifier progressivement la couleur d'arrière-plan et la couleur du texte dans une balise `<div>`, tout en combinant ces animations avec une modification de la largeur et de la position horizontale de la balise.

```
<style>
#contenu
{
  border: 4px gray solid;
  background-color: #aaeae1;
  color: black;
  width: 100px;
  position: relative;
}
#contenu h3
{
  margin: 0;
  padding: 0.4em;
  text-align: center;
  background-color: #777;
}
</style>

<div id="contenu">
  <h3>Cliquez ici</h3>
  At vero eos et accusamus et iusto odio dignissimos ducimus
      qui blanditiis praesentium voluptatum deleniti atque
      corrupti quos dolores et quas molestias excepturi sint
      occaecati cupiditate non provident, similique sunt in
      culpa qui officia deserunt mollitia animi, id est laborum
      et dolorum fuga.
</div>

<script src="http://code.jquery.com/jquery.min.js"></script>
<script src="http://ajax.googleapis.com/ajax/libs/jqueryui/1.8/
    jquery-ui.min.js"></script>
<script>
  $(function() {
  $('#contenu').toggle(
    function() {
    $( '#contenu').animate({
      backgroundColor: '#fff',
      color: 'red',
      left: '+=200',
      width: 500
    }, 1000 );
  },
  function() {
    $('#contenu').animate({
      backgroundColor: '#aaeae1',
      color: 'black',
      left: '-=200',
      width: 100
    }, 1000 );
  }
```

```
  );
  });
</script>
```

▷ Essayer ce code
Code web : 236366

Le code CSS définit les caractéristiques de la balise `<div>` et du titre `<h3>` qui y est inclus. La propriété `position` est initialisée avec la valeur `relative` pour permettre le déplacement de la balise.

Le code jQuery applique la méthode `toggle()` à la balise `<div id="contenu">`. Lorsque l'utilisateur clique sur cette balise, les deux fonctions définies dans les paramètres de la méthode `toggle()` sont exécutées alternativement.

La première fonction anime la couleur d'arrière-plan, la couleur des caractères, la position horizontale (+=200) et la largeur (500) de la balise `<div>`. La deuxième fonction redonne à la balise ses caractéristiques à l'ouverture de la page. Pour cela, elle anime la couleur d'arrière-plan, la couleur des caractères, la position horizontale (-=200) et la largeur (100) de la balise `<div>`.

Modèles de progression

Avec jQuery, vous n'avez accès qu'à deux modèles de progression pour vos animations : `swing` et `linear`. La bibliothèque jQuery UI propose un bien plus grand nombre de modèles de progression, listés dans le tableau suivant.

easeInOutQuad	easeInCubic	easeOutCubic	easeInOutCubic
easeInQuart	easeOutQuart	easeInOutQuart	easeInQuint
easeOutQuint	easeInOutQuint	easeInSine	easeOutSine
easeInOutSine	easeInExpo	easeOutExpo	easeInOutExpo
easeInCirc	easeOutCirc	easeInOutCirc	easeInElastic
easeOutElastic	easeInOutElastic	easeInBack	easeOutBack
easeInOutBack	easeInBounce	easeOutBounce	easeInOutBounce

Après avoir fait référence à la bibliothèque jQuery UI, vous pouvez les utiliser dans toutes les méthodes d'animation : `show()`, `hide()`, `fadeIn()`, `fadeOut()`, `fadeTo()`, `slideUp()`, `slideDown()` et `animate()`. Pour avoir une idée de l'effet des modèles de progression, rendez-vous sur la page dédiée (voir figure 21.8) et cliquez sur les vignettes.

▷ Voir les différents modèles
Code web : 103675

Voici un court exemple qui vous montre comment appliquer les modèles de progression de jQuery UI sur une image :

```
<button id="easeOutElastic">Effet easeOutElastic</button>
<button id="easeInOutBack">Effet easeInOutBack</button><br />
<img src="balle.png" style="position: relative;">
```

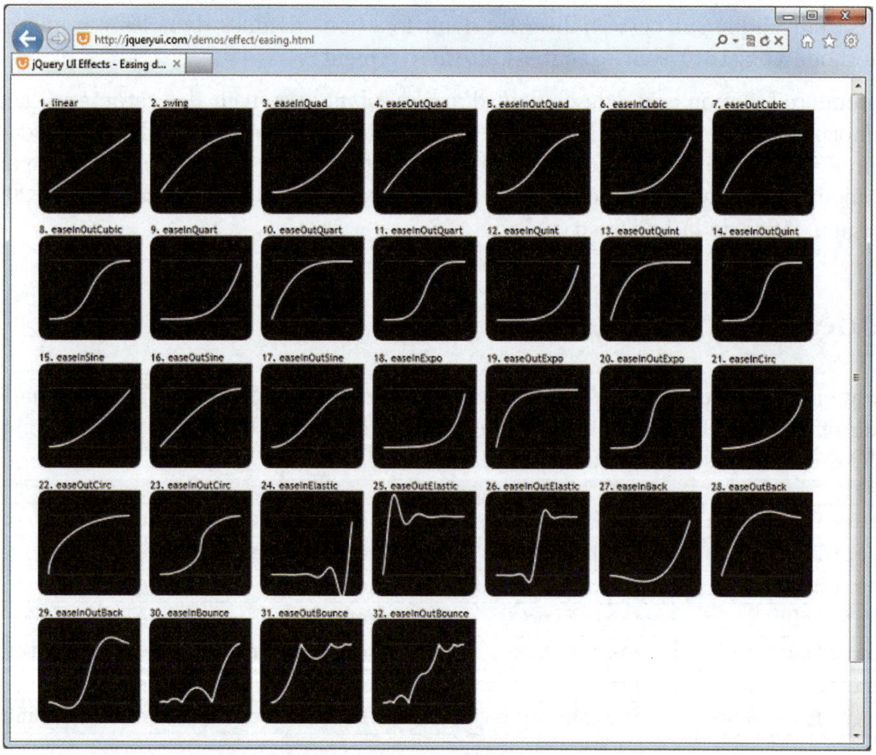

FIGURE 21.8 – Démonstration en ligne des modèles de progression de jQuery UI

```
<script src="http://code.jquery.com/jquery.min.js"></script>
<script src="http://ajax.googleapis.com/ajax/libs/jqueryui/1.8/jquery-ui.min.js"></script>
<script>
  $(function() {
    $('#easeOutElastic').click( function() {
      $('img').css('left','0px');
      $('img').animate({ left: '+=200'}, 3000, 'easeOutElastic');
    });
    $('#easeInOutBack').click( function() {
      $('img').css('left','0px');
      $('img').animate({ left: '+=200'}, 3000, 'easeInOutBack');
    });
  });
</script>
```

▷ Essayer ce code
Code web : 309486

Lorsque le premier bouton est cliqué, l'image est déplacée vers la droite de 200 pixels en utilisant un modèle de progression `easeOutElastic`. Le deuxième bouton fait de même, mais en utilisant le modèle de progression `easeInOutBack`.

En résumé

- jQuery UI est le complément idéal de jQuery. Les très nombreuses méthodes proposées dans cette bibliothèque vous permettront d'améliorer l'aspect et les possibilités de vos pages.
- Pour accéder à la totalité des méthodes contenues dans la bibliothèque jQuery UI, il suffit d'ajouter une balise `<script>` pour y faire référence.
- Pour améliorer le rendu, la mise en forme des éléments manipulés par jQuery UI peut s'appuyer sur des thèmes CSS accessibles sur un CDN.
- Les méthodes `show()`, `hide()` et `toggle()` de la bibliothèque jQuery UI donnent accès à de nombreux effets supplémentaires.
- jQuery UI propose un très grand nombre de modèles de progression, utilisables dans toutes les méthodes d'animation : `show()`, `hide()`, `fadeIn()`, `fadeOut()`, `fadeTo()`, `slideUp()`, `slideDown()` et `animate()`.
- Avec jQuery UI, la méthode `animate()` de jQuery est étendue. Elle peut être utilisée pour animer la couleur des éléments suivants : `backgroundColor`, `borderBottomColor`, `borderLeftColor`, `borderRightColor`, `borderTopColor`, `color` et `outlineColor`.

Chapitre 22

Créer un plugin

Difficulté :

Vous en savez maintenant bien assez pour apporter votre pierre à l'édifice jQuery en créant vos propres plugins. Surtout, ne sautez pas ce chapitre en vous disant que l'écriture de plugins n'est pas faite pour vous car cela doit être horriblement compliqué. Vous allez bientôt être convaincus du contraire !

Le squelette d'un plugin

jQuery a été bien pensé dans les moindres détails. Y compris en ce qui concerne la création de plugins. Si vous vous lancez dans l'aventure, tout ce que vous avez à savoir, c'est que les objets jQuery reposent tous sur le prototype `jQuery.fn`. En d'autres termes, si vous ajoutez une nouvelle fonction JavaScript à l'objet `jQuery.fn`, elle devient une méthode jQuery ! Par exemple, le code suivant définit la méthode `gis()` :

```
jQuery.fn.gis = function(param1, param2, param3, ...)
{
  // Une ou plusieurs instructions JavaScript
}
```

Si vous sauvegardez ce code dans un fichier d'extension `.js` et que vous y faites référence dans une page Web à l'aide d'une balise `<script>`, vous pouvez directement l'utiliser en faisant quelque chose comme ceci :

```
$('p').gis(5, 'abc', 10);
```

Cette instruction applique la méthode `gis()` à toutes les balises `<p>` du document en lui transmettant les trois paramètres spécifiés entre les parenthèses. Bravo, vous venez de créer votre premier plugin jQuery !

C'est tout ? Les autres plugins sont-ils vraiment construits sur ce modèle ?

Eh bien… oui ! À quelques petits détails près qui vont être abordés dans la suite.

Conflits entre plusieurs bibliothèques JavaScript

De nombreuses bibliothèques JavaScript utilisent le signe $ pour faire référence à une variable ou une fonction qui leur est propre. Lorsqu'une page Web utilise une bibliothèque de ce type ainsi que jQuery, il se produit un conflit qui peut entraîner des dysfonctionnements de l'une ou l'autre des bibliothèques.

Heureusement, il est possible de demander à jQuery de ne pas utiliser l'alias « $ » à la place du mot « jQuery ». Pour cela, on utilise la méthode `noConflict()` :

```
jQuery.noConflict();
```

Une fois cette instruction exécutée, il est possible d'utiliser le signe $ en accord avec l'autre bibliothèque. Voici un exemple de code :

```
<script src="uneBibliothequeJavaScript.js"></script>
<script src="jquery.js"></script>
<script>
  $.noConflict();
  // Ici, vous pouvez insérer une ou plusieurs instructions
  // Qui utilisent le signe $ en accord avec les spécifications
```

```
  // De la bibliothèque uneBibliothequeJavaScript.js
</script>
```

En utilisant une instruction `$.noConflict()` dans vos plugins, vous les rendez utilisables avec d'autres bibliothèques JavaScript. C'est donc une bonne pratique à mettre en œuvre systématiquement dans vos plugins.

Est-ce que cela veut dire qu'après avoir exécuté l'instruction `$.noConflict()` dans un plugin je ne pourrai plus utiliser d'instructions jQuery ?

Bien sûr que non ! Cela signifie simplement qu'au lieu d'utiliser le signe $ vous utiliserez le mot « jQuery ». Cette situation est parfaitement tolérable si vous développez de petits plugins qui ne dépassent pas une centaine de lignes de code. Mais elle devient vite insupportable au-delà.

Continuer à utiliser l'alias « $ » dans un plugin jQuery

Tous les programmeurs jQuery sont habitués à utiliser l'alias « $ » à la place de « jQuery », et vous allez voir que cela est toujours possible, même après l'instruction `jQuery.noConflict()`. Ce tour de force réside dans l'utilisation d'une fonction anonyme (c'est-à-dire sans nom) :

```
(function($) {
  // Entrez ici le code de votre plugin jQuery
})(jQuery);
```

Prenez quelques instants pour examiner cette fonction. La syntaxe utilisée est quelque peu inhabituelle, je vous l'accorde. Mais en y regardant d'un peu plus près, on comprend sans peine le mécanisme : la fonction anonyme comporte un paramètre. Lors de son appel, la valeur « jQuery » lui est transmise. Étant donné que, dans la définition de la fonction, le paramètre a pour nom « $ », toutes les instructions situées à l'intérieur de la fonction remplaceront automatiquement le signe $ par « jQuery ». Ce qui est exactement l'effet recherché. Il est donc possible de continuer à utiliser l'alias « $ » dans le plugin si vous incluez son code à l'intérieur de la fonction anonyme. Dans notre cas, le code devient le suivant :

```
(function($) {
  $.fn.gis = function(paramètres)
  {
    ...
  };
})(jQuery);
```

Parcourir les éléments issus du sélecteur

Les méthodes jQuery sont appliquées à un sélecteur. Ainsi par exemple, l'instruction suivante applique la méthode `gis()` à toutes les balises de classe `premier` :

```
$('.premier').gis();
```

Il se peut que le document ne comporte qu'une balise de classe `premier`, mais il se peut aussi qu'il en comporte plusieurs. Pour passer en revue les différents éléments susceptibles d'être retournés par le sélecteur, vous utiliserez l'instruction `each()` :

```
this.each(function()
{
  //Les instructions du plugin
});
```

Le code du plugin devient le suivant :

```
(function($) {
  $.fn.gis = function(paramètres)
  {
    this.each(function() {
      // Les instructions du plugin
    });
  };
})(jQuery);
```

Ne rompez pas la chaîne

Vous l'avez expérimenté à maintes reprises dans ce cours : de nombreuses méthodes jQuery peuvent être chaînées. Par exemple, ces deux instructions :

```
$('.rouge').css('background','red');
$('.rouge').css('color','yellow');
```

... sont équivalentes à cette instruction :

```
$('.rouge').css('background','red').css('color','yellow');
```

Cela vient du fait que la méthode `css()` retourne l'objet qui l'a appelée. Cette remarque s'applique également à la plupart des autres méthodes jQuery. Lorsque vous écrivez un plugin, vous devez respecter cette pratique en retournant l'objet sur lequel a été appliquée votre méthode. Ceci est extrêmement simple, puisqu'une instruction suffit :

```
return this ;
```

Voici donc (enfin !) le squelette de vos futurs plugins jQuery :

```
(function($) {
  $.fn.gis = function(paramètres)
  {
```

```
    this.each(function() {
      // Les instructions du plugin
    });
    Return this;
  };
})(jQuery);
```

Un premier plugin

Maintenant, vous savez comment sont construits les plugins jQuery. Il est temps de passer à la pratique en écrivant votre premier plugin. Pour commencer en douceur, je vous propose de créer un plugin qui affecte les attributs gras, italique et souligné au contenu des balises sur lesquelles il est appliqué. C'est le fameux plugin « gis » dont je vous parle depuis le début du chapitre.

Ce plugin est très simple : il ne demande aucun paramètre et se contente d'appliquer trois propriétés CSS au contenu des balises concernées. Voici le code utilisé :

```
(function($) {
  $.fn.gis = function()
  {
    this.each(function() {
      $(this).wrap('<b><i><u></u></i></b>');
    });
    return this;
  };
})(jQuery);
```

En appliquant la méthode `wrap('<b><i><u></u></i></b>')` aux éléments sélectionnés, leur contenu se verra entouré des balises <b>, <i> et<u>. Le texte apparaîtra donc en gras, italique et souligné.

Sauvegardez ce code dans le fichier `gis.js`. Nous allons maintenant utiliser ce plugin dans une page HTML.

```
<!DOCTYPE html>
<html>
<head>
  <meta charset="utf-8">
  <title>Utilisation du plugin gis</title>
</head>
<body>
  <p class="grasItaliqueSouligne">Ce texte devrait apparaître
     en gras, italique, souligné après avoir cliqué sur le
     bouton</p>
  <p>Ce texte devrait rester inchangé</p>
  <p class="grasItaliqueSouligne">Ce texte devrait apparaître
     en gras, italique, souligné après avoir cliqué sur le
     bouton</p>
```

```
    <p>Ce texte devrait rester inchangé</p><br />
    <button id="action">Cliquez ici pour utiliser le plugin gis</
        button>

    <script src="http://code.jquery.com/jquery.min.js"></script>
    <script src="gis.js"></script>
    <script>
      $(function() {
        $('#action').click(function(){
          $('.grasItaliqueSouligne').gis();
        });
      });
    </script>
  </body>
</html>
```

Le corps du document contient quatre paragraphes et un bouton de commande d'identifiant `#action`. Remarquez l'appel au plugin « gis » (situé dans le même dossier que la page en cours d'exécution).

Lorsque le bouton est cliqué, la méthode `gis()` est appliquée aux éléments de classe `grasItaliqueSouligne`, c'est-à-dire aux premier et troisième paragraphes :

```
$('#action').click(function(){
  $('.grasItaliqueSouligne').gis();
});
```

Je dois bien l'avouer, ce plugin n'est pas très intéressant. Que diriez-vous de quelque chose de plus poussé ?

Un plugin plus ambitieux

Si vous êtes prêts à aller plus loin, je vous propose de développer un plugin qui effectue un rebond multiple amorti sur un élément (un peu comme une bille qu'on laisse tomber sur le sol). Mais avant de commencer à entrer dans les détails du code jQuery, un petit détour mathématique s'impose, à moins que vous n'ayez une idée précise de ce qu'est un sinus cardinal...

Sous ce nom barbare se cache une fonction mathématique bien sympathique dont la représentation produira l'effet de rebond recherché : `y = abs(sin(x))/x`, où `x` représente la position sur un axe horizontal et `y` la position sur un axe vertical. La figure 22.1 vous montre à quoi ressemble cette courbe.

Maintenant, vous savez ce qu'est un sinus cardinal. Nous pouvons donc clore cet aparté et retourner à la programmation jQuery. Pour corser (un peu, si peu !) le code, nous allons utiliser deux paramètres dans le plugin : l'amplitude du déplacement horizontal et l'amplitude du déplacement vertical. Nous allons appeler ce plugin « rebond », dont voici le code :

```
(function($) {
```

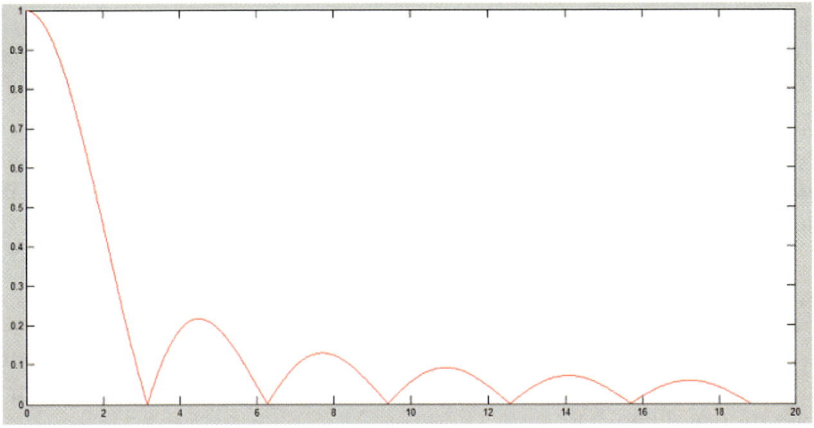

FIGURE 22.1 – Représentation graphique de la fonction $y = abs(sin(x))/x$

```
  $.fn.rebond = function(amplX, amplY)
  {
    this.each(function() {
      var x, y, affX, affY, initX, initY;
      initX = parseInt($(this).css('left'));
      initY = parseInt($(this).css('top'));
      for (x = (Math.PI)/2; x < (4*Math.PI); x = x+.2)
      {
        y = (Math.abs(Math.sin(x)))/x;
        affX = initX + x * amplX;
        affY = initY - y * amplY;
        $(this).animate({left: affX, top: affY},10);
      }
    });
    return this;
  };
})(jQuery);
```

C'est un peu effrayant, mais je vais vous expliquer comment il fonctionne.

Remarquez l'utilisation des paramètres `amplX` et `amplY` dans la définition de la fonction :

```
$.fn.rebond = function(amplX, amplY)
```

Dans le code jQuery, l'accès aux valeurs passées au plugin se fera donc via les variables `amplX` et `amplY`.

La première instruction qui suit la boucle `this.each()` définit les variables qui seront utilisées dans le plugin :

```
var x, y, affX, affY, initX, initY;
```

Dans cette instruction :

- x et y sont les coordonnées calculées par la formule du sinus cardinal ;
- affX et affY sont les coordonnées d'affichage de l'élément en cours de traitement ;
- initX et initY sont les coordonnées de départ de l'élément en cours de traitement.

Les coordonnées de départ sont obtenues en passant les valeurs left et top à la méthode css(), et en appliquant cette méthode à l'élément en cours de traitement. Remarquez l'utilisation de la fonction JavaScript parseInt() pour convertir la valeur de la chaîne retournée par la méthode css() en une valeur numérique entière :

```
initX = parseInt($(this).css('left'));
initY = parseInt($(this).css('top'));
```

La boucle for qui suit fait le gros du traitement. Elle fait varier l'abscisse entre $\frac{\pi}{2}$ et $4\,\pi$ par pas de 0,2 (rien ne vous empêche d'expérimenter d'autres valeurs pour obtenir un rebond un peu différent) :

```
for (x = (Math.PI)/2; x < (4*Math.PI); x = x+.2)
```

L'ordonnée est obtenue en appliquant le sinus cardinal à la valeur courante de la variable x :

```
y = (Math.abs(Math.sin(x)))/x;
```

Les coordonnées d'affichage sont obtenues en ajoutant les coordonnées de départ (initX et initY) aux coordonnées calculées (x et y) pondérées par les paramètres fournis au plugin (amplX et amplY) :

```
affX = initX + x * amplX;
affY = initY - y * amplY;
```

L'élément en cours de traitement est alors déplacé avec la méthode animate(). Les propriétés left et top sont modifiées pour atteindre (respectivement) les coordonnées affX et affY. La durée du déplacement est fixée à 10 millisecondes. Ici encore, rien ne vous empêche d'expérimenter d'autres durées de déplacement :

```
$(this).animate({left: affX, top: affY},10);
```

Voyons maintenant comment se servir de ce plugin :

```
<!DOCTYPE html>
<html>
<head>
  <meta charset="utf-8">
  <title>Utilisation du plugin rebond</title>
  <style type="text/css">
     img { position: absolute; }
     #balle { top: 100px; left: 100px; }
  </style>
</head>

<body>
  <img src="balle.png" id="balle">
```

```
    <button id="action">Cliquez ici pour utiliser le plugin rebond</button>

    <script src="jquery.js"></script>
    <script src="rebond.js"></script>
    <script>
      $(function() {
        $('#action').click(function(){
          $('img').rebond(10, 100);
        });
      });
    </script>
</body>
</html>
```

▷ Essayer ce code
Code web : 639784

Ce document contient une image d'identifiant `#bon` et un bouton d'identifiant `#action`. Quelques instructions CSS positionnent l'image de façon absolue, aux coordonnées (100, 100). Lorsque le bouton `#action` est cliqué, le plugin « rebond » est appelé en lui transmettant les paramètres `10` et `100` :

```
$('#action').click(function(){
  $('img').rebond(10, 100);
});
```

Le reste se fait tout seul, c'est le plugin qui le prend en charge.

Si vous voulez un rebond vertical et non horizontal, utilisez cette instruction : `$('img').rebond(0, 100);`.

Vous en savez maintenant assez pour créer des plugins qui faciliteront vos développements et, pourquoi pas, ceux de la communauté des programmeurs jQuery. Si vous voulez mettre vos créations à la disposition des autres développeurs jQuery, soignez particulièrement la documentation. Montrez comment utiliser votre plugin, indiquez comment fonctionnent ses paramètres et donnez plusieurs exemples d'appel.

En résumé

- Écrire un plugin pour jQuery n'est pas bien difficile : il suffit d'utiliser le bon squelette et d'y insérer les instructions jQuery et JavaScript qui réaliseront les actions souhaitées.
- La fonction anonyme vous permet de continuer à utiliser l'alias « $ » de jQuery dans le code du plugin. Y compris si la page qui appelle le plugin fait référence à une autre bibliothèque JavaScript qui utilise le signe $ en interne.

- La méthode `this.each()` permet de parcourir un à un les éléments sur lesquels doit être appliqué le plugin.
- L'instruction `return this;` assure la continuité de la chaîne jQuery. Avec elle, votre plugin pourra être chaîné à une méthode jQuery ou à un autre plugin.

Sixième partie

Annexe

Chapitre 23

Déboguer le code jQuery

Difficulté :

Lorsqu'une page Web ne contient que quelques instructions jQuery, la phase de déboguage est généralement réduite à sa plus simple expression : vous affichez la page et vous constatez que tout fonctionne. Si vous écrivez des programmes plus volumineux, contenant plusieurs centaines d'instructions jQuery, il en va parfois tout autrement. Ce chapitre va vous montrer plusieurs techniques et outils pour débusquer les bogues qui pourraient s'être glissés dans votre code.

Déboguer avec la fonction alert()

À tout moment, vous pouvez utiliser la fonction JavaScript `alert()` pour afficher une boîte de message dans laquelle apparaîtra la valeur d'une variable JavaScript. C'est la technique la plus simple pour tester ponctuellement la valeur d'une variable. Par exemple, l'instruction suivante permet de connaître la valeur des variables `x` et `y` :

```
alert('x = ' + x + ', y = ' + y);
```

... ce qui pourrait donner la figure 23.1.

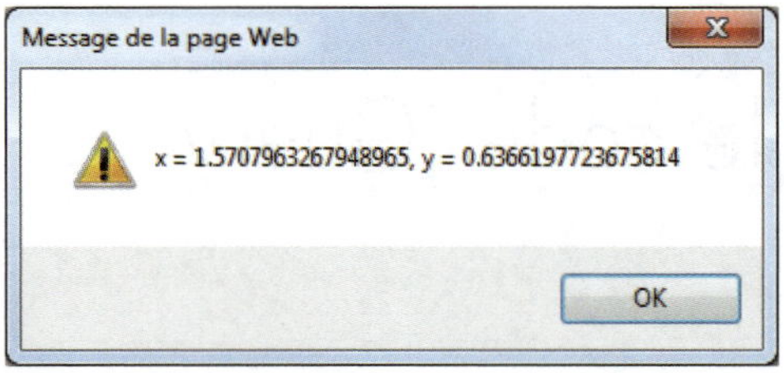

FIGURE 23.1 – La valeur des variables x et y est affichée dans une boîte de message

Si votre code n'atteint jamais une instruction donnée, vous pouvez utiliser la fonction `alert()` pour savoir quelle est la dernière instruction exécutée :

```
alert('passé ici : 01');
// Une ou plusieurs instructions
alert('passé ici : 02');
// Une ou plusieurs instructions
alert('passé ici : 03');
// Une ou plusieurs instructions
etc.
```

En déplaçant ces instructions dans votre code, vous pouvez assez rapidement savoir quelle instruction est fautive.

Try et catch

Lorsque vous mettez au point un code particulièrement « sensible », c'est-à-dire que vous soupçonnez d'être à l'origine de bogues, vous pouvez le placer dans une structure `try ... catch` :

```
try
{
  // Instructions sensibles
}
catch(err)
{
  // Gestion des erreurs
}
```

Un petit exemple va vous montrer comment utiliser ces instructions. Dans le code suivant, la fonction `alort()` ne fait pas partie du langage JavaScript et n'est pas une méthode jQuery. Étant donné que l'instruction mise en cause a été placée sous la surveillance d'un `try`, les instructions qui suivent le mot `catch` vont être exécutées.

```
var message='';
try
{
  alort('un message');
}
catch(err)
{
  message='Une erreur s\'est produite.\n\n';
  message+='Description : ' + err.message + '\n\n';
  message+='Cliquez sur OK pour poursuivre.';
  alert(message)
}
```

Dans cet exemple, comme le montre la figure 23.2, une boîte de message affiche la propriété `err.message`, indiquant ainsi quelle est la cause de l'erreur.

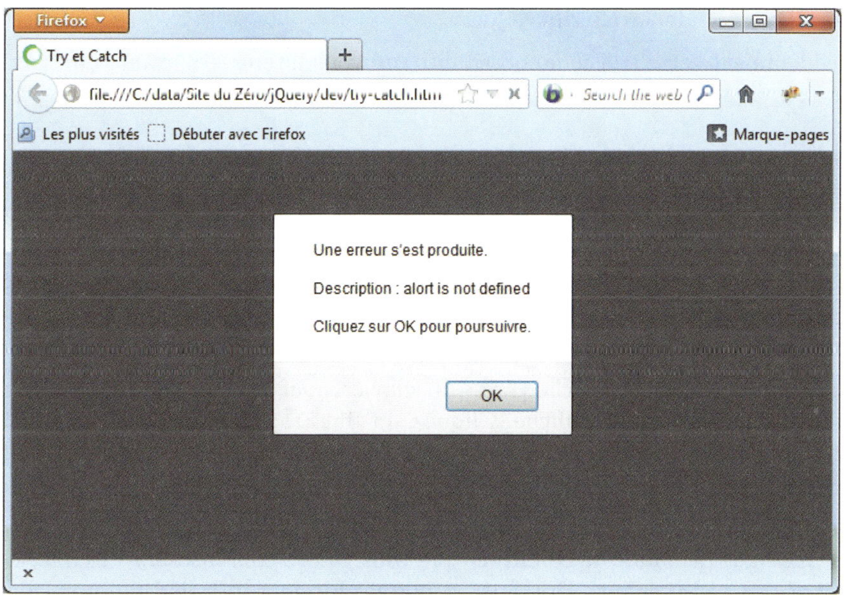

FIGURE 23.2 – Le mot-clé « alort » n'existe pas

Capturer toutes les erreurs

En étendant cette technique, il est possible d'afficher une boîte de message pour chacune des erreurs qui pourraient se produire dans le code. Voici les instructions à utiliser :

```
function gestionErreurs(err)
{
  alert('Erreur : \n' + err);
  return true;
}
window.onerror = gestionErreurs;
```

Lorsqu'une erreur se produit dans le code, la fonction `gestionErreurs()` est exécutée. Une boîte de message décrivant l'erreur est alors affichée.

Déboguer avec Firebug

Firebug est un outil incontournable que tous les développeurs jQuery devraient avoir sous la main. Comme son nom le laisse supposer, il a été développé pour le navigateur Firefox. Voici quelques-unes de ses possibilités :

- Inspection et édition du code HTML et CSS ;
- Surveillance de l'activité du réseau, afin de déterminer quel bloc de code pénalise le temps de chargement d'une page ;
- Déboguage du code JavaScript/jQuery.

C'est évidemment cette troisième possibilité qui vous intéressera avant tout. Lisez vite la suite et vous saurez comment procéder.

Il est évidemment indispensable d'avoir installé Firefox.

Télécharger et installer Firebug

Enfoncez puis relâchez la touche `Alt` du clavier pour afficher le système de menus de Firefox s'il n'est pas déjà affiché. Cliquez sur `Outils`, pointez `Développeur Web` et cliquez sur `Obtenir d'autres outils`. La page des modules pour Firefox est affichée, comme à la figure 23.3.

En face de Firebug, cliquez sur `Ajouter à Firefox`. Quelques instants plus tard, une boîte de dialogue demande de confirmer que vous voulez bien installer Firebug. Cliquez sur `Installer maintenant`. Une fois le module Firebug installé, une nouvelle icône apparaît dans l'angle supérieur droit de la fenêtre de Firefox, comme à la figure 23.4.

Utiliser la console

La fonction JavaScript `alert()` est certes très pratique, mais elle a l'inconvénient d'afficher une boîte de message que l'utilisateur doit refermer pour poursuivre l'exécution du code. En utilisant la console de Firefox, accessible via l'onglet `Console` de Firebug, vous allez pouvoir afficher des données comme avec la fonction `alert()`, mais

FIGURE 23.3 – Le module Firebug apparaît en première position

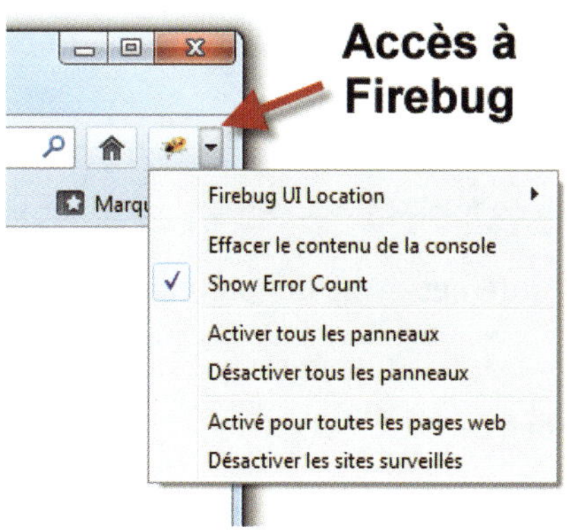

FIGURE 23.4 – Cette icône (et le menu associé) donne accès à Firebug et à ses commandes principales

sans interrompre l'exécution du code. Pour cela, vous utiliserez la fonction JavaScript `log()`.

Dans l'exemple suivant, la fonction `log()` est utilisée pour connaître les différentes valeurs calculées dans la variable `y` :

```
for (x = (Math.PI)/2; x < (4*Math.PI); x = x+.2)
{
  y = (Math.abs(Math.sin(x)))/x;
  window.console.log('y = ' + y);
  ...
}
```

En sélectionnant l'onglet `Console` dans le module Firebug, on obtient les informations recherchées, comme le montre la figure 23.5.

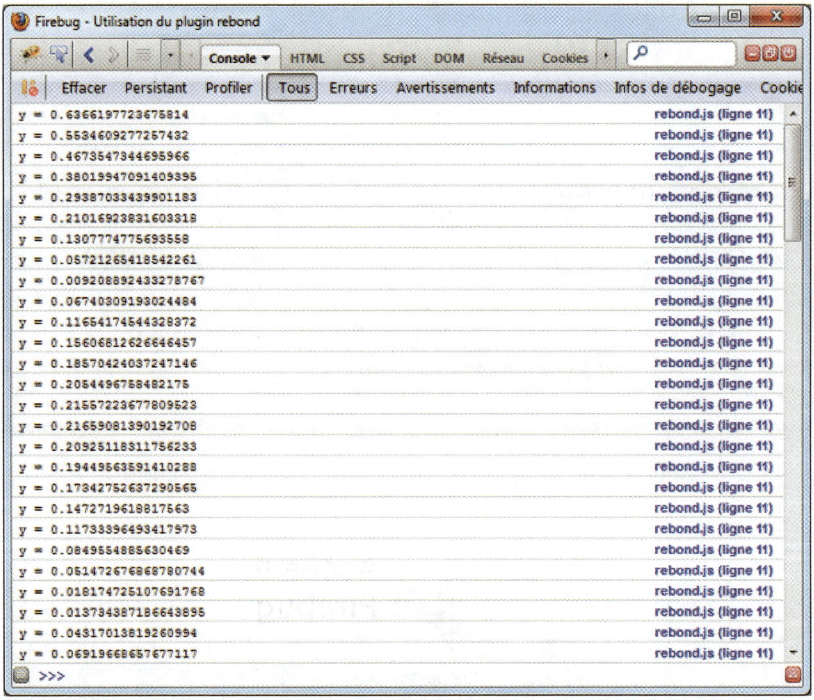

FIGURE 23.5 – Les différentes valeurs ont été affichées dans la console

Définir un point d'arrêt

Ouvrez la page Web que vous voulez déboguer dans Firefox, puis cliquez sur l'icône de Firebug. Un nouveau volet est affiché dans la partie inférieure de la fenêtre. C'est dans ce volet que vous déboguerez votre code.

Sélectionnez l'onglet `Script`. Si un message vous indique que le panneau `Script` est désactivé, cliquez sur la flèche à droite de l'icône Firebug et sélectionnez `Activer tous les panneaux` dans le menu. Le code JavaScript apparaît dans la partie gauche du volet de Firebug. Cliquez sur un numéro de ligne pour définir un point d'arrêt. L'exécution se poursuit jusqu'à cette ligne, puis le programme se met en pause. Plusieurs informations apparaissent dans la partie droite du volet de Firebug. Différentes informations s'affichent, à vous maintenant de voir si tout est correct.

Valeur des variables et propriétés non listées

Lorsque vous avez atteint un point d'arrêt, vous pouvez pointer une variable ou une propriété dans le code pour connaître sa valeur. Supposons que vous ayez défini un point d'arrêt sur l'instruction qui suit la méthode `keydown()`, comme dans la figure 23.6. Pour savoir quel est le code ASCII de la touche enfoncée par l'utilisateur, il suffit de pointer la propriété `e.which`.

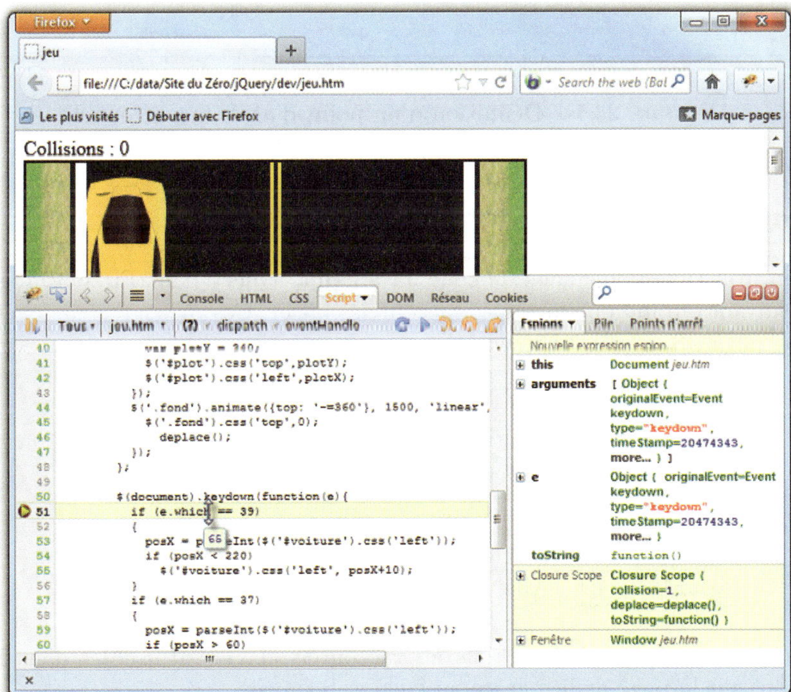

FIGURE 23.6 – Pour connaître la valeur d'une variable ou d'une propriété, pointez-la dans le code

Point d'arrêt conditionnel

Lorsqu'un point d'arrêt est placé dans une boucle, l'exécution du programme est suspendue à chaque itération de la boucle. Ce comportement est parfois souhaitable, et parfois non. Par exemple, si vous voulez suspendre l'exécution lorsqu'une condition particulière se produit, le plus simple consiste à définir un point d'arrêt conditionnel. Pour cela, cliquez du bouton droit sur le numéro de ligne où l'exécution doit être suspendue et entrez la condition suspensive. À la figure 23.7, l'exécution sera suspendue si la variable `posX` a une valeur inférieure à 100.

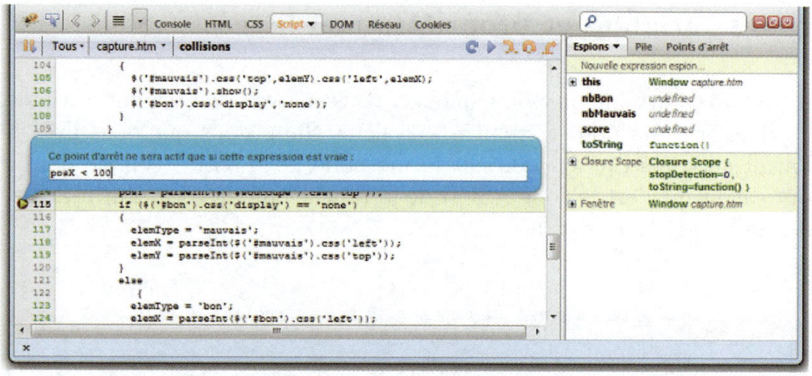

FIGURE 23.7 – Définition d'un point d'arrêt conditionnel

Quelques raccourcis clavier à connaître

Pour bien utiliser le déboguage de code JavaScript/jQuery dans Firebug, regardez le tableau suivant qui indique quelques raccourcis clavier. Ces raccourcis ne fonctionnent que sous l'onglet `Script` de Firebug.

Raccourci	**Fonction**
`F8`	Continuer
`Maj` + `F8`	Exécuter à nouveau jusqu'au point d'arrêt
`F10`	Pas à pas
`F11`	Pas à pas approfondi
`Ctrl` + `L`	Aller à la ligne spécifiée

Pour avoir un aperçu global de tous les raccourcis clavier utilisables dans Firebug, rendez-vous sur la page dédiée grâce au code web suivant.

▷ Tous les raccourcis
Code web : 499762

Index

Notes

Notes

Dépôt légal : octobre 2012
ISBN : 979-10-90085-25-1
Code éditeur : 979-10-90085
Imprimé en France

Achevé d'imprimer le 22 octobre 2012
sur les presses de Corlet Imprimeur (Condé-sur-Noireau)
Numéro imprimeur : 149631

Mentions légales :
Conception couverture : Fan Jiyong
Illustrations chapitres : Fan Jiyong
Images des jeux jQuery : Fan Jiyong